만나요약설교 12

만나요약설교 12

초판 1쇄 발행 2021. 09. 01.

지은이   김명규
펴낸이   박성숙
펴낸곳   도서출판 예루살렘
주 소   10252 경기도 고양시 일산동구 고봉로 776-92
전 화   031-976-8970
팩 스   031-976-8971
이메일   jerusalem80@naver.com
등 록   (제59호) 2010년 1월 18일
창립일   1980년 5월 24일

ISBN   979-11-963017-585-7 03230
책값은 뒤표지에 있습니다.

도서출판 예루살렘은 말씀과 성령 안에서 기도로 시작하며
영혼이 풍요로워지는 책을 만드는 데 힘쓰고 있습니다.

나의 힘이신 여호와여 내가 주를 사랑하나이다(시 18:1)

만나요약설교 12

김명규 지음

머리말

　전도자는 이렇게 전하였습니다. (전 12:12)"내 아들아 또 이것들로부터 경계를 받으라 많은 책들을 짓는 것은 끝이 없고 많이 공부하는 것은 몸을 피곤하게 하느니라." 여기 "많은 책들을 짓는 것은 끝이 없고"에서 '많은 책'은 하나님 말씀(성경)을 가리키지 않고 이 세상의 책들을 가리킵니다. 그 책들은 하나님의 말씀과 달라서 아무리 많이 출간되어도 만족이 없고(끝이 없고) 연구자들에게 '피곤을 줄' 뿐이라고 하였습니다.

　교회를 개척해서 41주년을 넘기고 보니 그동안 설교를 참 많이 하였다는 생각이 듭니다. 학식이 가득해서도 아니고 세상 다른 학문에 능통해서도 아닙니다. 한 사람의 사명자로 부름을 받아 목회 선상에서 소신을 가지고 나름대로 사명을 위해서 부르신 이인 예수님만 바라보고 달리다 보니 어느덧 41년의 세월이 흘렀습니다.

　개척 당시보다 지금은 아주 많이 발전된 것이 세상의 일이지만, 영적으로는 더욱 메마르고 영적 빈곤이 더해지는 시대가 되어가고 있습니다. 강단에서 말씀을 선포할 때에 어떤 이는 은혜를 받고, 어떤 이는 반응이 없고, 어떤 이는 더욱 반비례의 길로 가는 현상이지만, 목회 현장은 더욱더 말씀을 전해야 하고 선포해야 하는 시대입니다. 바울은 디모데에게 "때를 얻든지 못 얻든지 전하라"(딤후 4:1-4)고 강력히 가르치고 있습니다.

　세상 지식과 문명은 발달하지만, 영적으로는 점점 약화가 되는 시대를 맞이하였습니다. 토인비(A. Toynbee)의 말을 인용하자면, "세상일은 토끼처럼 뛰는데 영적인 일은 거북이처럼 느려터진 곳이 목회현장"이라고 말하고 싶습니다. 사람들이 알아주든 알아주지 않든 간에 세상은 결국 주의 종들이 강단에서 외치는 말씀대로 될 것이기 때문에 낙심하지 않습니다. (계 10:7)"일곱째 천사가 소리 내는 날 그의 나팔을 불려고 할 때에 하나님이 그의 종 선지자들에게 전하신 복음과 같이 하나님의 그 비밀이 이루어지리라 하더라" 하였습니다.

세상 돌아가는 일이 심상치 않게 빨리 진행되는 역사적 현장 가운데 우리는 지금 살아가고 있습니다. (마 24:36)예수님의 말씀과 같이 그날과 그때는 아무도 알 수가 없습니다. 그러나 징조들을 보아서는 지금이 정신을 차리고 신앙생활에 힘써야 할 때라고 강조하고 싶습니다.

개척해서 41년 동안 목회해 오면서 많은 말씀을 전하지 않았나 생각해봅니다. 후에 그 전한 말씀에 대해 주님께서 상과 책망이 있으리라 믿기 때문에 더욱 조심스러워집니다(빌 2:12). 그런데 이제 말씀 전할 시간이 얼마 남지 않았습니다. 한 사람의 목회자로 최선을 다하여 달려왔다고 생각하지만 부족한 것이 많았음을 회상해봅니다. 목회 선상에서 부족하지만 함께 동역하고, 따라주며, 도움을 주신 분들에게 하나님의 무궁한 축복이 그와 그 자손들에게 있을 것으로 믿습니다.

지금까지 변함없이 영적 정을 나누고 함께 말씀을 나눈 은평교회 성도들에게 말씀대로 축복이 넘치는 신앙생활들이 되시기를 계속해서 간절히 기도하고 있습니다. 타다 남은 부지깽이 같은 나약한 종을 41년이 되도록 사용해 주신 우리 성부, 성자, 성령 삼위일체 하나님께 무궁한 영광과 존귀를 올려드립니다.

바쁘신 중에도 추천사를 부탁드렸을 때 응해주셔서 추천사를 써주신 총회장 이상재 목사님과 직전 총회장이신 황현식 목사님에게 진심으로 감사를 드리며, 원고정리에 수고한 부교역자들과 책을 발행해주신 예루살렘 출판사 사장님에게 감사를 표하고, 결혼 43년간 함께한 사랑하는 아내 유미자 사모에게 감사를 다시 전합니다.

2021년 6월
코로나 19로 묶여있는 목양실에서
소석小石 김명규 목사

추천사

뻐꾸기 소리 들리고 여름의 초입에 추천사를 쓰게 된 것도 하나님의 은혜입니다.

선배 되신 김명규 목사님께서 금번에 설교집「만나요약설교」12권을 출간하시게 되었습니다. 41년 전 매우 낙후된 지역에서 개척하시고 돌담을 쌓아가듯 차근차근 황소걸음으로 견고하게 교회를 세워 오셨습니다.

총회의 부름을 받아 43, 44회 총회장의 사명을 감당하면서도 공예배 한 번 새벽기도 한 번을 거르신 적이 없이 자신을 부르신 뜻은 은평교회를 온전한 교회로 세우심이라는 것을 믿고 따라온 길이었습니다.

오랜 세월의 목회 기간에 단 한 번도 좌우를 보지 않고 오직 하나님만 바라보며 달려온 길이었습니다. 그동안 기도하며 준비해서 강단에서 쏟아 놓았던 말씀들을 정리하여 여러 권 출간했습니다. 그리고 이번에 또 한 권을 더해「만나요약설교」12권을 내놓습니다.

목회의 패러다임이 많이 변해도 오직 하나님 중심의 목회관으로 이끌어 오신 은평교회의 강단에서 울려 퍼졌던 말씀을 선후배 동료목회자 여러분과 함께 나누고 싶어서 이 추천사를 씁니다. 코로나 19 사태 속에서도 출간된 이 설교집이 새로운 길을 제시하는 등대가 되기를 소원합니다.

황형식 목사
54회기 대한예수교장로회(예장)증경 총회장

추천사

우리들이 살아가고 있는 이 시대를 일컬어서 위기의 시대라고 합니다. 모든 면에서 위기이지만 코로나로 인한 어려움은 교회에도 큰 위기가 되었습니다. 모임을 제대로 갖지 못하는 상황이 되어 일상의 자유와 예배의 자유까지 상실하게 되었습니다.

그러나 이 위기는 오늘날 우리에게만 있었던 게 아닙니다. 이스라엘 백성들이 출애굽하여 광야의 40년 동안 만난 위기도 인간적으로는 해결할 수 없는 위기들이었습니다. 특별히 사람이 살아가면서 가장 힘들고 어렵고 서러운 것이 있다면 바로 먹는 문제입니다. 이스라엘 백성들이 광야를 지나면서 반드시 해결해야 할 문제 중의 하나가 바로 먹는 문제였습니다. 이 사실을 잘 알고 계시는 하나님께서는 이스라엘 백성들에게 매일같이 만나를 내려주셔서 먹는 문제의 위기에서 벗어나게 하셨습니다.

마찬가지로 오늘 우리들이 살아가고 있는 이 세상도 광야 같은 세상입니다. 우리 성도들이 광야 같은 세상을 살아가면서 반드시 해결해야 할 문제 중의 하나가 바로 먹는 문제입니다. 지금 우리나라의 상황에서만 본다면 육신의 먹는 문제는 어느 정도 해결이 되었습니다. 그러나 우리들은 육신의 생명을 위해서뿐 아니라 영적인 삶을 위해서도 영적인 만나를 먹어야 합니다. 그런데 어느 순간엔가 한국교회의 강단에서 참된 말씀의 만나가 내리지 않고 있습니다. 그로 인하여 영적인 갈급함에 수많은 성도들이 목말라하고 있습니다.

이러한 때에 김명규 목사님은 40년이 넘는 세월 동안 목양 일념하며, 말씀의 만나를 통해서 성도들을 영적으로 잘 양육했고 살찌우게 했습니다. 교회를 크게 부흥시키고 건축도 했습니다. 또한 안양지역을 넘어 우리 교단과 한국 교계에 큰 영향력을 끼친 참된 목자가 되셨습니다. 목사님께서는 말씀의 만나를 요약해서 매년 책으로 출간하고 있습니다. 이는 더 많은 사람이 말씀의 만나를 통해서 영적 갈급함을 해결 받기를 원하는 마음에서입니다. 금년도에도 「만나 요약설교」를 출간하는 데 부족한 종이 감히 추천사를 쓰게 되어 영광이고 감사할 따름입니다. 아무쪼록 이 「만나요약설교」를 통해서 많은 분이 은혜를 받고 영적으로 승리하기를 소망하며 기쁨으로 추천합니다.

이상재 목사
55회기 대한예수교장로회(예장)총회장

목차

머리말
추천사

〈감사〉
하나님의 은혜를 감사하라(골 3:12-17, 4:2) · 15
맥추절에 생각합니다(출 23:14-19) · 20
감사할 줄 아는 성숙한 신앙(골 3:15-17) · 25
감사하는 신앙으로 받는 축복(엡 5:15-21) · 30

〈말씀〉
하나님 말씀을 통해 복 받은 사람들(신 31:9-13) · 35

〈성령〉
약속대로 임재하신 성령님(행 2:1-4) · 40
하나님이 주신 불이 타오르게 하라(레 6:8-13/ 성령강림주일) · 45
성령 충만을 받은 사람의 생활(엡 5:18-21) · 50

〈부활〉
부활을 위하여 바위를 치워야 합니다(요 11:25-26, 43-44) · 55
예수 그리스도의 부활하심의 의미(눅 24:1-12) · 60

〈일꾼〉
주인이 요긴하게 쓰시기 위한 일꾼(요 21:15-20) · 65

〈가정〉
축복 속에 성장하는 어린이(눅 18:15-17) · 70
믿음 안에서의 자녀교육(출 2:1-15) · 75
어버이주일에 생각하는 부모님(요 19:25-27) · 80
복 받는 사람과 그 가정(신 6:1-5) · 86

〈축복〉
축복의 장맛비와 같은 은혜를 받으라(겔 34:24-31) · 91
행복의 축복을 받으세요(시 73:28) · 96
평안의 축복을 받으라(시 37:1-11) · 102
40년 역사를 지나 가나안의 축복으로 가는 교회(출 40:34-38) · 107
하나님이 채우시는 축복입니다(왕상 17:8-16) · 112
'루스'가 '벧엘'로 바뀌는 현장(창 28:10-19) · 117

〈십자가, 예수 그리스도〉
예수님의 십자가 고난(막 15:33-41) · 122
예수 그리스도는 우리의 본이 되십니다(히 12:1-3) · 127
다메섹 길에서 만난 예수 그리스도(행 9:1-9) · 132

〈고난, 위로〉
성도에게 오는 고난의 이유를 알아야 합니다(렘 18:1-6) · 137
성도에게 주시는 참된 위로(고후 1:3-11) · 142

〈비유, 경우〉
겨자씨 비유로 보는 신앙(마 17:14-21) · 147
소금과 빛(마 5:13-16) · 152
롯의 처의 경우를 보며 생각합니다(눅 17:28-37) · 157

〈믿음, 순종〉

믿음으로 용기를 가진 사람들(엡 3:12-21) · 162

예수님이 칭찬하시는 믿음의 사람(눅 7:1-10) · 167

믿음의 성공자들(히 11:24-29) · 172

하늘 문이 열리게 하는 믿음(행 7:56-60) · 178

깊은 곳으로 가는 믿음과 순종(눅 5:1-11) · 183

위기 때에 볼 수 있는 신앙과 불신앙(왕하 6:14-19) · 188

〈신앙생활〉

바벨탑을 멀리하라(창 11:1-9) · 193

신앙생활을 경쟁적으로 하라(고전 9:24-27) · 198

올바른 신앙생활의 지침(약 2:14-26) · 203

성장하는 신앙의 길(요 9:13-25) · 208

포도나무로 비유된 성도의 생활(겔 15:1-8) · 213

올바른 신앙의 표준(골 3:12-17) · 218

아론의 싹 난 지팡이에서 주시는 교훈(민 17:1-13) · 223

〈신앙의 사람〉

믿음의 눈으로 보았던 모세(히 11:24-29) · 228

요나를 통하여 배우는 성도의 자세(욘 1:1-10) · 233

다니엘의 신앙적 결심(단 1:8-21) · 237

야곱아! 이스라엘아! 부르시는 하나님(창 46:1-7) · 242

〈영적 전쟁〉

영적 전쟁의 전사들(딤전 6:11-18) · 247

빈 영혼은 더 큰 위험이 있습니다(마 12:43-45) · 252

〈제자의 길〉

예수님을 따르는 제자의 길(눅 14:25-35) · 257

예수님을 따르는 제자들의 생활(눅 14:25-35) · 262

〈교만, 겸손〉

지식인의 교만 된 함정을 주의하라(눅 18:9-14) · 267

〈승리〉

승리하는 능력의 비결(빌 4:12-14) · 272

승리의 길로 가는 비결(약 4:7-10) · 277

하나님의 승리에 함께하라(요일 5:1-12) · 282

예수님 따라 승리하는 사람들(롬 8:31-39) · 287

〈시험, 기도〉

시험에 드는 것은 죄입니다(약 1:12-18) · 292

기도하는 사람에게 보장된 약속(약 5:13-18) · 297

〈하나님의 사람들〉

역사의 현장을 만드는 사람들(잠 16:20-23) · 301

새로운 역사를 만들어가는 사람들(사 43:18-21) · 306

천국에 입성할 사람들(눅 14:15-24) · 311

선을 행하다 낙심하지 않는 사람들(갈 6:9) · 316

〈감사〉

하나님의 은혜를 감사하라

골 3:12-17, 4:2

또 한 번의 추수감사주일을 맞이하여 금년에도 불볕더위와 온갖 불경기 속에서도 여기까지 인도하신 하나님께 감사합니다. 경제가 잘 풀리지 않는 상황에서도 우리는 감사를 잊지 말아야 합니다. 옛 속담에 "광에서 인심이 난다"고 하였는데, 그 광이 비어있는 상황에서도 감사하는 마음으로 채워 있어야 합니다. 경제가 살아나면 정치인들이 칭찬을 듣지만, 경제가 안 좋으면 오히려 이들이 욕을 당하게 되는 것은 동서고금의 원칙이요 흐름입니다. 지금은 온통 세상이 경제로 연결되어 있기 때문에 경제가 그 관건의 기준이 되는 시대입니다.

그런데도 우리는 또 한 번의 추수감사절(Thanksgiving)을 맞이하여 하나님께 대한 감사를 드려야 합니다. 왜냐하면 여기까지도 하나님께서 인도해 주셨거니와 미래에도 인도하실 것이기 때문입니다. 시나이반도 사막에서도, 가나안 땅에 들어가서도 인도하시는 하나님께 대한 감사가 맥추감사절이요, 추수감사절로 유월절과 함께 지키도록 명령하셨습니다(출 23:16-; 레 23:33-). 우리는 구약시대처럼은 아니지만 주신 은혜 감사하면서 특수한 날을 정해 놓고 절기를 지키게 됩니다(골 2:16).

감사절의 유래와 신앙정신은 지금도 유지됩니다. 오늘 본문에서 "너희는 또한 감사하는 자가 되라"(and be thankful) 하였는데, 어떤 것이 성취되었든 아니되었든 성패를 떠나서 감사하며 감사를 배우는 시간이 되어야 합니다.

1. 우리를 교회로 부르셔서 교회라고 하시며 축복하심을 감사합니다.

성경에서 교회의 머리는 예수님이시며 교회를 이루는 우리가 예수님의 몸이라고 합니다(엡 1:22-). 따라서 우리는 예수님께 붙어있고(요 15:1-) 떨어질 수 없습니다.

1) 교회의 머리는 예수 그리스도이시요 교회는 그의 몸입니다.

따라서 교회를 떠나서는 천국도 없고 구원도 없습니다. 한 지체로서 받은 축복이요 은혜 속에 살아가게 됩니다.

① 교회 안에서 우리는 행복과 축복과 은혜를 생각하면 감사를 잊지 말아야 합니다.

만약 내가 교회 안에 있지 아니하고 예수님 밖에 살아간다면 결과는 멸망이요 지옥 형벌의 대상밖에 아무것도 아닌 신분이라는 사실입니다. (눅 15:24)아버지 집을 떠나서 탕자로써 돼지우리 속에 살다가 탕자가 아버지께 돌아와서 누리는 축복과 행복을 생각하며 비교해 봅니다. (사 53:1-)우리는 다 양 같아서 그릇된 길로 가는 인생들이었습니다.

② 그리스도 안에서는 평안이요 화평입니다.

예수님 없이 죄 가운데 살아갈 때는 하나님과 원수로 담을 쌓고 살았으나 이제는 예수님이 십자가에서 하나님과 화목케 하셨습니다. (엡 2:12-)이제는 외인도 아니요, 손님도 아니요 동일한 천국의 백성이요 시민권자가 되었습니다. (빌 3:20)감사해야 하는 이유입니다.

2) 일시적으로 주었다가 다시 빼앗고 회수하는 형태의 평화가 아니요 영원한 하나님과의 관계에서 오는 평화요 축복입니다.

칼빈주의 장로교회의 근간을 이루는 예정과 궁극적인 구원의 은혜입니다.

① 하나님과 나와의 관계가 이와 같은 것입니다.

'예수 그리스도 안에'(ἐν τῷ Χριστός) 맺어진 관계요, 영원히 불변이 되는 관계입니다. 예수님의 피 값으로 사신 교회의 관계입니다(which he bought with his own blood. 행 20:28). 영원히 갚을 수 없습니다(요 1:12; 롬 8:15; 요 10:28).

② 이제 우리는 이 신분의 변화를 감사해야 하는데 구속사적인 감사입니다.

애굽 430년의 노예 생활에서 풀려나서 가나안 땅을 주신 것이 구약 교회의 구속사라면 신약은 예수 그리스도 안에서 구원받은 일이 예수 그리스도 안에서의 신약 교회의 새 언약된 구속의 역사입니다(히 9:23). 이제 우리는 구속받아 하나님의 백성으로서 당당하게 산 제사를 드리는 감사제가 되어야 합니다(롬 12:1).

2. 생활 중에서 그리스도의 말씀이 풍성하게 작용되고 역사한 것을 감사해야 합니다.

이렇게 해서 구원받은 성도는 생활 중에 감사하는데 기차가 철로(rail) 위로 달리듯이 감사 생활로 일관해야 합니다.

1) 말씀을 듣고 말씀을 따라서 살아가는 것이 감사입니다.

마치 이스라엘 백성들이 광야 생활 중에도 구름 기둥과 불 기둥으로 인도해 주시고(출 40:36-, 13:21-), 장막 칠 곳까지 인도해 주시며(신 1:31-3), 역사하심과 같습니다.

① 신앙생활은 말씀인데 말씀 따라서 진행해 가면 됩니다. (16절)"그리스도의 말씀이 너희 속에 풍성히 거하여"(let the word of Christ dwell in you richly). 험악한 광야와 같은 세상이지만 말씀 따라갈 때 길이 있습니다(시 119:15, 43, 72). 성도의 생활은 감사와 말씀 속에 길이 있습니다.

② 말씀 따라갈 때 행복이 약속되어 있습니다.

하나님께서는 그의 백성인 성도들에게 말씀을 통해 약속해 주셨는데 행복에 대한 약속입니다. (신 10:13)"내가 오늘 네 행복을 위하여 네게 명하는 여호와의 명령과 규례를 지킬 것이 아니냐"(and to observe the Lord's commands and decrees that I am giving you today for your own good?) 하셨습니다. 말씀 따라가면 축복과 은혜와 감사요 행복이 따라옵니다. (요 17:17)이 말씀이 또한 우리에게 거룩하게 하고 이 말씀은 영원한 진리입니다. (벧전 1:23)말씀 따라서 갈 때 길이 있습니다.

2) 말씀 속에서 감사하는 것은 말씀 속에서 축복이 오기 때문입니다.

말씀 속에 풍요와 축복이 약속되었고 거기에서 감사하는 것입니다.

① 성령께서 일으키는 기적의 현장은 언제나 말씀을 듣고 행하는 현장이었습니다.

말씀을 토대로 순종하며 행동으로 옮긴 결과에 나타나는 기적 속에 감사의 일들이 풍성해진 현장입니다(출 14:16; 눅 5:5; 요 2:5; 왕상 17:13). 순종하는 신앙은 감사로 연결됩니다.

②하나님 말씀은 무에서 유를 창조하신 말씀입니다.

마틴 루터는 "하나님 말씀을 읽을 수 있도록 인간의 언어로 성문화시켜 주신 것이 축복이라" 하였습니다. 이번 추수감사절에 다시 한번 순종과 기적 속에 감사가 풍성해지기를 축복합니다.

3. 언제든지 말씀으로 도와주심을 감사해야 합니다.

(골 3:17)" 또 무엇을 하든지 말에나 일에나 다 주 예수의 이름으로 하고 그를 힘입어 하나님 아버지께 감사하라" 하였습니다.

1) 무슨 일을 하든지 예수의 이름으로 하게 됩니다.

성도는 예수의 이름 없이는 되는 일이 없어야 합니다. 포도나무에 달린 가지와 같기 때문입니다(요 15:1-).

①말하는 것도 예수의 이름으로 해야 합니다.

(요 1:14)예수님은 말씀이 육신이 되어 오셨고, 그 말씀 중에 창조하셨습니다(요 1:1). 따라서 말씀을 늘 기억하면서 말씀에 역사해야 합니다.

②무슨 일을 하든지 그 일에도 예수의 이름으로 해야 합니다.

"말이나 일에나 다"(whether in word or deed)라 하였습니다. 이는 말씀대로 신앙생활하고 말씀 따라가고 말씀이 가는 곳에 역사가 나타나며 기적 속에 감사가 있게 되기 때문입니다. 오늘의 미국은 그의 조상들이 말씀 따라 살려고 그곳에 가게 되는데, 그 결과 오늘의 미국이 되었으나 금광 따라서 간 사람들은 오늘의 아르헨티나를 비롯한 남미 사람들의 모습이 되었습니다. 비교할 수 있는 부분이라고 봅니다.

2) 말씀대로 신앙 따라서 감사하는 곳에는 축복이요 은혜입니다.

따라서 성도는 무조건하고 감사해야 할 일입니다.

①말씀 따라서 감사하는 곳에는 기쁨이 있습니다.

따라서 우리는 구속사적인 의미에서 늘 감사가 있어야 합니다. (살전 5:16-18) 이는 하나님의 뜻(God's will)이기 때문입니다. (딤후 3:2)현대인들의 불행은 감사하지 않는 데 있습니다. 감사하지 않는 시대라도 성도는 감사가 회복되어야 축복과 행복이 옵니다.

②하나님이 주신 은혜에 다시 눈을 떠서 볼 수 있어야 합니다.

육신의 시각장애자가 아니라 영적인 시각장애자가 되면 곤란합니다. (계 3:17) 라오디게아교회와 같이 되면 곤란합니다. 하나님이 주신 은혜를 생각하며 나 같은 죄인 살리신 그 은혜 놀라워 구원과 함께 주시는 축복들을 바라보고 말씀 속에서 감사가 넘치는 추수감사절이 되시기를 예수님의 이름으로 축원합니다.

결론 : 진정한 신앙의 척도는 감사에 있습니다.

〈감사〉

맥추절에 생각합니다

출 23:14-19

　1년 365일 전체가 감사해야 할 나날이지만 또다시 하나님께서 정해주신 감사의 날 맥추감사절이 되었습니다. '감사'라는 말을 할 때, 어떤 특정한 일이 생길 때만 사용되는 단어로 생각하기 쉬운 언어가 '감사'라는 말이 되기 쉽습니다. 그러나 감사라는 말은 현재 상황이 어떠하든지 간에 평상시에 무조건 해야 하는 말이 감사입니다. 감사와 찬송과 기도 가운데에서 문제가 풀려지기 때문입니다. (약 5:13-)감사와 찬송 가운데 기도할 때에 문제가 해결되는 기적이 나타나게 됩니다. (살전 5:16-)"항상 기뻐하라 쉬지 말고 기도하라 범사에 감사하라 이것이 그리스도 예수 안에서 너희를 향하신 하나님의 뜻이니라"(Be joyful always; pray continually; give thanks in all circumstances, for this is God's will for you in Christ Jesus.) 하였습니다. (엡 5:20)"범사에 우리 주 예수 그리스도의 이름으로 항상 아버지 하나님께 감사하며 그리스도를 경외함으로 피차 복종하라" 하였습니다.
　나라마다 기념일이 있을 때 축하퍼레이드를 합니다만 우리나라도 일본에 1945년 8·15해방 되었을 때 기뻐했듯이 유대인들은 유월절이 되면 감사축제를 드리게 되었는데, 430년 만에 애굽에서 해방된 날을 기념하는 행사입니다. 추수감사절을 비롯해서 7월 초에 드려지는 칠칠절이라 하고 오순절이라고도 하는 출애굽 한지 50일째 되는 날을 기념했습니다. 맥추절은 그 무렵에 밀과 보리를 추수해서 감사를 드리는데 시편 113~118편에서 보듯이 찬양과 영광을 돌리는 기쁨의 제사를 드리게 되었습니다. 신약에 와서 예수 그리스도를 믿고 구원받은 우리는 역시 이날을 지키며 하나님께서 주신 축복과 은혜에 대하여 감사하는 날입니다.

1. 이 감사의 절기는 영적으로 기쁨이 충만한 축제였습니다.

'축제'를 '페스티벌'(festival)이라고 하는데, 불신앙인들은 술과 함께 죄짓는 일로 나아갑니다. 예를 들면 브라질의 '삼바축제' 같은 것들로서 세계적으로 매스컴에서 보도되지만, 성경적으로 볼 때 엄청난 죄의 소굴입니다.

1) 우리의 절기는 세상적인 그런 종류의 절기나 축제가 아닙니다.
하나님께서 주신 축복과 은혜를 생각하며 감사 찬송하는 영적 축제입니다.
① 성령으로 드려지는 영적 기쁨이 충만한 절기입니다.
주신 복과 은혜를 감사하면서 앞으로 더 주실 복을 생각하면서 기쁨과 감사를 드리게 됩니다. (신 16:15)주실 복을 즐거워하며 감사하는 것입니다. (갈 3:9)믿음이 있는 아브라함과 함께 복을 받게 됩니다.
② 성령께서 바른 절기를 지키도록 인도해 주십니다.
(롬 8:16-)성령께서 우리가 하나님의 자녀인 것을 우리 영으로 더불어 증거 하십니다. 따라서 성령께서는 우리 영으로 더불어 구속사적인 의미에서 감사하도록 역사해 주십니다. 문제는 그렇게도 역사하시는데 감사하는 사람이 많지 않다는 것입니다. (눅 17:19-)열 명의 나병 환자가 모두 치료받았지만, 오직 사마리아 사람 한 사람만이 예수님께 돌아와서 감사하였습니다. 이번 맥추감사절에 우리의 감사가 회복되기를 원합니다.

2) 하나님의 성령께서 오셔서 하나님 백성들에게 주시는 것이 반드시 있습니다.
오순절에 임하신 성령께서는 지금도 계속 역사하십니다.
① 구원의 기쁨이 있게 해주십니다.
죄 사함을 받아 구원받은 성도의 기쁨이 있게 해주십니다. (엡 2:1)죄와 허물로 죽었던 나를 살리셨고 구원해 주셨습니다. (행 2:28)시편 16편 8-11절의 인용구로서 성령께서 오셔서 주의 앞에서 나를 기쁨이 충만하게 하시리라 하였습니다. (행 2:46-)떡을 떼며 기쁨이 충만하게 되었습니다. 함께 기뻐하는 것(with

glad)입니다.

　②구원과 함께 미래에 대한 약속이 분명합니다.

　이스라엘 백성들은 가나안에 들어가서도 함께 하시겠다는 약속을 받음과 동시에 미래에도 축복의 하나님의 역사하심을 바라고 믿었습니다(시 121:1-8). 이제 신약에 와서도 예수님은 영원히 함께 계심을 약속하여 주셨습니다(마 28:20). 그 약속은 지금도 계속 유효하기 때문에 그 약속 안에서 기뻐하는 것이 감사 절기라고 믿습니다. 맥추 절기에 우리는 이 감사와 기쁨의 역사를 회복하시기를 축복합니다.

2. 절기를 지키면서 축제 분위기도 중요하지만 감사하는 마음과 행동이 중요합니다.

　그 축제 속에서 감사하였고 하나님께 영광을 크게 돌리는 절기로 역사에 남게 되었습니다.

　1) 감사를 잃었다면 감사를 회복해야 합니다.

　진정으로 감사하는 마음이 없이 하는 것은 곤란합니다.

　①감사를 회복하라고 촉구하였습니다.

　감사하는 일은 하나님을 영화롭게 해드리는 일이기 때문입니다. (시 50:14-22) 감사로 하나님께 제사를 드리는 자가 하나님을 영화롭게 해드리게 됩니다. 감사를 잃어버린 것은 곧 하나님을 잃어버린 것과 같은 것으로 말씀하고 있습니다. "하나님을 잊어버린 너희여"라고 확실하게 말씀해 주셨습니다. 하나님 안에서 감사를 찾아야 합니다.

　② 지금 우리는 감사의 조건은 많으나 감사가 연약한 시대에 살고 있습니다.

　거기에서 고통이 오게 됩니다. 사도 바울은 디모데에게 전하는 말씀에서 말세 때의 고통의 원인을 나열하였는데, 그중의 하나가 그것입니다. (딤후 3:2) "너는 이것을 알라 말세에 고통하는 때가 이르니 … 감사하지 아니하며"(ungrateful) 하였습니다. 수많은 감사의 조건들이 우리가 살아가는 환경 가운데 있음을 기억해야 합니다.

　2) 감사하며 일을 하게 될 때 우선 자기 자신이 편하게 됩니다.

　감사 없이 억지로 하는 것은 고통이요 고역일 수밖에 없기 때문입니다.

① 그리스도인들은 직장에 가서도 감사 속에 일을 해야 하겠습니다.
그리스도인이기 때문에 일반 불신자들과는 다르다는 점입니다. 똑같은 일을 하더라도 감사와 기쁨으로 하는 것과 불만스럽게 하는 일은 일의 과정이나 결과도 다르게 나타나게 될 것이 분명합니다.
② 감사하는 신앙은 감사할 일을 많이 남게 만듭니다.
이것은 기독교 신앙의 특성인바 성경에서 분명히 배우게 됩니다. (창 39:21)요셉은 억울하게 감옥까지 가게 되었으나 원망하지 아니했습니다. (단 6:10-)다니엘은 기도하는 것 때문에 사자 굴에 던져졌지만 감사하며 기도했습니다. (행 16:25)바울과 실라는 옥중에서도 찬송하게 되는데 그 결과는 모두 기적으로 나타나게 되었다는 사실입니다. 우리는 상황에 관계 없이 감사해야 합니다.

3. 감사와 축제를 통하여 하나님께 드릴 것이 있어야 합니다.

(마 2:11)동방 박사들은 아기 예수님께 세 가지 예물을 드렸듯이 우리는 감사절에 하나님께 드려야 할 것이 있어야 합니다.
1) 감사 속에 드리는 것입니다.
무엇을 드려야 할지 생각해야 합니다.
① 감사할 수 있는 믿음을 주신 것을 감사해야 합니다.
왜냐하면 감사는 아무나 하는 것이 아니기 때문입니다. 믿음이 없으면 감사할 수 없습니다. 한쪽에서는 감사하고 싶은데 다른 한쪽에서는 감사할 수 없도록 세속적인 것이 움직일 때는 감사할 수 없게 됩니다. (히 11:6)믿음이 없이는 하나님을 기쁘시게 할 수 없습니다.
② 감사하면서 내 믿음이 성장해 있음을 감사해야 합니다.
아이들이 성장하면서 키가 자라듯이 우리는 감사가 풍성해지면서 신앙이 성장하게 됨을 알고 감사 속에서 살아야 합니다. (엡 4:13)우리의 신앙은 그리스도의 장성한 분량이 충만한 데까지 성장해야 합니다. 식물도 성장하게 될 때 열매를 맺듯이 우리의 신앙은 성장하게 될 때 열매를 맺습니다. 그러므로 감사 속에서 성장해야 합니다. 이번 맥추감사절은 신앙 성장의 기회로 만들어야 하겠습니다.
2) 감사절은 모두에게 기쁨을 전하는 축제였습니다.

이스라엘은 전통적으로 이날을 통해서 서로 기쁨을 전하며 하나님께 영광을 돌렸습니다.

① 보리를 추수하면서 가난한 이웃에게 이삭을 줍게 해서 기쁨을 나누었습니다. 높이 달린 과일은 따지 아니하고 나그네들에게 먹게 하였습니다. (신 16:14-)절기를 지킬 때 가난한 자와 과부가 함께하였습니다. (룻 2:15-16)나오미를 따라 베들레헴에 온 룻에게 베풀었던 보아스의 기사에서도 보게 됩니다.

② 맥추절을 맞이하여 하나님께서 주신 은총과 자비에 감사하는 절기가 되었던 역사처럼 우리에게도 이 은총이 늘 있어야 하겠습니다. 주변 환경을 보아서 낙심할 것이 아니고 하나님을 바라보면서 감사가 회복되어야 합니다. 이러한 감사 절기가 되도록 성령께서 우리 마음에 충만하시기를 예수님의 이름으로 축원합니다.

결론 : 성경적 감사절로 돌아가야 합니다.

〈감사〉

감사할 줄 아는 성숙한 신앙

골 3:15-17

　세상에 존재하는 모든 것은 현대식 계측이나 저울을 가지고 계측이 가능한 발달된 시대 속에 살아갑니다. 옛날에는 막대기 저울이나 눈금 저울을 통해서 계측했기 때문에 속일 수도 있었지만 요즈음은 전자계측이라 정확하여 속일 수 없습니다. 맥추감사절을 즈음해서 우리의 신앙을 달아보는 저울은 세상에 없습니다. 신앙을 계측해 보는 기계는 없지만, 감사신앙은 신앙 정도를 어느 정도 짐작할 수 있는 것입니다. 온갖 시험 중에도 감사는 신앙을 보게 만드는 계량기와 같다고 할 것입니다. (살전 5:16-18) "항상 기뻐하라 쉬지 말고 기도하라 범사에 감사하라 이것이 그리스도 예수 안에서 너희를 향하신 하나님의 뜻이니라" 하였습니다. 그리고 감사를 잃어버리면 그것은 곧 하나님을 잃어버리는 것과 비교가 됩니다(시 50:14-15, 21-23).

　우리가 하나님을 섬기는 신앙생활을 한다고 하면서 하나님께 감사를 잃어버리고 살아갈 때가 많음을 시인하고 이번 맥추감사절에 다시 한번 감사하는 마음을 회복해야 할 것입니다. 그래서 감사하는 신앙은 전인적 인격이 함양된 신앙입니다. 지적 요소, 정적 요소, 의지적 요소와 함께 거룩을 따라가는 모습이 감사 속에 모두 들어 있다고 믿습니다. 감사 대신에 원망과 불평과 온갖 죄악으로 가득한 세태 가운데 우리는 감사의 회복과 함께 전인적全人的 신앙인격을 배워야 합니다. 오늘 본문에서 사도 바울은 골로새교회 성도들에게 감사를 배울 것을 전하는바 여기에서 큰 은혜를 받게 됩니다.

1. 감사에 대하여 바르게 알아야 하겠습니다.

왜 감사해야 하느냐입니다. 그리고 감사헌금을 조금 드리고 감사절을 지켰다고 하는 것은 영적으로 크나큰 편협입니다.

1) 우리가 감사를 말하는 것은 기본적으로 구속의 은혜와 직결된다는 것입니다.

억만 죄 가운데에서 하나님의 은혜와 그리스도의 보혈을 통한 죄 씻음과 성령께서 내 마음에 역사하심으로 믿어 구원받은 구속의 사건에서 비롯됩니다.

① 영원한 죄와 사망에서 구원해 주신 하나님의 은혜입니다.

따라서 구속의 은혜를 모르면 감사의 의미도 모릅니다. 찬송가 143장에서 아이작 왓츠(I. Watts)는 '웬말인가 날 위하여'라고 찬송하며, 5절에 이런 기사를 보게 됩니다. "늘 울어도 눈물로써 못 갚을 줄 알아 몸 밖에 드릴 것 없어 이 몸 바칩니다." 하였는데 이것이 감사의 신앙입니다. 이스라엘 백성을 430년 만에 유월절(Pass over)을 통해서 건져내시고 가나안을 주셨듯이 억만 죄악에서 예수 그리스도의 피 흘리심으로 구원해 주신 은혜를 생각하며 천국 백성으로서 감사 생활을 하는 것입니다(엡 2:1-14). "범사에 우리 주 예수 그리스도의 이름으로 항상 아버지 하나님께 감사하며"(엡 5:20) 했습니다. '범사'는 헬라어로 '파스'(πᾶς)인데, "모든 축복"에 해당됩니다(Meyer, Salmosd).

② 구원해 주실 뿐 아니라 은혜를 유지할 수 있도록 인도해 주시는 은혜를 감사드립니다.

사후관리 측면에서도 구원받은 백성을 성령으로 인도해 주시는 은혜입니다. (신 1:31-33)광야에서 인도해 주셨듯이 인도해 주십니다. 이런 때에 불신앙 가운데 있지 말고(민 16:11, 14:28; 고전 10:10), 감사하는 신앙이 되어야 할 것입니다.

2) 감사하는 중에 축복이 약속되어 있습니다.

감사는 주신 축복 위에 더 큰 축복이 약속되어 있음을 전해줍니다.

① 따라서 은혜를 받을수록 더욱 감사가 넘쳐야 합니다.

더 큰 약속들이 축복으로 연결되기 때문입니다. (눅 17:11-19)열 명의 나병 환자가 다 치유 받았지만, 오직 감사를 잃지 않았던 사마리아 사람에게 구원의 축복이 선포된 모습에서도 봅니다. "가라 네 믿음이 너를 구원하였느니라"(Rise and go; your faith has made you well.)

② 세상일에도 감사해야 하겠지만 영적이고 신앙적인 일에는 더욱 감사가 넘쳐야 합니다.

하나님의 약속은 불변하는 약속이기 때문에 믿고 따라 행할 때 역사가 나타나게 됩니다. (민 13:23)가나안의 축복은 포도송이를 메고 올 정도였습니다. (출 23:16)맥추절과 추수절을 지키면 거기에 또한 약속의 축복이 하나님께로부터 내려오게 됩니다.

2. 감사 생활은 장소가 따로 없이 어디서나 할 수 있습니다.

감사는 언제나 어디서나 해야 할 일이며 행동으로 옮겨야 합니다.
1) 내가 서 있는 그곳과 상황이 곧 감사해야 할 곳이요 상황입니다.
왜냐하면 언제나 예수님 안에 있기 때문입니다.
① 가정에서도 감사할 수 있어야 합니다.
교회를 떠나서 가정으로 가게 되는데 그 가정에서 감사하는 분위기로 만들어야 합니다. 사상적 면에서나 정신적 면에서나 생활에서 가정에는 감사가 있어야 축복받는 가정이 되는 것입니다. 물질문명이 발달할수록 가정에는 감사가 마르고 세상 것으로 채워지기 쉬운데, 성도는 가정을 늘 감사로 채우도록 힘써야 합니다. 이것이 감사 신앙입니다.
② 내가 있는 사회적 전반에서 감사하는 현장이 되게 해야 합니다.
직장에 출근하면서도 일 때문에 짜증이 아니라 직장이 없어서 고민 중에 있는 사람들이 많은데 이렇게 직장을 다닐 수 있어서 감사하다는 자세가 살아있는 믿음이라고 볼 것입니다. (15절)"그리스도의 평강이 너희 마음을 주장하게 하라 너희는 평강을 위하여 한 몸으로 부르심을 받았나니 너희는 또한 감사하는 자가 되라" 하였습니다. 성도들의 신앙의 성숙도는 감사하는 신앙에 있음을 깨달아야 하겠습니다.
2) 더욱이 우리는 예수 그리스도의 몸 된 교회 안에 있습니다.
교회 안에 있다는 것은 구원받은 성도요 예수님 안에 있다는 뜻입니다. 노아가 방주 안에 있듯 한 것입니다. 천국을 확보했고 하나님의 자녀요 하나님을 아버지라고 부르는 우리입니다(요 1:12; 롬 8:15; 빌 3:20; 계 21:27).

① 교회 생활 중에서도 감사해야 합니다.

교회 생활 중에 직분까지 맡아서 주님의 일을 한다는 사실은 보통 큰 은혜가 아닐 수 없습니다. 미국의 유명한 부흥사였던 토리 박사(Dr. Torey)가 "성령 충만은 곧 감사 충만이다."라고 할 정도로 감사는 중요한 일입니다. 교회 안에 있어서 감사하며 직분 맡아서 순종하며 은사 따라서 헌신하는 그것이 축복이기 때문에 감사는 늘 필수조건이 되는 것입니다.

② 감사하는 곳에 더 큰 축복이 있습니다.

그러나 감사가 없으면 축복도 보장할 수 없습니다. 구역에서 기관에서 성가대와 식당 봉사와 청소 한번 하더라도 감사가 중요합니다. 미국의 17대 대통령이었던 앤드류 존슨(Andrew Johnson)은 "자기들의 조상이 감사하는 신앙 때문에 축복받았다."고 고백했습니다. 미국이 오늘날과 같은 큰 강대국이 되어서 세계의 일등 국가가 된 이유입니다. 지금 우리는 우리의 감사신앙을 회복해야 합니다.

3. 우리의 신앙에서 어떻게 감사할 것인가를 알아야 합니다.

감사를 해야 하겠는데 어떻게(how) 해야 하는지를 모를 수 있습니다. 그 방법을 말씀에서 배우게 됩니다.

1) 신앙이 분명한 중심에서 감사해야 합니다.

따라서 감사는 내 속에서 믿음에 따라서 움직여지게 되는 현실입니다.

① 마음 중심이 중요합니다.

(16절)"그리스도의 말씀이 너희 속에 풍성히 거하여 모든 지혜로 피차 가르치며 권면하고 시와 찬송과 신령한 노래를 부르며 감사하는 마음으로 하나님을 찬양하고" 했는데, "감사하는 마음으로"(gratitude in your hearts) 하였는바 마음에 없는 것은 하나의 형식이요 지식에 불과하기 때문입니다. (엡 5:19)"너희의 마음으로 주께 노래하며 찬송하며" 했습니다.

② 신앙의 분명한 감사는 몸이 와야 합니다.

이른바 몸으로 드리는 감사입니다. (창 22:1-)아브라함이 아들까지라도 말씀에 따라 드리듯 한 그 형태입니다. 하나님은 몸과 마음을 요구하시는 감사입니다.

2) 감사에는 물질이 반드시 따라와야 합니다.

있는 형편에 따라서 드려야 합니다. 구약시대에 비둘기로부터 시작해서 양,

염소, 송아지까지 제물이 되었습니다.

① 감사절을 통해서 말씀해 주셨습니다.

빈손으로 내 앞에 나오지 말라고 하셨습니다. (출 23:15)"빈손으로 내 앞에 나오지 말지니라"(No one is to appear before me empty-handed). 또 (마 6:21)예수님도 "네 보물이 있는 곳에는 네 마음도 있느니라" 하셨습니다. 이것은 곧 우리의 마음이 천국에 있기 때문에 천국에 보화를 쌓고 저축하는 개념입니다. 세상에 둔 것은 없어질 날이 있지만, 천국에 쌓은 것은 영원히 없어지지 아니하고 내 것이 됩니다. 영원한 축복입니다.

② 모든 열매는 하나님께서 주셔서 수확하게 하시기 때문입니다.

직장에 다니고 사업하고, 농사짓는 모든 일의 열매는 하나님께서 주시는 것입니다. 밀알 하나가 수확되는데 사람의 노력은 4%밖에 되지 않지만, 하나님의 은혜가 96%라는 말도 있습니다. 그래서 거기에서 십일조도 나오고 감사헌금도 나오는데, 주신 분이 하나님이시기 때문입니다. 드리는 데 인색하지 말고 풍성한 은혜 속에 더욱 풍성한 축복의 성도들이 되시기를 예수님의 이름으로 축원합니다.

결론 : 감사는 축복신앙입니다.

〈감사〉

감사하는 신앙으로 받는 축복

엡 5:15-21

우리의 신앙의 완숙이나 성숙도를 재보거나 그 무게를 달아 볼 수 있는 기계나 계량기는 세상에 없습니다. 왜냐하면 신앙은 영적인 일이요 신령한 세계의 일이므로 세상 물리적인 기계로는 측량할 수 없기 때문입니다. 다만 우리는 신앙이 표출되는 감사 생활을 보면 어느 정도의 세계를 엿보거나 짐작을 하게 되는 것뿐입니다.

성경은 곳곳에서 감사 신앙을 강조한 것을 읽을 수 있게 되는데, 이 모두가 신앙 성숙도와 직결된다는 것입니다(시 50:14-; 눅 17:11-). 예수님은 교회를 향하여 질문하십니다. "그 아홉은 어디 있느냐"(Where are the other nine?). 그리고 사마리아 사람에게는 구원까지 선포해 주셨습니다. 탈무드(Talmud) 중에 이런 글이 있습니다. "세상에서 가장 사랑받는 사람은 모든 사람을 칭찬하는 사람이요 가장 행복한 사람은 감사하는 사람이다."

감사를 회복하고 행복을 찾아야 하겠습니다. 신학자 중에 존 헨리(John Henry) 박사는 "감사는 최고의 항생제요, 해독제요, 방부제이다"라고 하였는바, 이 세대에 우리에게 꼭 필요한 영적 치료제가 감사라고 봅니다. (골 4:2) "기도를 계속하고 기도에 감사함으로 깨어 있으라" 하였는데, 기도에는 '청원'(petition)과 '감사'(thanks giving)의 두 요소가 겸전兼全되어야 합니다. (신 10:13)말씀대로 하게 되면 행복이 약속되어 있습니다. 오늘 추수감사절을 맞이하여 우리는 다시 한번 감사를 통하여 행복을 찾는 시간이 되시기를 원합니다.

1. 감사하는 사람에게 삶의 만족과 기쁨의 선물을 주십니다.

하나님께서 주시는 귀한 선물을 받아서 사시기 바랍니다. 나름대로의 삶의 만족과 기쁨과 보람이 약속되어 있습니다. "범사"라는 말은 헬라어로 '파스'라 하는데 범사를 교부 중에 크리소스톰(Chrysostom)은 "번영할 때뿐 아니라 환란 때에도 감사하는 신앙이다."라고 했습니다.

1) 감사는 누구든지 해야 할 영적 중대사입니다.

어느 자리에 있든지 감사하는 자리에 있어야 합니다. 이것이 성숙한 신앙의 모습입니다.

① 감사는 불평불만의 못된 영적 질병에서 치료제가 됩니다.

이스라엘 백성들은 애굽에서 430년간의 노예에서 하나님의 특별한 섭리 가운데 해방되었는데, 가나안 땅까지 가는 광야에서 감사가 없고 불평불만 원망 가운데 있다가 모두가 광야에서 고통과 죽임을 당했습니다. (살전 5:16-)옥중에서 사도 바울은 감사 신앙의 진가를 보여주고 있는데, 아파트 견본(model house)과 같은 신앙의 모델을 보여주고 있습니다. (행 16:25)옥중에서도 찬송하며 기도하며 감사하였던 바울의 모습입니다. (단 6:10)구약의 인물 중에 다니엘을 꼽을 수 있습니다.

② 믿는 성도들의 감사의 조건은 불신자들과 달라야 합니다.

불신자들의 감사의 조건은 외부적으로 나타나는 현상이 있을 때이지만 예수 믿는 성도들은 더 깊은 내면적에서 시작됩니다. (빌 3:20)천국의 시민권자이기 때문입니다. (고전 15:57)언제나 이김을 주시는 하나님께 감사하는 것입니다. 그래서 주의 일에 힘쓰는 것은 헛되지 않기 때문입니다(고전 15:58).

2) 믿는 사람들에게는 우주보다 크고 넓은 꿈이 있습니다.

이것이 천국에 대한 소망이요 비전입니다.

① 천국 백성이 되게 하신 은혜에 대한 감사가 우리에게는 있다는 것입니다.

세상에서의 부요나 축복도 중요하다 하겠지만 천국에 대한 비전과 꿈이 더 크고 중요하기 때문입니다. (눅 16:19)부자는 세상적 성공을 이야기하였지만 지옥 불에서 고통 중에 있음을 분명하게 보여주고 있는 것을 보게 됩니다.

② 천국 백성이 되게 하신 구원의 역사는 성삼위일체 하나님의 역사입니다.

(엡 1:3-)창세전에 예정해 주셨고, (엡 2:1-)죄와 허물로 죽었던 나를 살려주셨으며, (요 1:12; 롬 8:15)하나님의 자녀가 되게 해주셨습니다. 이와 같은 현실 앞에서 성령님께서 우리 안에 계시며(롬 8:16) 확실한 믿음 가운데서 감사하게 하시는데 이것이 성숙한 신앙입니다.

2. 감사하는 생활에 힘쓰면 재난도 축복으로 변합니다.

세상에 고난이 없는 사람은 하나도 없겠지만 그 가운데에서도 감사하게 될 때 상황이 바뀌게 됩니다. 인생은 누구나 고난이 있습니다(시 90:9; 창 47:9). 그러나 감사신앙으로 극복해 나아갈 때 그 상황이 바뀌게 됩니다. 이번 추수감사절에 우리는 코로나19로 말미암은 어려운 정국을 믿음과 감사신앙으로 상황을 바꾸며 나아가야 할 것입니다.

1) 어려울 때 감사하면서 상황을 반등시켜야 합니다.

원망과 불신앙이 아니라 감사와 찬송으로 바꾸어야 합니다.

① 무조건 감사해야 합니다.

믿는 성도들의 감사는 상황 따라서 감사하는 것이 아니라 무조건입니다. 미국의 헬렌 켈러(Helen Keller, 1880~1968)는 삼중고의 어려움 중에도 감사하는 신앙이 온 세상에 알려져 있습니다. 심한 병을 앓은 후 언어 장애, 시각, 청각의 어려운 시련 중에도 감사신앙을 표출했습니다.

② 현재 고난은 장차 나타날 영광과 족히 비교할 수 없습니다.

따라서 우리는 고난 중에도 차원이 다른 감사 속에서 승리해야 합니다. (롬 8:18)생각하건대 현재 고난은 장차 우리에게 나타날 영광과 족히 비교할 수 없습니다. "생각하건대"를 신학자 고딧(Godet)은 "계산을 한 후에 생각하는 사람들에게 생각해 보라"고 설명했습니다. 계산할수록 확실해질 것이기 때문입니다.

2) 불행한 것 같아도 감사하는 중에 행복으로 바뀌게 됩니다.

이것이 감사하는 사람들이 체험하는 묘미요 역사입니다.

① 고난이 감사로 바뀐 생활은 귀한 일입니다.

우리는 이런 신앙을 체험해야 합니다. 신학교 제자 중의 하나인 어느 목사님은 신학을 공부하고 여러 가지 시련을 겪었는데, 무릎에 이상이 와서 하나님 앞에 기도하다가 완치되어 지금은 경기도 한 도시에서 목회하는데 너무 감사한 일이라고 간증했습니다. 하나님이 해주시는 감사 현장의 축복입니다.

②감사하는 가운데에 상황이 바뀌게 됩니다.

괴로움이 평안으로 바뀌고, 불행이 행복으로 바뀌며, 쓰라린 역경이 웃음으로 바뀌는 것이 감사 생활입니다. 이번 추수감사절에는 우리의 신앙이 바뀌어 가는 현장이 되게 해야 하겠습니다.

3. 감사 생활을 힘쓰다 보면 육적 생활뿐 아니라 영혼이 잘되는 성장도 보게 됩니다.

감사 속에 축복이 따라오는 약속이기 때문입니다.

1) 복되고 형통하기 원한다면 감사 회복부터 해야 합니다.

이것이 신앙이요 성경의 약속이기 때문입니다. 약속은 변하지 않습니다.

①국가도 개인도 마찬가지 원리하에 있습니다.

오늘날의 미국이라는 초강대국가는 청교도들(Puritanism)이 신앙의 자유를 위해서 미국에 건너가 감사절(Thanksgiving Day)을 중심으로 세워서 축복받은 나라입니다. 그 기초가 감사신앙이요, 하나님 중심신앙입니다. (시 127:1)하나님이 세워주셔야 한다는 신앙 위에 세워졌습니다.

②하나님께 받고 내려주신 것이 계산할 수 없이 크기 때문입니다.

내가 태어나서 살아가는 모든 일이 모두 하나님의 주권에 있고 하나님의 섭리 중에 있습니다. 살아가는 모든 환경 역시 하나님께서 축복으로 주셨습니다. 감사해야 할 이유입니다. 태양, 빛, 물, 공기, 모두 하나님이 주셨는데, 돈 받지 않으시고 주셨습니다. 무조건 감사해야 합니다.

2) 하나님 앞에 겸손한 사람은 하나님께 감사할 줄 압니다.

불신앙의 첫째는 교만인데, 하나님 앞에 감사가 없는 것입니다. 겸손을 배우면 겸손한 신앙으로 감사할 수밖에 없는 신앙의 모습으로 바뀌게 됩니다.

① 감사를 모르면 배은망덕이라고 하는데 겸손할 줄 모르기 때문에 감사가 없는 것입니다.

베드로와 야고보도(벧전 5:6-; 약 4:6-) 교만은 멸망의 선봉이라고 전했습니다. 그러나 겸손하게 감사할 줄 알면 더 큰 축복이 따르게 되는 것도 영적인 원리입니다. 따라서 우리는 가정의 가풍부터 감사를 배워서 전해야 하겠습니다.
 ② 감사하는 사람의 신앙은 생활에서 나타나게 됩니다.
 하나님께서 주시는 은혜를 감사하면 하나님이 주시는 더 큰 축복을 받기 때문에 체험적 신앙으로 달라지게 됩니다. 부정적인 사람은 더 크게 부정적이기 때문에 감사가 없게 됩니다. (계 8:3-)기도가 하나님께 올라가듯이, 이번 감사절에는 감사가 올라가고 축복이 내려오는 감사의 풍성함이 나타나기를 예수님의 이름으로 축원합니다.

결론 : 감사는 더 큰 축복의 길입니다.

〈말씀〉

하나님 말씀을 통해 복 받은 사람들
신 31:9-13

하나님께서 우리에게 주신 축복 중에 으뜸은 개혁자 마틴 루터(M. Luther)가 말했듯이 "하나님의 보이지 않는 말씀을 사람이 읽을 수 있도록 성문화成文化 시켜 주신 것이라" 할 수 있습니다. 이 말씀을 믿고 행할 때에 구원과 축복이 약속되었는데 국가 단위도, 가정단위도, 개인에 이르기까지 믿는 자는 영생이요 축복이 약속되었지만 불신하면 망하게 되고 궁극적으로는 지옥 심판이 기다리게 됩니다. (계 1:3-)예언의 말씀을 읽고, 듣고, 행하는 사람에게 축복이 약속되었습니다. 이제 예수님이 오시려는 종말적인 징조들이 온 세상을 떠들썩하게 하는 이때 하나님의 사람들, 하나님의 교회들이 할 일은 성경 말씀대로 살아가야 하는 것입니다. 이제 한국교회는 복음을 받았으니 복음을 전하고 가르치는 일에 힘써야 할 때입니다. 자녀들로부터 시작해서(신 6:6) 온 세상에 말씀을 전하고 가르쳐야 합니다.

영국과 프랑스의 전쟁 때인 워털루전투에서 나폴레옹을 이긴 영국의 웰링턴 장군(1769~1852)은 후일 그의 모교를 방문한 자리에서 "워털루의 승리는 이튼 교정에서 시작되었다"고 하며 명문대학의 훌륭한 교육의 중요성을 강조한 바 있습니다. 일본의 성직자였던 우찌무라 간조는 "문교부가 100년을 걸쳐서 할 수 없는 것을 나는 1분이면 된다. 내게는 예수 그리스도의 복음이 있기 때문이라"고 하였습니다. 1885년 부활절 아침에 아펜젤러와 언더우드 선교사를 통해서 이 땅에 복음이 공식적으로 들어온 이후에 이 땅은 지금의 대한민국이 되게 하였는데 그것은 하나님 말씀의 힘 때문입니다. 핍박 중에도 선교사들을 통해서 어두운 이 땅을 밝혔고, 일본식민지 36년도 견디게 하였고, 6·25전쟁 잿더미 속에서도 오늘날의 대한민국이 되게 한 것은 하나님의 복음의 힘이요 말씀의 역사라 하겠습니다. 이제는 이 말씀은 미래 시대와 세계를 향해서 전해야 할 사명이 남아있는바 하나님 형상대로 지음받은 믿음의 사람으로 만드는 교육인바 여기에서 은혜를 받게 됩니다.

1. 하나님 말씀은 듣는 데서 시작되는 교육입니다.

하나님 말씀은 잘 들어야 합니다. 기본이 말씀을 듣는 것입니다.
1) 하나님 말씀을 들을 때에 믿음이 생기기 때문입니다(롬 10:17).
듣는 귀가 열리고 들어야 합니다(계 2:7).
① 듣는 데에 힘써야 합니다.
그래서 마귀는 때때로 하나님 말씀을 듣지 못하게 방해하고 말씀이 귀에 들리지 못하게 합니다. 믿음이 생기는 곳에는 말씀이 마음에 와 있기 때문입니다. 빈센트(Vincent)는 "듣는 것은 그리스도의 명령을 따라서 전하는 자에게서 난다."고 하였는데, 복음을 전할 때에 듣는 귀가 복이 있습니다.

2010년 2월 24일 국민일보에 나온 기사입니다. 미국의 닉 부이치치는 1982년 태어날 때부터 테크라 아멜리아 증후군이라는 희귀병에 걸려 팔과 다리가 없이 아주 작은 왼쪽 발만 있는 상태로 태어나서 몇 번이나 죽으려고도 했으나, (요 9:2)날 때부터 맹인 된 사람을 고치시는 주님의 말씀을 의지하며 살게 되었는데, 이제는 낚시, 골프, 수영 등을 즐기며 복수전공으로 회계학, 재무 설계학을 전공하고 '사지 없는 인생'(Life without limbs)을 세계를 다니며 복음을 간증했습니다. 그는 간증할 때 (사 61:1-)말씀을 이야기하면서 "장애는 육신적인 것이 아니라 정신적이고 영적인 것이다."라고 하였습니다.

② 하나님의 말씀은 위력이 있고 능력이 있습니다.
왜냐하면 전능하신 하나님의 말씀이기 때문입니다. (히 4:12) '살아 있고'(living), '활력이'(active) 있습니다. 하나님의 말씀의 역사는 위대합니다(창 1:1; 겔 37:1-14; 요 5:25; 렘 23:29). 지금도 그 말씀은 듣는 자 속에서 역사합니다.

2) 이 능력의 역사는 지금도 계속 진행 중입니다.

멈추어진 사화산이 아니라 살아 역사하는 활화산과 같은 능력입니다.

① 계속해서 가르치고 전하고 영적인 계승이 지속되어야 합니다.

가나안 농군학교의 고故 김용기 장로님은 어릴 때부터 어머니 무릎에서 기도와 말씀으로 성장하였다고 하는데, 그가 성장해서 일할 때 정치, 경제, 사회, 문화의 각계 계층들이 와서 그의 강의와 민족정신을 듣게 되었는바 그 이유는 그가 신앙인으로 하나님의 말씀이 그 안에 있었기 때문입니다.

② 어른들의 신앙은 자녀에게까지 그 영향이 중요하게 끼치게 됩니다.

그래서 네 자녀에게 부지런히 가르치라고 하였습니다. 신앙교육, 영적인 말씀 교육도 자녀에게 반드시 인계해 주어야 합니다. 교회학교 교사들은 교사의 사명을 잘 감당하시기를 부탁드립니다. 지금은 코로나 19로 말미암아 교회마다 교회학교 교육이 단절된 위기에 있는 때입니다.

2. 하나님 말씀은 무엇보다도 최우선적이어야 합니다.

세상에 공부할 것도 많지만 하나님의 말씀이 최우선적이어야 합니다. 사람은 평생을 배워도 모두 배울 수 없습니다. 그러나 기본적으로 배울 것은 하나님의 말씀을 배우는 일입니다.

1) 배우는 일에 우선 순위를 어디에 두느냐에 따라서 인생이 바뀌는 경우들이 많습니다.

국어, 영어, 수학 공부도 중요하지만, 그보다 더 중요한 것은 성경을 배우는 일이 되어야 합니다.

① 최우선 순위가 성경이어야 합니다.

살아계신 하나님의 말씀이기 때문입니다. 그런데 성경을 뒷전으로 하는 부끄러운 현실들이 많습니다. (사 6:9)듣기는 들어도 깨닫지 못하는 백성이 된다면 큰일입니다. (렘 25:3-)선지자들을 부지런히 보내셨으나 듣지 않다가 바벨론에 70년 동안 포로가 되었습니다.

② 우리가 그리스도인이 되어서 하나님 백성이라고 믿는다면 하나님 말씀이 내 안에서 살아 역사하게 해야 합니다.

이것이 우리 속에 일어날 영적 역사입니다. 우리의 신앙은 언제나 하나님의 말씀이 살아 움직이는 가운데 성숙하게 됩니다. 은평교회는 말씀으로 충만해야 하겠습니다.

2) 말씀을 앞세우면 축복받게 되는 것은 자동입니다.

운전할 때에 기어변속이 자동으로 변속되는 차와 수동으로 변속해주는 차는 큰 차이가 있습니다. 우리가 하나님 말씀으로 가면 축복받는 것은 수동이 아니라 자동입니다.

① 하나님 말씀을 붙들면 자동적으로 축복과 상급 받는 길로 가게 된다는 사실입니다.

(시 119:105)주의 말씀은 내 발에 등이요 내 길에 빛이 된다고 하였습니다. (마 2:1-)동방박사가 별을 따라가야 하듯이 우리는 하나님의 말씀을 따라가야 하는데, 별에서 시야가 멀어지고 인간적인 생각으로 가면 결국 왕궁으로 가서 큰 불상사가 벌어지게 됩니다. 영원한 천국으로 가는 길은 말씀 따라가는 길입니다.

② 우리는 신앙적으로 자유의지自由意志가 있으나 바르게 가야 합니다.

하나님 말씀 따라가지 않고 다른 길로 가면 결국 사고를 치게 됩니다. 미국 휴스턴 경찰 당국에서 자녀들의 타락 이유 10가지를 이야기했는데, 그중의 하나가 "아이들이 그릇된 줄 알면서도 부모가 그 그릇된 대로 두는 것이라"고 했습니다. 히브리어로 '배운다'는 '라마트'라고 하는데, '뾰족한 송곳으로 찌른다'는 뜻으로, 이는 배운다는 것은 고통스럽기도 하다는 의미입니다. 말씀 공부는 축복이요 상급입니다.

3. 하나님 말씀을 생활 속에서 행하는 신앙입니다.

(시 1:1-6)복 받는 사람의 길과 망하는 사람의 길을 분명하게 말씀해 주셨습니다. 예레미야 선지자도 전했습니다(렘 17:1-10).

1) 하나님 말씀을 듣고 습득하고 그냥 있는 것이 아니라 행하는 것입니다.

여기에 축복이 있고 상급이 영원히 약속되어 있습니다.

① 성경에 나오는 인물들이나 말씀에서 볼 때 행하는 사람들에게 축복이 주어졌고 약속해 주셨습니다.

(창 12:1-)아브라함에게도 약속해 주셨고, 모세를 통해서도 분명하게 약속해 주셨습니다(신 28:1-14). 그리고 거기에는 행복이 약속되었습니다. 따라서 무슨

말씀이든지 믿고 따라가는 것이 말씀의 세계이며 우리의 신앙입니다(신 10:17). 여기에 행복이 약속되었습니다(신 10:13).

② 신약에서도 순종으로 행함이 축복과 기적으로 연결되었습니다.

그러므로 우리는 하나님 말씀을 믿고 붙들어 기도해야 합니다. 힘든 일이지만 행하게 될 때 기적이 나타나는 현장이 되었습니다. (눅 5:5-)말씀에 의지하여 그물을 내리게 되었고, (요 2:1-)주님이 무슨 말씀을 하시든지 그대로 할 때 맹물이 변하여 극상품 포도주가 되었습니다. (신 11:8)하나님 말씀을 지키면 "강성할 것이요"(you may have the strength to go in) 했습니다. 하나님 말씀은 우리 인생으로 하여금 강성하게 만들어 줍니다.

2) 우리의 신앙의 차원을 한 단계 올려야 할 때입니다.

그것은 이제 말씀을 듣고 배웠으면 그대로 행하여 살아가는 단계입니다. 여기에 복이 약속되었습니다.

① 가정이나 어디에 있든지 말씀 안에 살아가는 생활로 연결되어야 합니다.

세계적인 설교가인 몰간(Morgan) 목사님의 이야기입니다. 그의 아들 사형제가 모두 목사가 되었는데, 목사가 다섯 명입니다. 어느 날 누군가가 묻기를 "누가 제일 설교를 잘합니까?" 물으니 모두가 이구동성으로 '어머니'라고 했습니다. 아들 모두를 하나님 말씀으로 키웠다는 이야기입니다. 이 세대에 우리 자녀교육이 매우 중요합니다.

② 하나님 말씀을 직접 내 삶에 연결시켜야 합니다.

무슨 말씀이든지 나와 직접 관련이 있다는 것을 잊지 말아야 합니다. 내 품을 떠나서는 나와 상관이 없는 자 같이 여기는 사람들이 많은데, 하나님 말씀은 무슨 말씀이든지 나와 직접 관계가 있습니다. 따라서 우리의 신앙은 늘 성경 말씀 안에서 듣고 행하고 복 받고 상급 받는 신앙생활들이 되어야 합니다. 이런 신앙인이 모두 되시기를 예수님의 이름으로 축복합니다.

결론 : 우리의 삶의 기준은 하나님 말씀이어야 합니다.

〈성령〉

약속대로 임재하신 성령님
행 2:1-4

 어떤 일에든지 그 일에 분수령이 되는 사건이 있어서, 그 사건으로 인하여 그 일에 대한 역사가 바뀌는 일을 역사에서 보게 됩니다. 성경은 약속으로 이루어져 있는데 그 약속이 이루어지는 현장마다 분수령이 되어서 발전해 왔습니다. 약 60여 년 전만 해도 세계에서 제일 가난한 나라였던 대한민국이었지만, 경제개발 5개년계획 등의 일을 하고 경부고속도로를 만들고 울산 산업단지를 건설하고 원자력 발전소를 짓고 하면서 그렇게 조금씩 경제가 발전하면서, 이제는 세계 경제 규모가 10위권까지 올라서게 된 것도 분수령이 있었기 때문입니다.
 창세기에서부터 시작한 복음의 역사가 예수 그리스도께서 십자가에 죽으시고 부활 승천하신 후 오순절에 이르러 성령이 약속하신 대로 임하시게 되는데, 이때부터 주님의 교회는 부흥되었고 전 세계를 향하여 복음 전하라는 주님의 뜻을 이루게 되었습니다. 그것은 바로 예수님이 약속하신 성령의 강림에서 시작됩니다(욜 2:28-; 겔 36:26; 렘 36:37-). 제자들은 약속을 믿고 "기도에 오로지 힘쓰게"(constantly in prayer) 되었습니다(행 1:14).
 본문 말씀은 예수님이 승천하신 후에 예수님이 약속하신 말씀을 믿고(요 14:16-26; 행 1:4), 기도하게 될 때 약속하신 성령께서 임하신 역사는 이 성령강림을 통하여 구약과 신약의 분수령이요, 교회사의 분수령이 된 사건입니다. 세계 복음화를 향하신 하나님의 거대한 역사가 바로 오늘 본문에서 읽게 되는바 여기에서 성령강림주일에 다시 한번 뜨겁게 역사하심을 체험하면서 개인도 교회도 신앙의 또 한 번 분수령이 되게 해야 하겠습니다.

1. 오순절 성령강림으로 인하여 교회가 한마음이 되었습니다.

성령은 오셔서 예수 그리스도에 대해 한마음을 갖게 하십니다. 성령 받기 전에 제자들은 한마음이 아니었습니다(마 20:24-).

1) 제자들이 성령 받기 전에는 마음이 나뉘었습니다.

세베대의 아들들에 관한 일에서 보게 됩니다. 예수님이 십자가 지시러 예루살렘에 올라가시는 길목에서 일어난 일입니다.

① 누가 크냐 하는 문제에서부터 시작해서, 하나는 우편에 또 하나는 좌편에 앉기를 위해서 이전투구泥田鬪狗하는 모습을 보게 됩니다.

예수님은 십자가 지시러 예루살렘에 올라가시는데 이런 추한 모습을 보였던 제자들의 한 면을 보게 됩니다. 이때 예수님은 또 한 번의 십자가 사건을 예고해 주시기도 하셨습니다. 이제 그들은 성령을 받아 변하게 되었고 복음 전하다가 순교자가 되었는데, 의심 많은 도마도 인도(India)까지 가서 복음 전하다가 순교했습니다. 야고보는 칼로 목 베임을 받았습니다(행 12:1-). 성령이 임하시면 권능을 받습니다(행 1:8).

② 비겁하고 나약했던 신앙이 담대한 신앙으로 바뀌는 계기가 되었습니다.

삼 년이나 보고 배웠던 그들이지만 예수님께서 심문을 당하실 때 모두 배반하고 말았습니다. 죽은 자가 살아나고(눅 7:14; 막 5:41; 요 11:43), 맹인이 눈을 뜨는 등 많은 기적을 보았던 그들이었습니다. 그러나 문제 앞에서 모두 배반자가 되었습니다(마 26:32, 68). 성령을 받은 후에 그들은 담대하게 십자가와 부활을 전하는 사도들이 되었습니다(행 4:19-). 성령 받으면 달라지게 됩니다. 비겁한 신앙이 담대한 믿음의 소유자로 바뀌게 됩니다.

2) 참 성도요 참 교회는 성령체험의 사람들입니다.

초대교회의 출발은 예수님이 부활 승천하시고 열흘 만에 임하신 성령강림을 분수령으로 교회의 역사도 시작하게 됩니다. 그 성령님께서 지금까지 2,000여 년 동안 교회사 가운데 역사하시고 계십니다.

① 참된 교회와 성도의 표지標識는 성령 받은 증표證票가 있느냐입니다.

성령은 예수님이 약속하신 보혜사입니다(요 14:16, 26; 행 1:4). "만일 너희 속에 그리스도의 영이 없으면 그리스도의 사람이 아니라"고 전하였습니다(롬 8:9). 따라서 그리스도인이라면 성령체험은 필수요 당연한 일입니다.

② 성령께서 우리에게 강림하신 것은 유익하게 하시기 위해서입니다.

신앙생활의 전반에 걸쳐서 유익하게 하시려고 오셨는데, 보혜사는 우리를 도와주시는 분입니다. 유익하게 하시는 분입니다(고전 12:3-7). 따라서 "믿을 때에 성령을 받았느냐"("Did you receive the Holy Spirit when you believed?")고 질문하고 있습니다(행 19:1-2). 성령강림 주일에 성령을 받아 한마음 되고 참된 교회 참된 성도의 모습들이 되시기를 축복합니다.

2. 성령님이 오신 것은 예수님의 십자가와 부활을 통한 구원역사를 전파하기 위해서입니다.

성령강림이 중요한 것은 복음전파에 있습니다. 따라서 성령 받으면 전도와 선교가 그 최고의 목적입니다.

1) 각종 은사와 기적과 능력들이 나타나는데 그 목적의 최고 꼭짓점은 복음 전파와 영혼 구원입니다.

① 성령을 통하여 각양각색의 은사들이 나타나게 됩니다.

오늘 본문에도 불의 혀같이 갈라지는 모습을 보였고, 각종 방언이 각 나라말로 말하게 됨을 보이고 있습니다. 예언과 각종 질병이 치료되는 것도 읽게 됩니다. (2:38-)마음 문이 열리고 회개의 역사도 일어나게 되는데, 이 모든 것이 성령의 역사하심이요 그 성령의 역사를 통해서 뭇 영혼들이 구원에 이르게 하기 위한 목적이었습니다.

② 복음의 내용은 십자가의 죽으심과 생명의 부활입니다.

예수님이 왜 이 땅에 육신을 입고 오셨으며, 왜 십자가에서 대속적 죽으심과 부활을 전하여 믿는 자가 의롭게 되고 구원에 이르는 내용이 복음인바 이 복음은 천국에 가는 통로입니다. 복음의 사실들을 믿으면 죄 사함을 받고 구원을 얻게 됩니다. (롬 10:9-)"네가 만일 네 입으로 예수를 주로 시인하며 또 하나님께서 그를 죽은 자 가운데서 살리신 것을 네 마음에 믿으면 구원을 받으리라 사람이 마음으로 믿어 의에 이르고 입으로 시인하여 구원에 이르느니라" 하였는데 사람들의 마음속에 이 복음의 역사를 하시는 분이 성령님이십니다.

2) 성령을 체험하고 예수님을 믿는 성도의 주 사명은 전도하여 예수를 믿게 하고 구원에 이르도록 하는 일(work)입니다. 전도가 주로 해야 하는 사명입니다.

① 성령님께서 임재해 계신 성도와 교회에게 주신 사명은 예수님을 전하는 전도의 사명입니다.

증인證人은 헬라어로 '말투레스'(μάρτυρες)인데, 증인 되지 아니하면 지상교회의 존재 목적을 상실한 것이기 때문에 성령님의 감화에 따라서 전도에 힘써야 합니다. 이는 초대교회에서부터 내려오는 예수님의 명령입니다(마 28:18).

② 성령님께서 임재하신 목적이기도 합니다.

예수님이 다시 오실 때까지는(행 1:11; 계 1:7) 이 사명에 힘써야 합니다. 이 시간 '묻습니다.' "예수님 믿으시나요?", "성령님을 내 마음속에 모시고 계시나요?"(고전 3:16), 전도하고 선교하는 데 힘써야 합니다.

3. '성령님이시여 오시옵소서!' 하는 것은 예수님의 피로 죄 씻음 받는 거듭남의 역사를 구하는 일입니다.

성령님은 오셔서 예수 그리스도의 피 값을 증언하고 믿게 하고 거듭나게 하시는 일을 하시기 때문입니다. 창세 전에 예정된 일(엡 1:3)부터 구원에 이르기까지 예수님의 피를 증언하시는 성령님의 역사로 이루어지게 하십니다. 여기에 중생重生의 역사가 있습니다.

1) 성령님은 오셔서 거듭나게 하십니다.

죄를 깨닫게 하시고 회개케 하시며 구원에 이르기까지 모두 성령님의 역사입니다.

① 물과 성령으로 거듭나지 아니하면 하나님 나라에 들어갈 수 없습니다.

이는 예수님께 밤에 찾아왔던 니고데모에게 만이 아니라(요 3:4-) 우리 모두에게 해당 사항으로 주신 말씀입니다. 말씀의 역사와 성령님의 역사로 거듭남이 반드시 요구되는데 성령님께서 역사하십니다.

② 거듭난 사람은 의롭다고 인印 쳐주십니다.

(엡 1:13)"그 안에서 너희도 진리의 말씀 곧 너희의 구원의 복음을 듣고 그 안에

서 또한 믿어 약속의 성령으로 인 치심을 받았으니" 하였습니다. (롬 8:30)의롭게 되고 영화의 단계까지 역사해 주시는 분이십니다. (엡 6:30)따라서 성령님을 근심되게 하지 말아야 합니다.

2) 이제 성령 받은 새사람으로 살아가는 것이 구원받은 성도의 사명입니다.

이 또한 성령님께서 오셔서 마음에 내주하시며 역사하는 일입니다(고전 3:16).

① 성령님이 임하신 초대교회는 바뀌었고 달라졌습니다.

성령님의 역사하심에 순종하였습니다. 전에는 육체적이었고 세속적이었으나 이제는 성령으로 변화된 세계를 살아가게 되었습니다. (행 10:19)베드로의 모습에서 보게 됩니다. (행 8:26)빌립 집사의 모습에서 보게 됩니다. 우리 모두 성령의 사람으로 살아야 합니다.

② 우리의 신앙생활은 성령님의 순종자가 되어야 합니다.

이제 성령님께 순종하며 살아야 합니다. 이것이 성령강림절을 기념하는 우리에게 주시는 하나님의 바라심입니다. (시 119:165)"주의 법을 사랑하는 자에게는 큰 평안이 있다."고 하였는데, 오순절 성령강림절을 기념하여 성령의 순종자로서 생활 속에 큰 평안이 있게 되시기를 예수님의 이름으로 축원합니다.

결론 : 성령 충만한 생활을 해야 합니다.

〈성령〉

하나님이 주신 불이 타오르게 하라
레 6:8-13/성령강림주일

　인류 역사 가운데서 하나님께서 창조하신 것들을 발견하고 발명하여 사용하는데, 그 위대한 발견 중의 하나가 불(fire)이라고 할 것입니다. 만약에 갑자기 불이 사라진다면 세상은 온통 암흑천지가 될 것이며 먹기 위한 취사부터 시작해서 움직이는 교통 문제까지 아무것도 할 수 없게 되는데, 그 모든 것을 불로 움직이기 때문입니다. 지구촌의 생명 역시 살 수 없는 것은 태양 빛을 받아 살아가는데 태양 역시 불로써 지구의 생명을 살 수 있도록 비추어주고 있기 때문입니다. 불은 아무리 강조해도 그 중요성을 다 말할 수 없을 것입니다.
　문제는 보이는 물리적 불火도 중요하지만, 우리의 신앙적 입장에서 보면 더 심각한 불을 깨달아야 합니다. 사물이 불로 말미암아 굴러가듯이 영적 신앙적 문제는 성령의 능력인데, 이 성령의 능력을 불로 표현했습니다. "열심"(롬 12:11; 행 18:25)으로 주의 일을 하며 가르치고 전도하고 신앙생활 하는 것은 모두가 성령의 불 받지 아니하면 할 수 없는 일입니다. 교부 중에 크리소스톰(Chrysostom)은 "성령과 사랑이 양편에서 너를 뜨겁게 하는 동안에는 모든 일이 쉬워질 것이다." 하였습니다.
　오늘 본문에 레위기 제사법전에서 불을 끄지 말 것을 세 번씩이나 강조하였습니다. 예배에도 불입니다. 전도 선교에도 불입니다. 축복받는 헌신과 충성에도 불입니다. 출애굽기 29장 38-42절과 민수기 28장 3-8절에 보면 양 두 마리를 잡아서 아침과 저녁으로 번제(Holah)로 드릴 때 연기같이 올라가게 되는데, 이는 오늘날 주일 오전과 저녁 예배에 해당한다고 볼 것입니다. (레 10:1-)하나님이 주신 불 외에 다른 불을 드리면 죽게 되었습니다. (느 8:9-)포로에서 귀환하여 아침과 저녁 예배를 드렸습니다. (눅 9:24)예수님은 이 불을 던지러 오셨다고 하였습니다.

1. 이 불은 어떤 불인가를 분명히 알아야 하겠습니다.

불이라고 해서 모두가 성경이 말하는 불이 아닙니다. 특히 예배(제사)에 역사하는 불은 아무 불로나 드리는 것이 아닙니다.

1) 이 불은 본래 하나님께서 주신 불입니다.

사람이 임의로 만든 불이 아니라 하나님께서 주신 불로 드려야 합니다.

① 이 불은 하나님께서 백성들과 함께하심의 증표로 주신 불입니다.

임마누엘의 성령불이라 할 것입니다. (출 3:2-4)호렙산 떨기나무에서 보여 주셨습니다. (출 13:21-)불 기둥과 구름 기둥으로 역사하셨음을 봅니다. (왕상 18:38-)엘리야에게는 갈멜산에서 불로 응답하사 살아계신 이스라엘의 하나님을 만천하에 보이고 알게 하셨던 불입니다.

② 이 불은 축복을 약속하시는 약속의 불이 됩니다.

축복을 주시려고 할 때 구약에서는 불로써 나타내 보여 주셨음을 봅니다. (창 15:17-)"해가 져서 어두울 때에 연기 나는 화로가 보이며 타는 횃불이 쪼갠 고기 사이로 지나더라" 하였고, 아직 생기지도 않은 자손과 후손들에게 영토와 국민을 약속해 주실 때에 역사하였던 불이 있는데, 이 역시 하나님의 불이라 할 것입니다.

③ 보호와 안보하심의 불로 역사해 주셨습니다.

세상을 살면서 보호하심과 안보의 불이 중요합니다. (왕하 6:17)엘리사를 잡으려고 아람나라 군대가 도단성을 포위하였으나 불 말과 불 수레를 탄 천군 천사의 무리는 분명히 엘리사를 보호하기 위한 불 말이요 불 수레였습니다. 오늘날 대한민국에도 이런 역사가 있기를 위해서 기도하시는 기도부대가 많아야 할 줄 믿습니다.

④ 성령은 불같이 역사하셨습니다.

(행 2:1-)오순절날 오셨던 성령의 역사도 불과 같이 역사하셨습니다. (계 1:14)예수님을 상징적으로 "그의 눈은 불꽃 같고" 하였습니다(his eyes were like blazing fire). (계 15:2)천국을 불이 섞인 유리 바다로 표현했습니다. (단 7:9)보좌는 불꽃이요 불이 강처럼 흘러갑니다. 따라서 우리의 신앙은 불을 떠나서는 이야기가 안 되는 것입니다.

2) 이 불은 때때로 심판의 불로도 약속되었습니다.

축복과 안위와 은혜의 불로 말씀하셨지만, 심판의 불로도 말씀하셨습니다.

① 죄에 대해서는 무섭게 심판하십니다.

죄를 태우시고 심판하십니다. (시 18:8)그 코에서 연기가 나오고 그 입에서 불이 나온다고 하였습니다. (사 5:24)불꽃이 그루터기를 삼킨다고 하였습니다. (사 6:4-)이사야의 부정한 입술을 화저로 태우게 되었습니다.

② 하나님의 말씀을 불로도 보여 주셨습니다.

(렘 23:29)"내 말이 불과 같지 아니하냐" 하셨습니다. (렘 5:14-)"나의 말을 불이 되게 하고 이 백성을 나무가 되게 하여 불사르리라" 하셨습니다. 그 불은 지금도 역사하는 하나님의 말씀의 불이십니다. 따라서 주의 교회 성도들은 축복과 은혜의 불로써 충만해야 합니다. 심판의 불이 아니기를 바랍니다.

2. 이 불은 하나님의 제단에 임하였습니다.

구약에서도 신약에서도 제단과 예배에 임하였습니다. (대하 7:1-)솔로몬이 성전건축하고 헌당예배 드릴 때 하나님의 불이 임하여 역사했습니다.

1) 제단에 불이 임하게 될 때 어떤 제단에 임하게 되었는지 알아보게 됩니다. 예수 믿는 믿음의 사람들의 믿음의 제단에 임하게 해야 합니다.

① 먼저 각 사람의 마음이 성전이 되어야 하고 그 성전에 늘 성령으로 충만케 해야 합니다.

(고전 3:16, 6:19; 고후 6:18; 엡 2:21)예수 믿는 믿음에 서 있는 사람은 성령의 전으로써 존재함을 기억해야 하겠습니다. (롬 12:11)부지런하여 게으르지 말고 열심을 품고 주를 섬기라 할 때에 '열심'이라는 말은 '끓어오르다'(to boil up)는 뜻으로써 성령과 말씀에 뜨거운 역사(눅 24:32)입니다. 성령의 불이 임하시면 뜨겁습니다.

② 성령의 불이 붙지 아니하면 마음에 다른 불이 붙게 됩니다.

(약 3:5-6)그 마음에 지옥불이 타오르게 됩니다. (롬 1:27)음욕이 불 일 듯 일어나게 되는데 마귀가 주는 못된 불입니다. (고전 7:9-)정욕이 불같이 타오르게 됩니다. (엡 6:16)마귀가 쏜 불화살을 맞게 됩니다. 속수무책으로 당하게 됩니다. 은평교회 성도들은 이런 성도가 하나도 없어야 하겠습니다. 성령으로 충만해야 합니다.

2) 교회에 이 불이 늘 타올라야 합니다.

교회를 말할 때는 소규모 가정교회를 비롯해서 초대형교회에 이르기까지 모든 교회는 늘 성령 충만으로 가득해야 합니다. 진정한 교회의 참모습입니다.

① 가정에서도 찬송과 기도로 성령의 불이 충만하게 해야 합니다.

어린아이가 있는 가정에서는 교회학교와 보조를 맞추어서 자녀를 성령의 불이 붙게 하고 신앙 중심으로 자라가도록 힘써야 하겠습니다. 성령의 인도로 성장해야 하는 것은 대단히 중요한 자녀교육의 문제입니다.

② 하나님의 교회에 전체가 성령의 불로 충만해야 할 때입니다.

솔로몬 때나 초대교회 오순절 때만이 아니라 교회사에서는 이 성령의 불로써 하나님의 교회가 여기까지 오게 된 것입니다. 하나님이 명하시지 않은 다른 불(they offered unauthorized fire before the LORD)을 드리게 되면 큰일 납니다. 성령의 불은 말씀의 불입니다. 능력의 불입니다. 권능의 불입니다(행 1:8, 3:1-).

3. 불이 꺼지지 않도록 항상 피우는 방법을 알아야 합니다.

옛날 연탄을 주원료로 사용할 때에는 연탄불이 꺼지지 않도록 조심해서 시간에 맞추어서 새 연탄으로 교환하여 갈아 넣었습니다. 불이 꺼지지 않도록 옆에서 목회자나 주위 분들이 돕기는 하지만 궁극적으로는 본인의 불이 꺼지고 꺼지지 않고는 자신에게 그 책임이 있다는 것입니다. 이것이 성경이 말하는 영적인 원리입니다. 아이들 문제는 부모의 책임도 매우 크다는 것을 잊지 말아야 합니다.

1) 제사장은 매일 아침마다 나무를 올려놓고 태웠습니다.

주의 종은 지금도 매일 새벽, 매일 밤마다 제단에 엎드려서 기도합니다. 그곳에 우리 자신들을 올려놓아야 합니다.

① '항상'이라는 것은 한두 번이 아니고 계속성, 연속성을 뜻합니다.

여기에 나무와 제물은 우리 자신들을 뜻합니다. (눅 23:31)예수님도 푸른 나무와 마른 나무로 비유하셨습니다. 예수님은 십자가를 지실 희생을 말씀하셨는데, (롬 12:1-)우리 몸을 하나님이 기뻐하시는 거룩한 산 제물로 드릴 때에 하나님이 기뻐하십니다.

② 화목제물의 불이 되어야 합니다.

할 수 있는 대로 성도와의 관계가 화목입니다. (엡 2:13-)예수님은 십자가에서 하나님과 인간 사이의 화목제물이 되셨기에 우리가 하나님과 화목하게 되었습니다. (요 13:34)성도는 사랑 가운데 화목해야 합니다. (마 5:23)제단에 예물을 드리러 가기 전에 화목이 먼저라고 하셨습니다. 은평교회는 화목의 제물이 늘 꺼지지 않고 하나님께 올라가야 합니다.

2) 늘 불 피우는 방법과 내용을 잊지 말아야 하겠습니다.

지금 우리가 생활 가운데 사용하는 불은 화학적인 불이지만, 지금도 원시사회의 정글 속에서 사용하는 불은 그들이 돌이나 나무를 이용하여 불을 일으켜서 사용하기도 합니다.

① 기도가 살아나야 합니다.

기도 없이는 영적인 역사가 일어날 수 없기 때문입니다. (행 1:14)기도에 오로지 힘쓰게 될 때, (행 2:1)오순절에 성령이 임하셨습니다. (약 5:14)기름을 바르며 기도하라고 하셨는데 성령의 기름입니다. (막 9:29)"이르시되 기도 외에 다른 것으로는 이런 종류가 나갈 수 없느니라" 하셨습니다. (행 3:1-)기도하러 가다가 나면서 걷지 못하던 자가 일어나게 되었습니다.

② 주신 은혜와 주실 은혜를 감사하면서 기뻐해야 합니다.

(살전 5:16-18)"항상 기뻐하라. 쉬지 말고 기도하라. 범사에 감사하라" 하셨습니다. 하나님의 뜻은 하나님의 교회에 이 불이 언제나 붙어 있기를 원하는 것입니다(눅 12:49). 예수님이 붙이러 오신 이 불이 은평교회에서 언제나 활활 타오르는 활화산 되시기를 예수님의 이름으로 축원합니다.

결론 : 휴화산이 아니라 활화산 같은 교회가 되어야 합니다.

〈성령〉

성령 충만을 받은 사람의 생활

엡 5:18-21

　인간은 태어나서 좋은 일에 대하여 충만하다는 것은 참으로 좋은 일이고 더욱 발전시켜야 할 일들이라고 믿습니다. 나쁜 것에 대하여 충만하다면 절대적으로 고쳐야 할 것입니다. 나쁜 버릇이 충만하다든지 술이나 담배의 습관들이 충만한 것은 결코 좋은 일이 아닙니다. 학문으로 충만하다든지 하는 것은 더욱 장려할 사항이지만, 이것이 고갈되면 다시 보충해야 합니다. 자동차에 기름 보충하듯 건전지가 약하면 다시 교환(보충)해서 충만케 하듯이 우리의 신앙생활 가운데 반드시 충만해야 할 일들이 있습니다. 그리스도의 이름으로 충만해야 하고 임재하신 보혜사 성령으로 충만해야 할 것은 선택이 아니라 반드시 있어야 하는 필수적인 것입니다. '보혜사'(παράκλητος) 성령이 늘 마음에 충만히 역사하시는 신앙이 되어야 합니다. 그래서 예수님은 보혜사 성령님을 약속하셨고(요 14:16, 26), 그분이 오실 때까지 기다렸다가 성령이 오시면 전도하라고 하셨습니다(행 1:4-8). 예수님이 승천하신 이후에 그들은 모였고 기도에 오로지 힘쓰게 되었는데 이때 약속하신 대로 보혜사 성령님께서 오순절 날에 임하시게 되었습니다(행 2:1-).

　사도시대, 복음시대, 교회시대, 성령의 역사하시는 시대가 전개된 것이 지금까지의 교회사요 기독교 역사입니다. 사도행전은 역사서인 동시에 교회 역사 성령 행전이기도 합니다. 본문에서 교회론적인 말씀을 전한 사도 바울은 "성령 충만함을 받으라"고 전하였습니다. 영국판 영어 성경(New English Bible)에는 "성령께서 너를 채우도록 하라"(Let holy spirit hill you of keep hilling you as well)로 번역되었습니다. 은평교회가 성령 충만한 교회로 사명적인 교회가 되기 위해서 본문에서 은혜를 받게 됩니다.

1. 성령 충만한 생활 속에는 날마다 찬송하며 살아갑니다.

당시에는 박해 시대였음에도 그들은 성령 충만한 가운데 신앙을 지키며 찬송하며 이길 수 있었습니다.

1) 순교할 때 찬송하며 순교했다고 교회사는 전합니다.

원형경기장에서 사자들에게 몸이 찢기면서도 찬송했다고 전하고 있습니다.

① 지금도 성령 충만한 그리스도인들은 찬송하면서 세대를 이겨 나아가게 됩니다.

탈북한 분들의 이야기 속에는 지금도 예수 믿으면서 믿음을 지키다가 잡힌 사람들이 정치범이란 죄목으로 감옥에 있는데 찬송하며 견딘다고 전해주고 있습니다. 오늘 본문에 "시와 찬송과 신령한 노래들"입니다. 필립스(J. B. Phillips) 신학자는 "하나님이 들으시도록 너희 마음에 노래를 만들라"(make music in your hearts for the ear of the God)고 하였습니다. 다윗의 찬송에서 봅니다(시 22:3, 69:30).

② 성령 충만하여 뜻이 맞는 성도끼리의 찬송은 아름다운 찬송입니다.

옥중에서도 찬송하였습니다(행 16:25). 서로 화답하는 찬송인바 아름다운 찬송입니다. 성령 충만한 찬송입니다. 윌슨(J. Wilson)은 "음악은 우주적인 언어요"라고 하였는데, 찬송이야말로 우주적 언어라 할 것입니다. 국가, 피부색, 민족적 모든 장벽을 떠나서 찬송은 아름다운 천국의 언어라 할 것입니다. 성령으로 드려지는 찬송이어야 합니다.

2) 가장 어려운 때일수록 더욱 찬송해야 합니다.

찬송은 일반 노래와 달리 성령으로 드려지는 영력이 있습니다.

① 성령께서 역사하시는 마음에서 부르는 찬송입니다.

(고전 3:16)성령을 모신 성전에서 나오는 기쁨과 축복의 찬송입니다. 불신자들은 술과 담배로 사는 사람들이 많지만, 성도는 성령 충만한 가운데 찬송 속에

살아야 합니다. (시 22:3)하나님은 찬송 속에 역사하십니다.

② 어려울 때 찬송은 힘이 나게 합니다.

성령께서 역사해 주시기 때문입니다. 희극적 이야기가 되겠지만 셰익스피어는 "노래가 마음에 없는 사람은 배신, 음모, 강도질에 알맞다"라고 하였습니다. 주기철 목사님은 못 박힌 판자 위로 걸어가시면서 "저 높은 곳을 향하여 날마다 나아갑니다."라고 찬송하였습니다.

2. 성령 충만한 생활은 늘 감사 속에서 사는 신앙입니다.

감사 생활은 환경이나 어떤 배경이나 상황에 의해서 좌우되는 것이 아닙니다. 성령 충만의 생활에서 진정한 감사가 나옵니다.

1) 성령 충만한 생활과 그렇지 못한 생활은 감사의 유무에 달려있습니다.

① 예수 믿는 사람은 감사가 메마르지 말아야 합니다.

찬송이 메말라서는 안 되듯이 감사 역시 고갈되지 않아야 합니다. "범사에 우리 주 예수 그리스도의 이름으로 항상 아버지 하나님께 감사하며"(엡 5:20) 하였습니다. 범사에 감사하는 것은 성령님께서 우리 몸을 성전 삼으시고 감사 속에 살도록 내주해 주시기 때문입니다. 감사는 믿음의 표가 되어야 합니다.

② 예수 믿고 성령 받아서 성령 안에 사는 생활에는 감사가 늘 마음에 촉촉이 젖어 있습니다.

이것이 그리스도인이기 때문입니다. '범사'는 헬라어로 '파스'(πᾶς)인데 "선악 간에 모든 일에"입니다(Chrysostom, Jerome, Eadie). 교부 크리소스톰(Chrysostom)은 "만일 번영할 때만 감사한다면 그것은 아무것도 아니다. 환난 중에도 감사해야 할 것이다."라고 하였습니다. 성령 충만한 그리스도인의 삶에서 볼 수 있는 모습입니다.

2) 어렵고 힘들지만 찬송 감사하는 현장을 보게 됩니다.

이것은 이론이 아니라 실제 생활의 현장입니다. 행동하는 신앙 현장입니다.

① 성령께서 보게 됩니다.

극단적인 문제 앞에서 감사했던 현장입니다. (단 6:10)사자굴 속에 들어가는 현실을 알면서도 두려워하지 않고 "기도하며 그의 하나님께 감사하였더라"(and prayed, giving thanks to his God)고 했습니다. 여기에는 누구를 원망하거나 불평하는 흔적이 조금도 없음을 성경은 우리에게 전하고 있습니다. 무릎을 꿇고서 감사 기도하는 성령 충만한 현장입니다.

② 현대에도 그런 신앙을 가진 분들에 의해 하나님은 영광 받으십니다.

이런 분들의 이야기는 교회 생활 중에서 간증으로 전달되어 왔습니다. 이제 우리 자신이 그 자리에 있어야 합니다.

3. 하나님의 교회 안에서 성령 충만한 생활은 서로가 서로에게 존경하며 순종하는 삶입니다.

(엡 5:21)"그리스도를 경외함으로 피차 복종하라" 했는데, 교회는 주님의 몸이요 교회의 머리는 예수 그리스도이십니다.

1) 교회는 유기체적 교회(Organization Church)라고 신학적으로 정의합니다.

서로 신앙생활 해나가는 것이 교회 생활입니다. 교회는 혼자가 아니라 여럿이 서로 신경조직이나 혈관이 몸 안에 연결되어 있듯이 서로 함께입니다.

① 유기체적有機體的이라는 것입니다.

몸에도 신경조직이며, 혈관이며, 기관들이 서로 연결되어 있어서 그것이 한 몸을 이루듯이, 교회 역시 그러하기 때문에 성령 충만한 사람들은 서로가 하모니(harmony)를 이루어가는 성도가 되어야 합니다. 서로 몸 안에서 통通하듯이 교제로써 통하는 성도가 되어야지 불통不通하면 곤란합니다.

② 서로가 같은 몸입니다.

궂은일이나 좋은 곳 가리지 않고 밟고 가는 발도, 손도, 귀도, 입도, 눈도, 코도 모두가 같은 몸에 속하듯 교회 안에서의 생활은 성령 안에서 늘 같은 몸을 이루어가야 합니다. 사회적 지위나 물질의 유무에 관계없이 그리스도 안에서 한 몸입니다. (골 4:9)바울은 옥에서 만나서 전도한 오네시모에게 같은 형제라고 강조하고 있습니다.

2) 교회는 성도가 서로 존중하고 섬겨야 합니다.

이것이 성경에서 역사하시는 충만한 교회입니다. 세상의 잣대로 '빈부귀천'을 판단하는 것은 옳은 일이 아닙니다(약 2:1-6).

① 성령 충만한 사람은 생활 속에서 형제로 섬겨줘야 합니다.

내 안에 계신 분도 성령이시요, 그 안에 계신 분도 성령이시기 때문에 같은 성령께서 서로 통하는 유기적 교회입니다.

② 예수님은 발을 닦아 주셨고 서로 발을 닦아 주라고 하셨습니다(요 13:8-16).

교회는 사회적 위치나 높은 관계나 귀천의 관계가 아니라 서로 수평관계요 봉사와 헌신의 관계요, 섬김의 관계요, 서로 위로해주는 관계입니다. 성령께서 역사하시는 서로의 관계이기 때문입니다. 은평교회는 성령 충만해서 서로가 위로해주고, 봉사해 주는 교회로, 축복으로 세워져 가기를 예수님의 이름으로 축원합니다.

결론 : 교회는 성령으로 충만해야 합니다.

〈부활〉

부활을 위하여 바위를 치워야 합니다

요 11:25-26, 43-44

　힘들고 어려웠던 십자가 사건과 무덤 속까지 내려가게 되는 예수님의 비참했던 모습은 이제 예수님의 부활의 영광스러운 모습으로 바뀌었습니다. 사망 권세, 지옥 권세, 죄의 권세, 마귀의 권세를 이기시고 부활하셨으며, 우리 부활의 첫 열매가 되셨기 때문입니다. 온갖 기적을 베푸실 때 제자들과 무리들은 로마를 엎으시고 새로운 나라를 세우는 꿈을 꾸기에 세베대의 어머니의 청탁 모습도 있게 되었습니다(마 20:20, 19:20).
　신학자 브루스(Bruce)는 "가령 저들이 조금 전에 앞선 수난의 예고를 이해하며, 이때 순교를 각오하였다 할지라도 이 말을 하지는 못했을 것이다." 하였습니다. 그러나 그들이 성령강림 후에는 달라지게 되었습니다. 그래서 칼빈(John Calvin)은 "주를 위한 고난의 생애가 바로 그 잔을 마시는 것이다."라고 하였습니다. 엠마오로 내려가던 두 제자 역시(눅 24:13-32) 이제는 바뀌고 달라졌습니다. 이제는 십자가 사건 이후에는 영광이 뒤따르게 됨을 알고 믿게 됩니다.
　본문에서 예수님은 나사로의 무덤 앞에서 부활의 영광을 분명히 말씀하여 주셨습니다. 슬퍼하는 저들에게 "이것을 네가 믿느냐"(Do you believe this?)라고 질문하셨는데, 이제 그 질문에 대하여 우리가 대답할 차례입니다. 따라서 어떤 십자가의 고통 앞에서도 부활의 영광을 바라보며 이기는 성도가 되어야 하고, 부활의 영광을 바라보면서 현실적인 십자가를 이겨야 할 것입니다.

1. 부활을 믿지 못하는 불신앙적 바위를 치워야 합니다.

 부활의 영광스러운 일을 모르기 때문에 십자가와 죽음 앞에서 두려워하고 떨게 되며 낙심하게 됩니다. 죽음의 고정관념이 예수님 앞에서는 깨져야 합니다.

 1) 죽음과 무덤 속이 끝이 아니라 부활하는 하나의 과정에 불과하다는 사실을 기억해야 합니다.

 이 사실을 확실하게 믿어야 합니다.

 ① 고정관념의 커다란 불신앙의 돌을 치워야 합니다.

 이런 사실은 제자들도 동일하였습니다. (요 20:24)부활하신 예수님에 대한 소식을 불신했던 도마의 사건에서도 보게 됩니다. 그의 마음의 문을 닫고 있었기 때문입니다. (요 20:25)못자국과 손과 옆구리를 보지 않고는 믿지 못하겠다는 도마가 지금 이 시대에도 있습니다. 도마는 부활하신 주님을 보고 난 후에야 고백이 나왔습니다. "나의 주님이시요 나의 하나님 이시니이다"(Thomas said to him, My Lord and my God!) 할 때 예수님은 "보지 않고 믿는 자들은 복이 있다." 하셨는데, (벧전 1:8)우리는 보지 아니했지만 믿고 말할 수 있는 중에 기뻐하는 신앙으로 서야 합니다.

 ② 믿음의 씨(seed) 역할을 분명히 해야 합니다.

 마음속에 예수님에 관한 믿음의 씨앗이 분명해야 합니다. 칼빈(John Calvin)은 "하나님께서 인간을 지으실 때 개인 마음속에 좋은 씨(good of religion)를 심으셨다."고 하였습니다.

 그 믿음의 씨가 그릇된 죄의 길로 흐르는 것을 막고 (롬 1:19-)영접하지 아니하는 범죄에 빠지지 말 것이며, (요 1:11)믿음의 문을 여시기를 위해 기도해야 합니다. 이제 불신의 돌을 치워야 합니다.

 2) 예수님의 부활은 인간의 한계를 무너지게 하였습니다.

 과학이 아무리 발달해도 죽음의 문제는 해결할 수 없는 한계적 일입니다. 그러나 예수님은 해결해 주셨습니다. "나는 부활이요 생명이니"(I am the resurrection and the life.)라고 하셨습니다.

 ① 예수님의 부활은 죽음이 끝이라는 한계의 벽을 무너지게 하였습니다.

 이제 우리는 이 한계의 큰 돌을 옮겨야 합니다. 믿는 자는 죽어도 살게 되고 살아서 믿는 자는 영원히 죽지 않는 영생의 길이 열리게 되었습니다. 이것이 예수님의 부활의 기쁜 소식입니다.

② 이제 우리 마음에 굳은 장벽을 깨어야 합니다.

교회에 출석하고 예수님을 믿는다는 이름을 가지고 있으면서도 아직도 죽음의 두려움이나 무서워하는 분들이 있으면 그 장벽의 돌을 옮겨야 하겠습니다. 이것은 사실(fact)이요, 진리(truth)입니다. 분명한 부활 신앙으로 승리하시기를 예수님 이름으로 축복합니다.

2. 불신앙에서 오는 불성실한 생활의 바위를 치워야 합니다.

정말 예수님 믿고 영원한 그리스도인이라면 생활 역시 성실해야 합니다.

1) 부활의 날이 반드시 오기 때문입니다.

죽음이 끝이 아닙니다. 짧은 인생 살다가 죽음이 끝이 아니라 부활의 때가 온다는 사실을 기억해야 합니다. 그리고 영원한 천국이냐. 지옥이냐가 기다리고 있습니다.

① 우선 신앙생활이 성실해야 합니다.

예컨대 데살로니가 교회는 단시간 교회가 모범적인 자랑거리가 되었는데(살전 1:3-), 사랑의 수고와 믿음의 역사와 소망의 인내가 있는 교회요, (살전 2:13)하나님 말씀을 들을 때에 사람의 말로 받지 아니하고 하나님 말씀으로 받는 교회로 성실하게 성장하는 교회였습니다. 이것이 부활의 신앙을 확실하게 가진 신앙인의 교회입니다.

② 더욱 주의 일에 힘쓰는 신앙입니다.

부활을 믿기 때문입니다. 부활을 믿고 나아가는 성도의 신앙은 예배부터 시작해서 주의 일에 더욱 부지런하게 됩니다(롬 12:1, 11). 부활의 그 날이 반드시 오게 되기 때문에 그날을 기다리며 주의 일에 힘을 쓰게 됩니다. 부활장이라 불리는(고전 15:58) 말씀의 요지는 주의 일에 더욱 힘쓰는 신앙이 될 것을 강조하는데 그 일이 결코 헛되지 않기 때문이라고 결론을 주시며 끝을 맺게 됩니다.

2) 부활을 믿는 부활 신앙자로서 그리스도인의 책임(responsibility)을 다해야 합니다.

교회 안에서만이 아니라 세상 어디에 가든지 부활을 믿는 성도들의 책임이 반드시 따라야 합니다.

① 책임성 있는 신앙이어야 합니다.

마치 (민 32:20; 수 22:1-5)르우벤 지파, 갓 지파, 므낫세 반 지파 사람들이 요단강 건너가기 전에 미리 자기들이 분배받은 것들을 뒤로하고 가나안땅에 들어가서 모두를 도와주어 점령하는 데 힘을 모아서 여호수아로부터 책임성을 다 했으니 이제는 해당 지역으로 돌아가라고 칭찬받았듯이 우리는 세상에 대하여 책임을 느끼며 살아야 합니다. 마틴 루터(Martin Luther)는 '그리스도인의 자유'라는 논문에서 "그리스도인은 봉사할 수 있는 자유도 있고, 하지 않을 수 있는 자유도 있지만 헌신하고 봉사하는 태도가 현명하다." 했습니다.

② 무덤에서 나사로가 나왔을 때의 모습을 봅니다.

돌을 옮겨야 하고 베옷을 벗겨주어야 합니다. 부활의 신앙은 형식적인 매임에서 벗어나서 자유로이 활동하는 신앙이 될 때까지 누군가의 도움이 반드시 필요한데 이것은 영적으로 살아 있는 성도의 몫입니다. 이런 부활 신앙이 분명해야 하겠습니다.

3. 슬픔에 싸여 있는 상황에서 절망적인 바위를 치워야 합니다.

예수님께서 오셨을 때 마르다와 마리아는 물론이고 온 동네 사람들이 슬픔에 싸여있었습니다. 거대한 바위 돌, 저 속에 있는 나사로를 위해서입니다. 그리고 인성을 지니신 예수님도 우셨습니다.

1) 언제까지 슬픔과 좌절 속에 있을 수만 없습니다.

부활을 믿고 부활 신앙을 가진 사람은 그 슬픔의 바위를 치워야 합니다.

① 절망적이고 슬픔에 싸여있는 커다란 돌을 버려야 합니다.

(살전 4:13-17)사도 바울은 죽은 자로 인하여 슬퍼하는 데살로니가 교회 성도들에게 예수님의 부활을 확인시켜 주면서 다시 재림하실 때 생명의 부활을 전하면서 슬퍼하지 말고 서로 위로하라고 전하였습니다. 철학자 키엘케고르(Kierkegaard)는 "절망은 죽음에 이르는 병이다." 하였는데, 절망하지 말고 부활 신앙으로 이겨야 합니다.

② 슬픔과 좌절 가운데에도 의지해야 할 분이 반드시 계시기 때문입니다.

예수님이 그곳에 오셨습니다. (욥 23:10)욥은 슬픔 속에서도 자기를 단련하신 후에 순금같이 되어 나오게 하실 분을 믿었습니다. (시 121:1-8)시편 기자는 오직 나의 도움은 천지를 지으신 여호와에게서 온다고 증거하였습니다.

2) 성도들의 죽음은 죽는 것이 아니라 잠시 잠깐 잠을 잔다고 표현하였습니다. 잠자는 자는 다시 깨어날 시간이 있듯이 부활은 상징적으로 보여 주는 말씀입니다.

① 무덤의 잠에서 깨어나는 것이 부활입니다.

예수님이 그렇게 보여 주셨고 마지막 부활 때에도 그렇게 나타나게 될 것이 확실합니다. 미래의 부활 때의 일입니다(Augustine, Chrysostom, Calvin, Theodoret, Ellelott 등).

② 우리는 첫째 부활에 참여할 것입니다.

잠자는 자들이 이렇게 일어날 것입니다(마 27:52; 행 7:60; 고전 7:29). 첫째 부활에 참여하여 천국으로 영원히 가게 될 것입니다. 그러나 불신자의 부활은 둘째 부활인데, 지옥 가기 위한 심판의 부활입니다(계 20:6; 고전 15:52). 2019년 부활의 아침에 은평교회 모든 성도들이 확실한 부활의 신앙으로 승리하게 되시기를 예수님의 이름으로 축원합니다.

결론 : 부활 신앙으로 바위를 치워야 합니다.

〈부활〉

예수 그리스도의 부활하심의 의미

눅 24:1-12

'죽는다'는 것은 사람이든 동물이든 생명체로서 모든 것이 끝났다는 뜻이요 의미일 것입니다. 그래서 사람들은 죽음 앞에서 숙연해지고 엄숙함을 보게 됩니다. 사람뿐 아니라 동물의 세계에서도 볼 수 있습니다. TV에서 보면 동물의 왕국이나 자연 다큐멘터리에서 방영된 것이지만 아프리카 초원에 건기가 찾아와서 대규모 코끼리 가족들이 물을 찾아갑니다. 새끼를 거느린 어미 코끼리는 새끼가 젖을 구하지만 말라서 젖이 나오지 않고 심지어는 새끼 코끼리가 죽어 갑니다. 다른 동료 코끼리들은 기다리다가 떠나가지만, 어미 코끼리는 떠날 수가 없습니다. 한참 후에 새끼의 죽음을 확인하고 떠나지만 숙연하기 짝이 없는 광경이었습니다. 사실 한 장면의 다큐멘터리지만 죽음 앞에서는 동물이지만 숙연해지는 모습이었습니다. 하물며 인간 세계이겠습니까? 사람은 한 번 죽는 것이 정해져 있고 반드시 심판이 있다는 것을 성경이 우리에게 가르쳐주고 있습니다(히 9:27, 28). 죽은 후에는 평생 행한 일에 대한 기록된 책이 있어서 심판을 받게 됩니다(계 20:12-).

모태에서 열 달간 있다가 나왔듯이 세상을 산 후에는 영원한 세계가 있는데, 천국이냐 지옥이냐의 심판과 무서운 일들이 준비되어 있습니다. (눅 16:25)예수님이 말씀하신 부자의 사후는 물이 없는 지옥 불이었고, 나사로는 아브라함의 품 낙원이었습니다. 대 사도 바울이 가정법(15절)을 사용하여 '부활이 없다면'이라는 부활의 논증에서도 밝혀 주셨거니와, 예수님은 사람들이 제일 무서워하는 죽음을 이기시고 생명의 부활을 하셨습니다. 지난 2,000년 동안 하나님의 교회는 이를 믿고 지켜 왔는데 예수님의 부활은 사실(fact)입니다. 기독교는 예수님의 십자가의 대속적 죽으심과 다시 부활하신 부활 신앙 위에 세워져서 2,000년간 세계를 향해서 전해져 왔던바 또 한 번의 부활절에 우리는 은혜를 확인하는 시간이 되시기를 바랍니다. 그 뜻과 의미를 다시 한번 되새겨 봅니다.

1. 예수님의 부활은 불의와 죄악이 설 수 없음을 보여 주신 것입니다.

어둠이 빛을 이길 수 없습니다. 세상에는 때때로 불의와 악의가 이기는 듯한 일들이 잠깐이지만 날뛰는 현장을 보게 됩니다.

1) 그러나 불의한 자는 절대 승리자가 될 수 없음을 예수 그리스도의 부활하심을 통해 보여 주셨습니다. 십자가의 비참한 죽음은 불의가 이기는 듯했지만, 예수님이 생명의 부활하심으로 악한 불의의 세력은 완전 패배하게 되었습니다. 어둠은 빛 앞에 망합니다.

① 성경의 진리는 분명히 이 사실을 선포해 주었습니다.

예수 그리스도의 십자가와 부활은 비 진리가 승리할 수 없음을 분명히 나타내 보여 주셨습니다. (요 1:11)자기 땅에 오매 자기 백성이 영접하지 아니하고 이방인들의 손을 빌려서 십자가에 못 박히셨습니다. 그러나 훗날에 예수님 재림하실 때에 슬피 울며 이를 갈게 될 것입니다(계 1:7). 때로는 불의가 이기는 듯이 보입니다(합 1:13; 렘 12:1-; 시 37:1-). 그러나 의인은 믿음으로 말미암아 산다는 말씀의 진리가 선포되었습니다(합 2:14; 롬 1:16-17).

② 잠시 동안은 세속적 세력이 예수님을 십자가에 못 박아 죽였습니다.

죄가 없으신 줄 알면서도 정치적, 종교적 목적으로 십자가에 못 박혔습니다. 빌라도 역시 손을 씻으며 나는 무죄하다고 하였으나 유대인들은 그 피를 우리와 우리 자손들에게 돌릴 지어다 하였는데, 지난 2,000년간 유대인의 참패는 역사가 증명합니다. 정치인들도 그리했는데 바울을 구류하던 총독 베스도 역시 유대인들의 마음을 얻고자 하여 바울을 구류했습니다(행 24:27). 예수님을 죽이기 위해서 살인강도를 해방시켜 주는 시대였습니다(마 27:17-).

2) 유대인들은 하나님의 말씀을 받았으면서도 믿지 아니하고 예수를 십자가

에 못 박았습니다.

당대에만 당하지 아니하고 "그 피를 우리와 우리 자손들에게 돌릴지어다"(All the people answered, Let his blood be on us and on our children!) 하였습니다.

① 무서운 저주의 심판을 자초하는 내뱉는 말이었는데 역사적으로 2,000년간 유대인들은 나라가 없어졌고 세계 2차 전쟁 때는 히틀러에 의해서 그렇게 많은 유대인들이 학살당하였습니다. 함부로 말할 것이 절대 아님을 다시 한번 확인하게 되는 부분입니다.

② 유대인들은 예수님을 죽이고 무덤 속에 장사지내고 무덤 문까지 군사가 지키게 하였습니다. 악이 승리한 것처럼 보였습니다. 그러나 사흘 만에 부활하신 예수님 앞에 병사들은 죽은 자 같이 되었습니다(마 28:2-). 무덤을 방문한 여제자들에게 주의 천사는 예수님의 부활을 알리게 되었고 두려워하지 말라고 하였습니다. 문제는 불의의 세력은 이때에도 상관들에게 돈을 받으면서 예수님의 부활을 감추려 했다는 것이 드러나게 되었습니다. (살후 3:2)믿음은 아무나의 것이 아님도 볼 수 있는 부분입니다.

2. 예수님의 부활은 죽음도 이긴다는 것을 보여 주셨습니다.

사망이 생명을 이길 수 없습니다. 죽음은 모든 것이 끝이라고 생각합니다. 그리고 무서워하며 두려워합니다. 사람들은 죽음을 제일 두려워합니다.

1) 죽음을 두려워하기 때문에 오래 사는 장수의 비결을 이야기합니다.

그러나 예수 믿는 성도들에게는 오래 살든, 빨리 죽든 간에 두려워할 것이 아닙니다.

① 예수님은 우리에게 죽음도 정복할 것을 부활을 통해서 보여 주셨고 약속해 주셨습니다.

사람들은 죽음이 끝이라고 생각하지만 우리는 영원한 천국과 더불어서 다시 부활하는 축복이 반드시 있습니다. 예수님이 부활하신 것 같이 믿는 자의 생명의 부활이 확실합니다. (고전 15:22)예수님 안에서 살게 됩니다. (고후 5:8-)바울은 빨리 육신의 장막 집을 벗기를 고대했습니다. 죽음은 예수님 안에서 정복됩니다.

② 삶에 대한 애착도 중요하지만, 부활 신앙으로 사는 것도 중요합니다.

물에 빠진 사람은 지푸라기라도 잡으려 하지만 믿는 성도들은 언제나 부활

신앙과 확실한 천국 신앙으로 세속을 이겨야 합니다. 따라서 언제나 부활의 산 소망으로 사는 것이 중요한 일입니다. 예수님이 부활하심으로 우리에게 이 소망을 주셨습니다. 부활 신앙입니다.

2) 예수님의 부활하심은 모든 것이 변하게 하셨습니다.

죽으시고 무덤에 계실 때만 해도 모든 것이 혼돈이요 혼란 그 자체여서 땅이 혼돈하고 공허한 그 자체(창 1:2)였습니다.

① 그러나 예수님의 부활은 빌라도를 비롯한 성난 유대인들이 그릇되었음을 여실히 보여 주셨습니다.

악이 선을 이길 수 없음을 보여 주셨습니다. 처절하게 죽으셨으나 예수님은 부활로 응하셨습니다.

② 세상은 배신과 어둠의 천지였습니다.

성도들이 살아가는 세상이 이렇게 죄악으로 가득해서 문제가 되지만 부활 신앙은 이 모든 것을 이기고 승리하게 됩니다. (요 14:6)예수님은 우리에게 길이요 진리요 생명이 되시기 때문입니다. 따라서 성도들은 이 예수님의 부활하신 그 신앙으로 계속 이겨 나아가야 합니다. 최후의 승리는 예수 믿는 믿음에 있기 때문입니다. 이 믿음이 아니면 세상을 이길 수가 없습니다(요일 5:4-).

3. 예수님의 부활은 절망을 이기는 능력이 되셨습니다.

덴마크 철학자 키엘케고르(Kierkegaard)는 "절망은 죽음에 이르는 병이라"고 하였는데 인간에게 제일 막다른 골목이요 마지막은 죽음입니다. 사상가요 종교 철학자인 그는 또한 "절망에 대한 확실한 해독제는 믿음이다."라고 하였습니다.

1) 예수님의 부활은 절망 중에 있는 제자들에게 소망의 능력이 되셨습니다.

삼 년간 그토록 배우고 듣고 따르던 제자들에게는 예수님의 십자가 죽음은 절망적이었겠지만 부활은 새로운 소망이 넘치는 능력이 되었습니다.

① 예수님의 부활이 이 절망을 이기게 한 것입니다.

시체라도 보려고 무덤에 갔던 여 제자들을 비롯해서 다른 제자들 역시 심기가 어려웠습니다. "어찌하여 우느냐? 누구를 찾느냐?" 하면서 예수님의 부활을 알리는 소식은 모든 두려움이 사라지게 했습니다. 이것이 부활 신앙입니다.

② 엠마오로 가던 두 제자에게도 절망과 낙심의 길이 소망과 기쁨의 길로 바

꿰게 했습니다.

(눅 24:30-32)예수님이 부활하신 줄도 모르고 고향으로 옛 직업을 찾아 내려가던 제자들은 예수님의 음성을 들을 때에 마음이 뜨거웠으며 조반을 놓고 축복기도 해주실 때 예수님을 보는 모든 시야가 떠지게 되었고 예루살렘으로 다시 올라가게 되었습니다. 예수님의 부활은 모든 것을 변하게 만들었습니다.

2) 부활하신 예수님에 관하여 천사가 마리아에게 전했습니다.

"어찌하여 살아 있는 자를 죽은 자 가운데서 찾느냐 여기에 계시지 않고 살아나셨느니라." 여기에 계시지 않고 갈릴리로 가셨고 너희가 거기서 뵈오리라는 전갈이었습니다.

① 죽음만 생각하고 죽은 자 가운데서 찾던 그들이 기쁨과 새로운 소망이 생기게 되었습니다.

예수님의 생명의 부활은 이런 것입니다. 우리가 부활의 신앙으로 세상을 이겨야 할 이유입니다. 부활 신앙만이 세상을 이길 수 있기 때문입니다.

② 예수님이 부활의 첫 열매가 되심은 우리의 부활을 확실히 보장하시는 길입니다.

다른 종교에는 없거니와 예수님 안에서는 확실히 부활이 약속되었습니다. 국가는 정복했어도 죽음을 정복한 사람은 없습니다. 오직 예수님만이 죽음을 정복했습니다. 예수님 안에 있는 성도는 부활의 첫 열매가 되시는 예수님을 따라서 부활의 소망이 확실한 줄 믿고(고전 15:20-) 이 부활의 확실한 신앙으로 승리케 되시기를 예수님의 이름으로 축원합니다.

결론 : 부활하신 예수님이 지금도 함께 계십니다.

〈일꾼〉

주인이 요긴하게 쓰시기 위한 일꾼

요 21:15-20

　세상의 모든 일은 그 필요(need)에 의해 적절하게 돌아가고 운영되는 현장을 보게 됩니다. 필요에 의해서 학교도 다니고 배우며, 필요에 의해서 공장에서 각종 제품을 만들게 되고, 필요에 따라 각종 도구(tool)를 만들어 사용합니다. 사람 역시 꼭 필요한 인물이 하나님께 발탁되어서 쓰시도록 준비됩니다. (행 9:15)박해자였던 사울을 부르시어 바울로 쓰실 때에 "택한 나의 그릇이라"고 하셨습니다. 그리고 바울은 주님이 필요한 사도로서 쓰임 받는 생애가 되었습니다. (렘 1:4-)예레미야 역시 유다 백성이 바벨론에 70년간 포로 되어가는 시대에 하나님께서 쓰시는 선지자였습니다. (출 3:4-)모세 역시 이스라엘 백성들이 430년 만에 애굽에서 나올 때 하나님의 필요에 쓰시는 지도자였습니다. (딤후 2:20-)"큰 집에는 금 그릇과 은 그릇 뿐 아니라 나무 그릇과 질그릇도 있어 귀하게 쓰는 것도 있고 천하게 쓰는 것도 있나니 그러므로 누구든지 이런 것에서 자기를 깨끗하게 하면 귀히 쓰는 그릇이 되어 거룩하고 주인의 쓰심에 합당하며 모든 선한 일에 준비함이 되리라" 하였습니다. (롬 9:21-24)토기장이 비유를 통해서 말씀하시기를 이 그릇은 우리라고 하셨습니다.

　본문은 예수님께서 부활하신 후에 베드로를 만나시는 장면인데 베드로에게 세 번씩이나 "내 어린 양을 먹이라", "내 양을 치라", "내 양을 먹이라"고 명령하시는 말씀인바 주님이 쓰시는 필요한 일꾼의 모습을 발견하게 됩니다.

1. 주님이 필요로(need) 해서 쓰시는 일꾼은 주님이 인정하시는 일꾼입니다.

주님이 쓰시기 위해서 부르셨는데 주님이 인정하실 수 없는 일꾼은 문제가 됩니다.

1) 주님이 쓰시는 일꾼은 사람이 보는 것과 다릅니다.

사람은 외모와 외적인 조건을 보고 판단하지만, 하나님께서 보시는 것은 차원이 다릅니다.

① 구약에서 보겠습니다.

왕정시대王政時代가 시작되면서 왕을 세울 때의 일입니다. 사울을 폐하시고 두 번째로 왕을 세우실 때 사무엘이 이새의 집에 가게 되었고 이새의 아들들 가운데 왕을 세우게 되는데, 이때 유명한 말씀은 "사람은 외모를 보거니와 나 여호와는 중심을 보느니라"(삼상 16:7)입니다. 형들만 부르던 그때의 아버지 이새에 대하여 다윗은(시 27:10), "내 부모는 나를 버렸으나 여호와는 나를 영접하시리이다"고 고백하기도 했습니다. 다윗은 하나님이 필요하시는 데 합격했습니다(삼상 16:14; 행 13:22).

② 신약에서 보겠습니다.

신약의 일꾼개념은 하나님이 택하신 일꾼개념이기 때문에 구약에서도 그러하지만 신약에서는 하나님의 절대 주권적 역사로 이루어집니다. (롬 9:21-24)토기장이의 비유에서도 보여 주는 것은 하나님의 절대주권입니다. (마 10:1-)열두 제자를 부르실 때도 보게 됩니다. (행 6:1-)최초의 일곱 집사를 세울 때도 보게 됩니다. (요 13:2)가룟 유다라든지, (계 2:6)니골라 당 같은 사람은 주님의 그룹에서 제거됨도 보게 됩니다.

2) 일꾼은 자기의 위치를 바르게 알아야 합니다.

일꾼은 언제든지 자기 마음대로 하는 것이 아니요 주인과의 관계성에서 상대성이 있음을 생각해야 합니다.

① 여기에서 주인의 관계에 대한 큰 비밀이 있습니다.

나는 주인이 아니라 주인이 쓰시기 위한 도구라는 사실입니다. (롬 14:7-)사도 바울은 분명하게 전하여 주었습니다. "우리 중에 누구든지 자기를 위하여 사는 자가 없고 자기를 위하여 죽는 자도 없도다 우리가 살아도 주를 위하여 살고 죽어도 주를 위하여 죽나니 그러므로 사나 죽으나 우리가 주의 것이로다." 교회 안에서 우리의 주인은 예수 그리스도이십니다.

② 본문에서 예수님은 질문하십니다.

"네가 이 사람들보다 나를 더 사랑하느냐"(do you truly love me more than these?) 그렇다면 "내 어린 양을 먹이라"(Feed my lambs), "내 양을 치라"(Take care of my sheep), "내 양을 먹이라"(Feed my sheep)고, 세 번씩이나 사명을 주셨습니다. 세 번씩이나 확인하신 것은 가이사랴 빌립보 지방에서 신앙고백을 확인하시려는 것(마 16:16-)이며, 확인이 필요했기 때문입니다(Plummer).

여기에서 주의 양은 주님의 백성이요, 주님의 교회라 할 것입니다. 따라서 주님을 사랑하면 주님의 교회 일에 힘써야 할 줄 믿습니다.

2. 주님의 필요한 일꾼이 되기 위해서는 사명의식이 뚜렷해야 합니다.

주님의 교회를 위한 사명의식使命意識이 뚜렷해야 합니다.

1) 믿음의 성도라면 누구나 다 사명이 있습니다.

주님의 교회를 섬기는 사명입니다. 그래서 성도는 서로가 서로를 섬겨야 합니다.

① 내 양을 먹이라, 치라, 먹이라는 말씀은 중요합니다.

왜냐하면 주님의 양을 양육하고 보호하라는 뜻입니다. 우리는 개인마다 주님의 양인 동시에 구원받은 자로서 나보다 다른 양을 섬기는 의무와 사명이 있습니다. 그래서 서로가 서로를 섬기는 일입니다. (요 13:5-)예수님은 제자들의 발을 씻기신 사건 후에 "내가 주와 또는 선생이 되어 너희 발을 씻었으니 너희도 서로 발을 씻어 주는 것이 옳으니라"고 하셨습니다.

② 예수님은 섬기려고 오셨고 섬겼듯이 우리는 서로를 섬기는 자리에 있어야 합니다.

섬기는 일은 예수님의 명령 중의 하나입니다. 주님의 은혜로 구원받았습니다. 섬기는 자리에 있어야 합니다. (벧전 4:10-)"각각 은사를 받은 대로 하나님의 여러 가지 은혜를 맡은 선한 청지기 같이 서로 봉사하라 만일 누가 말하려면 하나님의 말씀을 하는 것 같이 하고 누가 봉사하려면 하나님이 공급하시는 힘으로 하는 것같이 하라"고 했습니다.

2) 끝까지 자기를 희생하며 일하기는 쉬운 일이 아닙니다.

따라서 단거리 선수와 같이 뛰는 것이 아니라 장거리 선수와 같이 꾸준해야 합니다. 동물 중에 치타가 있는데 치타와 같이 빠른 것도 좋지만, 비록 느려도 오래 걸어가는 코끼리와 같은 인내가 중요합니다.

① 우리는 끝까지 헌신하는 헌신자가 되어야 합니다.

차라리 순간적으로 총살당하는 순교도 중요하지만, 평생을 두고 끝까지 변치 않고 주님을 따르는 자세가 중요합니다. 그래서 평상시에 직분자다운 직분자가 되는 것이 어렵고 힘든 길입니다.

② 교회의 일은 명예직이 아닙니다.

십자가를 지고 가는 사명의 길입니다. 세상에서 얻는 어떤 직함과 같은 명예나 세속적인 수익을 위한 길이 아니라 십자가 지고 복음 전하며 일해야 하는 사명의 길입니다. (마 4:18-21)이들은 예수님의 부르심에 모든 것을 버리고 주를 따라가게 되었는데, 사명의 길이기 때문에 본문에서 예수님은 다시 한번 확인하고 계십니다. 이제 예수님의 이 질문 앞에 우리가 대답해야 할 차례입니다.

3. 예수님은 베드로에게 양 떼를 부탁하시면서 어떻게 죽게 될 순교까지 말씀하셨습니다.

양 떼를 인도하는 사명자는 사명을 위해서 죽을 것을 각오해야 합니다. 내가 죽을 때에 이 길을 잘 갈 수 있기 때문입니다.

1) 내 안에서 '나'라는 개념은 예수님 이름 아래 묻혀야 합니다.

나라는 존재가 살아 있으면 사명을 올바르게 감당할 수 없습니다.

① 예수님 이름아래 묻히고 죽는 사람이 되어야 합니다.

(롬 6:6)우리 옛사람이 십자가에 못 박혔다고 하였습니다. (고전 15:31)사도 바울은 "예수님 안에서 날마다 죽노라"고 했습니다. "나는 날마다 죽노라"(I Die Every Day) 하였습니다. (롬 8:36)기록된 바 (시 44:22)"우리가 종일 주를 위하여 죽임을 당하게 되며 도살할 양 같이 여김을 받았나이다"고 하였습니다. 사명의 길은 십자가 지는 길이기 때문입니다.

② 오늘날 교회에 사람은 많은데 일꾼이 부족한 것은 죽는 마음으로 십자가를 지는 자가 많지 않기 때문입니다.

일꾼은 십자가를 지고 죽어야 합니다. 성령의 능력으로만 가능한 일이기 때문에 성령님을 의지해야 합니다.

2) 베드로는 순교자로서 제물이 되었고 교회의 일꾼이 되었습니다.

(갈 2:9)기둥 같은 일꾼이 되었습니다. 야고보는 목 베임을 받았습니다(행 12:1-2).

① 기둥같이 여기는 그들은 모두 순교자적이었습니다.

요한은 밧모 섬까지 유배되었습니다. (계 1:10)밧모 섬 유배지에서 계시록을 기록한 것이 요한계시록입니다. 베드로는 AD 65년경 로마의 폭군 네로(Nero)에 의해서 거꾸로 십자가에서 순교 당했습니다. 예수님을 세 번씩이나 부인했던 베드로에게 세 번씩이나 질문하신 이유도 중요합니다.

② 주님의 참된 일꾼은 십자가를 지고 일을 합니다.

십자가를 지고 가는 것이 복이 있다고 설교했더니, 십자가와 고난을 피하려고 교회에 갔는데, 왜 또 십자가냐고 항변하는 사람도 있습니다. 예수님 믿는 것 자체가 세상과는 짝하지 말아야 하는 십자가가 분명합니다. 2019년에 예수 믿는 성도들 모두가 주님 앞에 합당한 일꾼들로 승리하시기를 예수님의 이름으로 축복합니다.

결론 : 예수님이 꼭 필요로 쓰시는 일꾼이 되시기를 바랍니다.

〈가정〉

축복 속에 성장하는 어린이

눅 18:15-17

매년 오월이 오면 가정의 달로 정하고 가정에 대한 프로그램을 가지게 되는데, 그 첫 번째가 어린이날을 정하고 어린이주일로 지켜왔습니다. 옛날 1950, 60년대에는 어린이주일을 '꽃주일'이라 부르기도 하였습니다. 왜냐하면 꽃봉우리처럼 피어나는 과정에 있기 때문입니다. 그 꽃주일에는 오후 시간에 교회 뒷동산으로 올라가서 선생님들이 아이들과 함께 놀아주던 시절이 생각납니다.

현대에 와서 도시 생활에 찌든 아이들의 정서 속에는 게임과 학원과 아스팔트 문명의 삭막한 곳에서 계산적이고 적막함 속에 또 한 번의 어린이주일을 보내게 되는데, 우리에게 주신 아이들이 하나님 말씀 속에서 축복받게 성장하도록 해야 하는 사명이 지금도 여전히 교회에 있다는 사실을 잊지 말아야 하겠습니다. (엡 6:4-)교회론적인 측면에서 말씀을 주신, 말씀 속에서 교회가 자녀들에게 어떻게 키워야 할 것인가를 배우게 됩니다. "또 아비들아 너희 자녀를 노엽게 하지 말고 오직 주의 교훈과 훈계로 양육하라"고 하였는데, 우리 그리스도인들은 언제나 기억할 것이 주신 자녀들을 교육하되 세상적인 방법이 아니라 하나님의 방법에 의해서 해야 한다는 사실입니다.

하나님의 방법에 따르는 교육에는 탈이 없습니다. 구약에서 이스라엘 백성들에게도 강조해 주신 것은 아이들에 대한 교육입니다. (신 6:4-)"너는 또 그것을 네 손목에 매어 기호를 삼으며 네 미간에 붙여 표로 삼고 또 네 집 문설주와 바깥문에 기록할지니라"고 하였고, "네 자녀에게 부지런히 가르치며"(Impress them on your children)라고 하였습니다. 금년에도 어린이주일에 다시 한번 어린이에 대한 중요성을 깨닫고 성경으로 돌아가는 시간이 되시기를 바랍니다.

1. 축복받은 아이는 부모의 자녀에 관한 영적 관심 속에 성장하게 됩니다.
아이들이 아직 덜 성숙한 미숙아이지만 분명히 영적 인격체라는 사실입니다.
1) 아이들 세계 속에도 분명히 영적인 세계가 있습니다.
그래서 아이 때부터 성령의 사람이 있고, 악한 귀신에 이용당하는 이이들이 있다는 사실입니다.
① 어린이 때부터 귀신이 들려서 괴롭힘을 당하는 현장을 보게 됩니다.
어떤 이는 말하기를 "어린아이가 무슨 악한 사탄에게 그렇게 당하느냐"고 하겠지만, 이것은 명백한 사실입니다. (마 17:17; 막 9:17)변화산에서 내려오신 예수님 앞에 보였던 어떤 아버지의 아들이 귀신에 시달리는 가운데 있었는데, "어릴 때부터였다"고 분명히 말하는 것을 보게 됩니다. 아이들의 세계 속에서도 사탄과 마귀의 역사가 분명히 역사하고 있음을 잊지 말아야 합니다.
② 어릴 때부터 하나님의 음성을 들으며 성장한 아이도 소개하였습니다.
우리 아이들이 교회 안에서 어릴 때부터 말씀을 듣고 배우며 실천하는 것은 축복입니다. (삼상 3:1-)기도로 낳았던 사무엘은 젖을 떼자마자 그의 어머니 한나가 성전에 데려다 놓아서 성전에서 자라게 되었는데, 하나님의 음성을 듣고 미래에 대한 말씀을 듣게 되었음은 성경이 우리에게 가르치고 하는 목적이 있습니다. 그 아이가 성장해서 다윗을 왕으로 기름 붓는 일에 쓰임 받았음은 우리가 주목해야 할 부분입니다.
2) 영적 관심은 아이들의 영혼이 잘되는 것입니다.
아이들에게도 영적 세계가 있어서 영적 문제가 잘되어야 합니다.
① 아이들도 영적 인격체이기 때문에 영적으로 인격 속에서 예수님을 만나야 합니다.
그래서 아이들에게도 회개를 가르치고 죄를 회개하여 예수님을 인격적으로 영접하는 것이 중요합니다. 지은 죄를 예수님의 보혈의 피로 씻음 받는다는 사실을 분명히 짚어주어야 합니다. (삼상 2:26)"아이 사무엘이 점점 자라매 여호와

와 사람들에게 은총을 더욱 받더라"고 하였습니다. 성도들의 자녀들이 이렇게 되어야 합니다.

② 영혼이 잘되는 영적 문제는 말씀에서 나옵니다.

어른들만 영혼이 잘되는 것이 아닙니다. 아이들도 각자의 영혼이 잘되어야 하는데, 이는 하나님 말씀 속에서 이루어집니다. 요한3서에서 분명히 가이오를 통해서 보여 주시는데, 영혼이 잘되는 이유는 하나님 말씀을 따르는 가운데 있음을 보여 주었습니다. 미국의 초대 대통령 조지 워싱턴(G. Washington)의 생가에 가보면 그가 어릴 때 읽었던 성경이 침대와 책상 위에 놓여 있었는데, 그는 어릴 때부터 철저하게 성경 속에서 성장했다는 사실을 알 수 있습니다. 우리 아이들이 성경 속에서 자라게 해야 하겠습니다.

2. 축복받는 아이는 예수님의 사랑을 받고 성장하였습니다.

오늘 본문에 나오는 아이들의 문제에 대해서 생각하게 됩니다. 아이들이 주님께 올 때 어른들의 개념으로 접근을 막으려 하였지만, 예수님은 오히려 "어린아이들이 내게 오는 것을 용납하고 금하지 말라 하나님의 나라가 이런 자의 것이니라"고 하셨습니다.

1) 예수님은 아이들에게 축복하여 주셨습니다.

축복받고 자란 아이들이 초대교회의 기둥이 되었고, 천국의 보배들로 성장하였습니다.

① 교회의 일꾼은 어린이 때부터 양육돼야 합니다. 어릴 때부터 잘 성장한 아이가 후에 교회의 일꾼으로 기둥이 됩니다. 그 아이가 성장해서 또 부모가 되고 사회의 일꾼뿐 아니라 국가의 일꾼이 되는 것은 자명한 사실이라 할 것입니다. 부모가 왜곡되고 술주정뱅이가 되어 아이를 키우면 그 아이 역시 쉽게 잘못되는 것이 보편적인 확률이라 할 것입니다. 그래서 부부간의 의견 충돌이 생기더라도 아이 앞에서는 절제해야 합니다.

② 주의 훈계로 양육하라고 하셨습니다(엡 6:4).

교양(paideiva)이란 이 낱말은 '아이'(παῖς)에서 온 낱말로서 그리스 고전에는 '교육'을 뜻하였다고 전해집니다. (딤후 3:16)에는 교훈으로 사용되었고 (히 12:5-6)에는 징계, 꾸지람으로 사용된 낱말입니다. 결론적으로 이는 몸과 마음이 발달을 위한 행위적 훈련이 양육이라는 용어라 할 것입니다. 야단을 치더라도 주 안에서 사랑으로 해야 합니다.

　2) 축복 속에 성장한 인물이 귀하게 쓰임 받게 됩니다.
　제자들을 비롯한 어른들은 아이들이 오는 것을 귀찮게 생각했으나 예수님은 그 아이들에게 축복하셨고 그 아이들이 초대교회의 일꾼이 되었음을 역사가 말합니다.
　① 그중의 한 아이가 폴리캅(Polycarp)이라는 이야기가 있습니다.
　그는 후에 사도 요한의 제자가 되었고, 사도 요한이 밧모 섬의 유배에서 풀려나 에베소에 와서 목회하는데, 사도 요한이 세상을 뜬 이후에 에베소교회의 지도자요 훗날에 장작더미에서 산채로 순교자가 된 이야기는 유명합니다.
　② 우리 자녀들에게 끝까지 해주어야 할 일이 있습니다.
　그것은 바로 아이들에 대한 끝없는 기도와 관심입니다. 기도하라는 것은 아이들을 주님께 의탁하는 것이요 부모가 할 수 있는 최대의 것이기 때문입니다. (눅 23:28)지금은 자녀를 위해 울 때입니다.

3. 축복받은 아이들은 어린이 때부터 성경 교육을 받은 아이입니다.

어린이 때부터 성경을 배우는 것만큼 중요한 축복은 없습니다. 예수님 당시에는 예수님의 말씀을 직접 들었지만, 지금은 기록된 성경이 중요합니다. 성경을 가르쳐야 합니다.
　1) 말씀 외에 다른 인생의 길이 없습니다.
　성경 속에 모든 인생의 길이 약속되어 있습니다.
　① 성경에서 인생을 배우게 됩니다.
　물론 성경에는 없는 것이 없습니다. 정치, 경제, 사회, 군사, 법률, 과학, 모든 것이 있지만 생명의 목적은 그것이 아닙니다. 하나님의 존재, 창조, 타락, 심판 그리고 그 심판에서 구원받는 오직 한 길 예수 그리스도를 믿는 것입니다. 믿으면 천국이요, 부인하게 되면 지옥 심판입니다. (시 128:1-)"여호와를 경외하며 그의 길을 걷는 자마다 복이 있도다"고 하였습니다. 우리 자녀들이 공부를 하는 것도 성경 안에서 하도록 지도하여야 합니다. 세상 학문 가운데는 비성경적이고 비신앙적인 것들이 많이 있기 때문입니다.

② 교회의 교회학교는 우리 자녀들에게 중요한 기관입니다.

세상 학교와 같이 어떤 구속력은 없지만, 영적인 측면에서 볼 때 매우 중요한 시기의 교육을 교회학교에서 가르치는데, 그것은 바른 신앙교육입니다. (딤후 3:15)디모데는 어릴 때부터 성경을 배웠고, 그 성경이 어떤 것인가를 분명하게 해 주었습니다. 모든 성경은 하나님의 감동으로 된 것인데, 이는 '하나님의 숨을 불으신'(God breathed) 것으로란 뜻에서, (요 20:22)예수님이 부활하신 후에 제자들에게 "숨을 내쉬며 성령을 받으라"고 하시는 말씀과 비교됩니다.

2) 우리 자녀들이 성공자이기를 바라시나요?

물론 우리 모두가 그렇겠지요. 그렇다면 어린이 때에 성령 안에서 자라나도록 해야 합니다.

① 주 안에서 성장하게 하세요.

세상적 성공 개념과 주 안에서의 성공 개념은 분명히 다릅니다. 세상에서 성공했다 하더라도 예수님 없이 산다면 결과는 지옥 불이 그 종착역입니다. 우리 자녀들이 그렇게 되지 않게 해야 합니다. 그것은 말씀 안에서 기도 가운데 양육하는 것입니다.

② 자녀들의 교육은 최종적으로 하나님께 맡기는 것입니다.

(시 37:5-)"여호와께 맡기라"고 하였는데, 자녀들의 앞길도 하나님께 맡기는 것입니다. 물론 신앙적으로 최선을 다한 후에 최후의 길은 하나님께 맡기는 것입니다. 지금과 같이 어려운 시대에 우리 자녀들이 모두가 주 안에서 축복 되게 성장해 가기를 예수님의 이름으로 축복합니다.

결론 : 어린이 때부터 예수님 안에 자라게 해야 합니다.

〈가정〉

믿음 안에서의 자녀교육
출 2:1-15

　자녀교육은 어제오늘의 문제만이 아니라 인간이 이 땅에 살아오면서 지금까지 대를 이어서 힘들게 해왔던 일입니다. 문제는 자녀교육 문제가 어려운 일이라는 것입니다. 오죽했으면 '맹모삼천지교'孟母三遷之敎라든지 한석봉 어머니가 한석봉을 교육할 때의 이야기가 교훈으로 내려오는 것도 쉽게 짐작이 갑니다. 인간뿐 아니라 아프리카 초원(Field)의 짐승의 세계에도 자기 자식을 끔찍하게 관심 있게 키우는 것들을 어렵지 않게 보게 됩니다. 역사를 빛내었던 사람들은 어릴 때부터 교육적 모습을 보게 되는데, 미국의 경우 초대 대통령 조지 워싱턴(J. Washington)이라든지, 아브라함 링컨(A. Lincoln) 대통령이나 석유왕으로 부호였던 존 록펠러(John Davison Rockefeller), 존 와나메이커(John Wanamaker) 등 수많은 인물의 어릴 때 교육은 성경 교육이었고, 성경이 그 인생의 최대의 지침서였다는 사실을 알게 됩니다.

　오늘 본문은 모세의 이야기입니다. 어릴 때의 환경은 애굽에서 노예 생활하는 환경이었고 비참한 배경 속에서 태어났지만, 하나님께서 붙드신 바 되어 애굽의 고대 학문을 모두 배우고 이스라엘의 지도자로서 성경에서 중심인물 중의 하나로 남게 된 것은 이 세대에 우리가 우리 자녀들을 어떻게 키워야 하고 우리 자녀들이 어떻게 자라나가야 할 것인가에 대한 해답이 있는바 여기에서 은혜를 받게 됩니다.

1. 모세나 다른 인물들과 같이 신앙적인 인물로 키우려면 하나님 중심적인 인물로 성장하게 해야 합니다.

그리스도인의 자녀 교육의 첫 번째 책무는 철저한 신앙교육입니다.

1) 이는 성경에서 강력하게 말씀하신 내용입니다.

모세에게 말씀하실 때도 분명하게 강조하시면서 자녀교육의 지침을 말씀해 주셨습니다(신 6:4-).

① 말씀 신앙으로 키울 때 복된 자녀로 성장하게 됩니다.

본문에서 등장하는 모세에게서도 보거니와 그들의 조상 아브라함은 아들을 모리아 산에서 번제로 드리라는 말씀 앞에(창 22:1-) 순종하는데, 아브라함도 대단하지만 그 아들 이삭 역시 아버지 말씀에 그대로 순종해서 제물이 되고자 했다는 사실입니다. 부모 세대의 신앙정신의 계승繼承이 중요한바 이삭뿐 아니라 모세 역시 어머니 요게벳이나 아버지 아므람의 신앙을 이어받은 것입니다. (시 119:105)주의 말씀은 내 발에 등불입니다.

② 하나님의 말씀 따라서 살 때 복 받은 이야기는 성경에 많거니와 역사에서도 얼마든지 풍성하게 볼 수 있습니다.

성경 말씀은 하나님 말씀이기 때문에 변하지 않는 진리입니다. 따라서 그 속에서 살게 될 때 복이 있습니다(시 128:1-, 68:35; 창 26:12-). 이삭은 블레셋 지역에 살면서도 우물을 파는 곳마다 물이 터져 나오는 체험을 하게 됩니다.

2) 하나님을 아는 것이 지혜의 근본이라 하였습니다.

세상을 살아가면서 지혜가 중요한데 하나님을 섬기게 될 때 그 자체가 지혜가 되는 것입니다.

① 인생을 살아가는 지혜입니다.

그런데 미련한 자는 이 지혜를 멸시하고 멀리하게 됩니다. 야고보는 이 지혜를 구하라고 하였습니다. (약 1:5-)이 지혜를 위해서 기도해야 합니다. 우리 아이들이 교회에 와서 예배드리면서 말씀을 공부하고 축복 기도를 한 번이라도 더 받아 가며 성장하는 것은 그만큼 복이 됩니다(민 6:22-27). 하나님께 한 걸음 더 다가가는 계기가 되기 때문입니다.

② 이 일은 세상이 따라올 수 없는 지혜와 축복의 계기가 됩니다.

발명왕이라고 불리는 에디슨(Edison, Thomas Alva)은 초등학교 3학년이 공식 학력이라고 하는데, 그의 어머니는 집에서 에디슨을 홈 스쿨(home school) 하며 기도로 키웠다고 전합니다. 그러나 어느 유명한 대학을 나온 사람보다 더 위대한 업적을 인류 역사에 남겼습니다.

2. 모세는 어릴 때부터 자기 민족을 향한 마음이 달랐습니다.

모세는 애굽의 노예 생활 시에 남자아이를 낳으면 죽이고 여자아이가 태어나면 살리라는 바로의 이스라엘 민족 말살 정책의 칼날이 시퍼런 시대에 태어나서 자랐습니다.

1) 모세의 어머니 요게벳은 어릴 때부터 유모가 아닌 친어머니로서 키워가면서 민족혼을 넣어주었습니다.

① 너는 애굽인이 아니고 이스라엘 사람이요 아브라함의 자손이라는 사실을 분명히 그 속에 넣어주었습니다.

그렇게 성장한 모세는 애굽의 온갖 학문을 다 배우고 자라났지만 자기 민족을 위해서 모든 것을 버릴 수 있게 되었습니다. 하나님께서 이스라엘을 향하신 뜻과 섭리를 알기 때문에 영원한 천국을 위해서는 잠시 잠깐의 애굽 왕이 되어서 누리는 영광보다 하나님의 상급과 자기 민족을 향한 애국심이 더 강하게 작동하였음을 보게 됩니다. (히 11:23)잠시 잠깐의 고난보다 자기 백성과 함께 고난받기를 즐거워하는 그 모세의 믿음이 우리 아이들에게도 싹트게 해야 할 때입니다.

② 자기가 40세까지 성장했던 왕궁 생활을 버리고 광야에서 이드로의 양 무리와 함께 또 40년을 산다는 것은 결코 쉬운 일이 아니었습니다. 더욱 애굽 사람들은 양을 치는 목축업을 제일 천한 직업으로 보았고 천시했습니다. (창 46:36)싫어하고 가증히 여기는 직업이었습니다. 모세는 그런 환경으로 내몰려서 40년의 훈련을 받게 된 것입니다. 그리고 하나님의 양 무리 되는 이스라엘 민족을 이끌고 광야 40년을 향해 가게 되는데, 이때 지난 40년의 이드로의 양 떼를 치던 일들이 모두 경험과 큰 배움이 되었습니다.

2) 모세는 하나님께서 준비하신 위대한 인물이었습니다.

애굽의 온갖 문명을 다 배우고 부름받아서 하나님의 사환으로(히 3:5-) 쓰임받아 창세기부터 신명기까지 성경을 기록하는 축복을 받았습니다.

① 하나님께서 사용하시면 위대하게 되는 것은 자명한 사실입니다.

부족하지만 하나님께서 사용하시기 때문입니다. (딤후 1:3-)디모데는 아버지는 헬라인이요 어머니는 유대인이기 때문에 요즘 용어로 다문화가정 출신이었으나 어머니 유니게의 신앙과 외할머니 로이스의 신앙이 그대로 전가되어서 초대교회의 위대한 목회자로서 쓰임을 받게 되었습니다. 바울 사도가 아들이라고 할 정도로 위대한 신앙인이요 주의 일꾼이 되었습니다.

② 요즈음 세대는 걷잡을 수 없이 죄악으로 치닫는 세상입니다.

세상적 교육제도 가지고는 올바르게 자녀교육을 하기 어려운 때가 되었습니다. 우리 아이들을 어떻게 키울 것인가를 기도하고 고민해야 할 때입니다. 유명한 교육학자인 페스탈로치 (Pestalozzi)의 교육이론이나 존 듀이(John Dewey)든 각각 스위스와 미국에서 자국뿐 아니라 세계적으로 이름이 위대하다고 해도 중요한 것은 우리는 성경의 토대 위에 신앙교육이 바르게 세워져야 한다는 것입니다.

3. 모세는 어머니 교육이 좌표가 되었습니다.

우리 자녀들을 공부시키는데 이 교육에 대한 좌표 내지는 이정표가 분명해야 합니다. 왜냐하면 세상 교육은 너무나 변화되는 세상의 교육이 되었기 때문입니다.

1) 성경적 좌표와 이정표를 바르게 보아야 합니다.

이미 인용했지만 (잠 1:7)여호와를 경외하는 것이 지식의 근본입니다. 모든 학문과 배움의 초점은 하나님께 두고 해야 합니다.

① 예수님께서 성장하실 때를 통하여 배우게 됩니다.

성경에서 예수님이 성장하실 때의 말씀은 몇 구절 되지 않지만 큰 교훈이 됩니다. (눅 2:40)"아기가 자라며 강하여지고 지혜가 충만하며 하나님의 은혜가 그의 위에 있더라"고 하였습니다. 이 구절을 주석학자들은 이렇게 해석해 놓았습니다. "자라는 것은 육적 성장이요, 지혜는 지적 성장이며, 은혜는 영적 성장을 나타내는바 균형 잡힌 건강하게 성장하신 것이다." 우리 자녀들이 이렇게 성장해야 합니다.

② 하나님께 뿐 아니라 사람들에게도 사랑을 받았다는 것은 윤리적인 인격체

를 말하는 것입니다.

하나님께도 아름다운 성장이지만 사람들 앞에서도 사랑스러운 성장을 하신 예수님이셨습니다. 본문에서 볼 때 모세는 어릴 때부터 참 인격적인 인물로 성장해서 그 시대의 지도자로 훌륭하게 성장하게 되었는데, 우리 자녀들이 하나같이 이런 균형 잡힌 신앙인으로 성장하도록 기도해야 합니다.

2) 모세의 인생 일대기는 두루 갖추어진 인격체로 성장하였음을 보게 됩니다.

성경에서 보면 하나님께서 쓰셨던 인물에게서도 배우게 되는데 그들의 어린 시절이 중요합니다.

① 사무엘에게서 배우게 됩니다.

한 시대에 태어나서 사사요 선지자로 분기점이 되었던 사무엘은 어머니 한나의 기도로 태어나서 기도 중에 성장하는데 자라나면서 하나님과 사람들에게 은총을 받은 어린 시절이었고(삼상 2:26), 성전에서 자라면서 하나님의 음성을 듣게 되기도 했습니다(삼상 3:1-). 첫 번째 왕 사울과 두 번째 왕 다윗도 사무엘에게서 기름 부음 받게 된 것도 중요한 일입니다.

② 모세는 전인적全人的으로 쓰임 받는 인물이 되었습니다.

사람이 태어나면서 한평생 하나님께 붙들려서 귀하게 쓰임 받는다는 것은 축복입니다.

인생을 어디에 투자하느냐는 것은 중요한 일인데 모세는 하나님께서 쓰시는 인물이 되었습니다. (렘 15:1-)유다 백성이 바벨론에 포로가 되어 갈 때도 모세나 사무엘의 기도가 다시 언급될 만큼 중요한 지도자들이었습니다. 금년에도 세상은 어려운 때가 되었지만 은평교회 자녀들이 모세와 같이 한 시대에 귀하게 교육받고 넓은 세상에서 귀하게 쓰임받는 자녀들이 다 되시기를 예수님의 이름으로 축원합니다.

결론 : 지금 역시 모세와 같은 사람이 요구되는 때입니다.

〈가정〉

어버이주일에 생각하는 부모님

요 19:25-27

지금은 세상이 속절없이 무섭게 변하는 시대가 되었습니다. 세월이 빨리도 변하지만 빨리 급변하는 세월 못지않게 그 속에서 살아가는 사람들의 마음도 빨리 변한다는 사실입니다. 사람이 태어나서부터 관계 속에 살아가는데 부모와 자식, 형제, 친척, 선생님, 친구 등 수많은 관계 속에 살아갑니다. 그런데 홍수에 둑이 무너지듯이 사회적 관계가 무너지고 있는 때입니다. 사도 바울은 (딤후 3:1-)말세 때에 사람들이 고통 하는 때가 오는데 그 원인 18가지들 중의 하나가 "부모를 거역하여"라고 하였습니다. "고통 하는 때"(kairoi; calepoi)를 신학자 빈센트(Vincent)는 '고난의 때'라고 하였습니다. "부모를 거역하여"(disobedient to their parents)는 십계명 중 5계명을 범하는 죄이고 구약이나(신 21:18) 신약에서 금하는 죄입니다. (엡 6:1-)부모는 하나님을 대리하는 대리자라고 신학자들은 분명히 해석해 놓고 있습니다. 그래서 부모님을 공경할지언정 거역하는 것은 절대 용납할 수 없는 일입니다(잠 30:17, 17:25).

가정이 무너지면 국가 사회 역시 온전할 수가 없습니다. 부모님들의 희생이 없이는 절대로 오늘의 내가 설 수 없음을 알아야 합니다. (삼상 1:1-)사무엘의 배후에는 기도하는 한나가 있었습니다. (출 2:1-)모세의 배후에는 친모 요게벳이 있었습니다. (딤후 3장)디모데의 배후에는 유니게와 그의 외할머니 로이스가 있었습니다. 성 어거스틴(St. Augustinus)의 배후에는 어머니 모니카의 기도가 있었습니다. "여자는 약하나 어머니는 강하다."는 말이 있습니다.

본문에는 예수님께서 마지막 십자가에서 죽으실 때에 마리아를 제자 요한에게 부탁하는 장면이 나옵니다. 사도 요한은 밧모섬 유배지에서 돌아온 이후에 마리아를 끝까지 봉양한 흔적이 지금도 에베소에 가면 볼 수 있습니다. 그리고 사도 요한은 90이 넘어 늙기까지 주의 교회를 돌보았는데 여기에서 은혜의 시간이 되시기를 바랍니다.

1. 육신의 어버이를 잘 공경해야 합니다.

이것은 고금 이래로 변하지 않는 하나님의 말씀입니다. 성경이 우리에게 명령하는 지상명령이기도 합니다.

1) 육신의 부모들은 자녀를 위해서 온갖 고생을 다 하셨습니다.

아버지는 아버지 위치에서 수고를 다 하셨고 어머니는 어머니 위치에서 수고를 다 하셨는데, 요즈음은 특히 아버지의 자리가 없어진 시대가 되었습니다.

① 아버지를 잘 공경해야 합니다.

가장이 튼튼해야 가정이 든든히 설 수 있습니다. 기둥이 빈약하면 건축물도 쉽게 무너집니다. (엡 6:2)"네 아버지와 어머니를 공경하라"(Honor your father and mother)입니다. (룻 1:3-)엘리멜렉이 무너질 때 가정이 무너지게 되었습니다. 가정의 구성원 모두가 다 중요하지만 가장이 약하면 문제가 됩니다. 하나님은 이런 가정을 축복해 주셨는데 아브라함의 가정도 축복받아 이삭에게 그 복이 내려오게 되었습니다(창 26:12). 미국의 부호 록펠러(John Davison Rockefeller)도 축복받은 이유가 그의 어머니의 신앙이 그 아들에게 전가되었고 순종했기 때문입니다.

② 어머니는 희생하며 고생하신 분이십니다.

어머니는 자식을 위한 길이라면 무슨 일이든지 서슴지 않는 분입니다. 히브리어로 "어머니"는 '엠'(αεεμ)이라 하는데 그 뜻은 일꾼(workman)이라는 뜻입니다. 히브리 사람들은 어머니를 일하는 모습에서 찾았다는 것입니다. 모든 시대의 어머니는 같은 동질적 의미를 가지게 됩니다. (창 27:13-)리브가가 야곱에게 "축복은 네가 받고 저주는 내가 받겠다"라고 했는데 이것이 어머니의 모습입니다. 야곱은 어머니 말씀 따라서 축복을 받게 되었는데 요즈음의 어머니들에게서도 보게 됩니다.

2) 자녀를 키우는 모든 어머니는 현숙한 여인입니다.

따라서 현숙한 여인이 효도를 받게 됩니다. 그런데 자녀가 우상이 되면 곤란합니다.

① 현숙한 여인으로 자녀 양육이 필요할 때입니다.

미국의 저명한 사회학자가 중국을 다녀와서 중국은 희망이 없다고 했는데, 그 이유는 아이들이 우상이 되어서 어릴 때부터 떠받들어 키워서 세상사는 법을 가르치지 아니했기 때문이라고 하였습니다. (잠 31:10)현숙한 여인인 어머니를 사랑해야 하는 것이 자녀의 도리요 의무입니다.

② 성경에서 현숙한 여인은 룻에게서 찾게 됩니다.

(룻 3:11)베들레헴 사람들이 인정하는 현숙한 여인이었고 그에게서 보아스를 통해 오벳이 태어나고 오벳에게서 이새가 태어나고 이새에게서 다윗이 나오고 다윗 계통에서 예수님이 오시게 되었습니다(마 1:5). 다윗 왕가의 전통적 여인이 된 룻에게서 어머니상을 배우게 됩니다.

2. 어버이주일에 영적인 어버이를 잊지 말아야 합니다.

육신의 어버이는 육신을 낳아 키워주신 분입니다. 학교에 가면 선생님이 계셔서 지식적 과학의 눈을 뜨게 해주신 분입니다. 그래서 옛말에는 선생님 그림자도 밟지 않는다고 하였습니다. 교회에 오면 영적 문제를 해결해 주는 영적 부모와 같은 존재가 있습니다.

1) 영적 부모 관계입니다.

사람은 육신으로만 이루어진 것이 아니고 영혼이 있는데, 육신은 한계가 있으나 영혼은 영원히 존재합니다.

① 육신은 흙으로 돌아가면 끝이지만 영혼은 영원한 천국까지 들어가는 영원한 존재입니다.

육신으로 태어나지 아니하면 내가 없듯이 영적으로 다시 태어나지 아니하면 영원히 천국에 갈 수 없습니다(요 3장). 맹자 어머니는 아들을 위한 삼천지교三遷之教가 있는데 아들의 학문 때문이요, 헬라 교부였던 크리소스톰(Chrysostom)의 어머니인 안두사는 기도로 교부로 만들었고, 요한 웨슬리의 어머니 수잔나,

어거스틴의 어머니 모니카, 부흥사였던 무디의 어머니 뱃시는 모두 영적으로 아들들을 키웠습니다. 모두가 기도로 낳은 인물입니다.

② 말씀으로 낳게 된 것입니다.

육신은 배 아파서 낳지만, 영적인 것은 마음(가슴)으로 아픔 속에 낳게 된 것입니다. (딤전 1:2)바울은 디모데를 "믿음 안에서 참 아들"(To Timothy my true son in the faith)이라 하였습니다. (약 1:18)진리의 말씀으로 낳았습니다. (갈 4:19)"나의 자녀들아"(My dear children) 하였습니다. 이렇게 영적으로, 복음의 말씀으로 낳은 주의 종을 경히 여기면 곤란하고 복이 없습니다.

2) 이 모든 것은 썩지 아니할 말씀으로 된 것입니다.

하나님의 말씀을 듣고 배울 때에 영적으로 태어나게 되는데 이것이 물과 성령으로 거듭남입니다(요 3장). 그래서 세상 가운데 내놓고 버려진 사람도 예수 믿고 구원받게 되는 것입니다.

① 거듭난 것이 썩지 아니할 씨로 되었다고 하였습니다.

(벧전 1:23)"너희가 거듭난 것은 썩어질 씨로 된 것이 아니요 썩지 아니할 씨로 된 것이니 살아 있고 항상 있는 하나님의 말씀으로 되었느니라" 하였습니다. (벧전 2:2)"말씀의 신령한 젖"(crave pure spiritual milk)이라 하였는데 이 말씀의 젖을 먹고 영적으로 성장하게 됩니다. 주의 종은 이 양식을 먹이는 유모 역할이요 영적인 어버이라 말합니다.

② 이런 관계 속에서 성경에는 신령한 어버이 관계로 설명했습니다.

(갈 4:26-)갈라디아교회의 바울은 영적으로 어머니와 같은 존재입니다. 주의 교회에서 주의 종이 심부름꾼 되어 가르치고 전합니다. 육신이 부모에게서 낳게 되듯이 영혼은 주의 말씀을 통해 새롭게 태어나게 되는데, 바울은 갈라디아교회 성도들이 그릇 가게 될 때 다시 해산의 수고를 했다고 하였습니다(갈 4:19). 또한 바울은 (고전 4:15)"그리스도 예수 안에서 내가 복음으로써 너희를 낳았음이라" 하였습니다. 영적 부모를 잊지 말아야 합니다. "낳았다"라는 말은 헬라어로 '에게네사'인데 이 말에서 영어의 어머니(Parent)가 파생됩니다. (살전 2:7)"우리는… 너희 가운데서 유순한 자가 되어 유모가 자기 자녀를 기름과 같이 하였으니"라고 했는데 영적 부모 역시 중요함을 잊지 말아야 합니다.

3. 부모를 공경하면 땅에서 잘되고 장수하는 축복이 약속되었습니다.

부모공경이 어려운 시대이지만 성경대로 하면 복이 약속되었습니다.

1) 육신의 어버이를 잘 섬기세요.

돌아가시고 나면 허탈하게 되는데 그때에는 공경하고 싶어도 못하고 불러 봐도 대답하실 수 없습니다. 또한 자녀들이 보고 배우게 되기 때문에 부모공경은 중요합니다.

① 자녀들에게 축복받는 부모상을 보여 줘야 합니다.

자녀가 또 자녀를 낳아서 부모가 어버이 섬김으로 축복받음을 보고 배우게 해야 합니다. 지금은 현대판 고려장 제도가 여러 가지 측면에서 성행하는 때가 되었습니다.

② 부모를 공경하면 땅에서 잘되고 장수합니다.

무조건 장수가 아니라 잘되고 장수한다는 약속입니다. 이 속에는 건강, 생활, 영혼이 잘되는 모든 것이 포함됩니다. (엡 6:2)"네가 잘되고 땅에서 장수하리라"고 하였습니다. (출 20:12)율법에서도 분명한 약속이요 명령입니다. (룻 1:16-17)룻에게서도 분명하게 배우게 됩니다.

2) 영적 부모 잘 해드리고 복 받은 사람이 있고 홀대해서 축복 없는 사람도 성경에서 보게 되는데, 우리는 성경을 올바르게 알아야 합니다.

① 복 받은 사람들입니다.

본문에서 사도 요한은 예수님의 제자로 예수님 말씀에 순종하여 어머니 마리아를 끝까지 잘 모시고 천수를 누리며 축복받은 사도가 되었습니다. (삼상 9:2)아버지 기스의 암나귀를 찾기 위해 노력했던 사울에게서 보게 되는데, 사무엘 선지자를 방문했을 때도 빈손이 아니라 손에 있는 적은 것, 은 한 세겔의 1/4을 대접했습니다. (왕상 17:12)사르밧 여인이나, (왕하 4:12)수넴 여인에게서 배우게 됩니다. 예수님은 (마 10:40-)"너희를 영접하는 자는 나를 영접하는 것"이라고 했습니다. 이런 인물을 어버이주일에 생각해 봅니다.

② 주신 복을 팽개치는 사람들이 있습니다.

(창 9:25)저주받은 함의 자손을 보게 됩니다. (삼상 13:13-)사울은 끝까지 잘하지 못하고 사무엘 선지자와 문제가 생겨 왕권이 다윗에게로 넘어가게 되었습니다. (왕하 2:23)엘리사를 대머리라고 조롱했던 아이들은 숲에서 암곰이 나와

서 42명의 아이들이 물려 죽었습니다. 따라서 우리는 육신의 부모든 영적 부모든 힘껏 섬기고 복 받아야 합니다. 은평교회 모든 성도들은 오늘 본문에 나오는 사도 요한과 같이 부모공경을 잘하여 축복받게 되시기를 예수님의 이름으로 축원합니다.

결론 : 부모공경은 짐이 아니라 축복입니다.

〈가정〉

복 받는 사람과 그 가정
신 6:1-5

　자연 생태계의 세계에도 잘되려고 나름대로 애쓰는 모습을 살아가는 모습에서 볼 수 있는데 덩굴식물들은 기댈 곳만 있으면 감고 올라가게 되고 땅 밑에 뿌리식물들은 돌과 돌 사이 틈 속에 흙만 있으면 뿌리를 뻗게 됩니다. 개미나 꿀벌들의 부지런함 역시 환경 따라서 잘살아 보려는 모습을 보게 됩니다. 인간은 하나님께서 하나님의 형상으로 지으셨으며, (창 1:26-28)인간에게 복 받고 살아가도록 명하셨습니다. 철저하게 하나님 안에서 주시는 축복입니다. 그러나 하나님의 약속을 배반하고 축복도 모두 잃어버린 채 죄 값으로 지옥 형벌이 인간의 종착역이 되었습니다. 하나님의 명령을 저버리고 뱀(마귀)의 유혹을 받아서 선악과를 따먹게 되었기 때문입니다(창 2:17, 3:18).
　신학적으로 분류해서 일반은총론 가운데 살지만 결국은 지옥이 그 종착역이 되었습니다. 그러나 예수 그리스도를 믿고 구원받는 특별 은총을 주셨기 때문에 이제는 예수 그리스도 안에서는 구원이요 축복입니다. 23장 찬송가 가사처럼 만입이 다 있어도 모두 부를 수 없는 은혜입니다. 본문은 이스라엘 백성들이 애굽에서 나온 이후 주신 말씀인데 하나님을 섬기되 마음과 성품을 다하여 사랑하며 경배하라고 하는 축복받는 길을 제시하며 권면한 말씀입니다. 복 받는 하나님의 자녀들은 어떻게 하나님을 섬기며 무엇을 지켜야 하는지와 그 결과에 따라서 축복이 어떤 것인가를 배우고 그 축복의 길로 가기를 바랍니다.

1. 예비 된 축복은 하나님 말씀을 행하고 지킴으로 받게 됩니다.

신약에서뿐만 아니라 구약에서도 복 받는 길은 예수 그리스도를 믿는데 구약은 오실 메시아를 믿음이요, 신약에서는 약속대로 오셔서 십자가에서 완성하신 예수 그리스도를 믿는 믿음에서입니다. 그리고 그 믿는 대로 행할 때 주시는 복입니다.

1) 구약의 축복 약속 이면에는 언제든지 주신 말씀을 행할 때 주시는 복입니다.

① 믿으면 믿음의 행동이 따라야 하는 신앙입니다.

(1절)"이는 곧 너희의 하나님 여호와께서 너희에게 가르치라고 명하신 명령과 규례와 법도라 너희가 건너가서 차지할 땅에서 행할 것이니"라고 했습니다. 배우고 깨닫게 되었으면 행하게 될 때 복이 따라온다는 약속입니다. 이념적으로나 관념적인 신앙이 아닙니다. 행하는 신앙인데 운전면허증을 받았으면 운전을 해야 하는 것과 같습니다. (약 2:26)아브라함은 행할 때에 그 믿음이 증명되었고 축복을 받았습니다.

② 행하는데 무엇을 행할 것인지 알아야 합니다.

하나님께서는 하나님 백성인 선민에게 어떻게 행할 것을 명령(command)으로 주셨습니다. 그 명령은 하나님께서 주신 율법의 핵심으로서 말씀이요 계명입니다. 십계명에도 하나님께 관한 말씀과 인간에 대한 계명이 있습니다. 신약에 와서 종합적으로 예수님이 이루신 사랑의 계명입니다(요일 4:20-21; 벧전 4:8).

2) 하나님을 사랑하는 사람은 사랑 속에 계명을 지켜나갑니다.

하나님 말씀을 사랑하고 지켜나가는 생활입니다.

① 세부적으로 들어가 보면 이런 것입니다.

주일성수를 비롯해서 헌금 생활, 봉사 생활 등 모든 신앙적 행위들이 하나님을 사랑하는 사랑으로 하지 아니하면 문제가 됩니다. 예배 생활 역시 하나님을 사랑하고 드릴 때 올바른 예배가 됩니다. 신앙의 모든 행위들은 사랑 가운데 행하게 될 때 올바른 신앙 행위가 되는 것입니다.

② 직분 감당 역시 사랑 안에서 해야 합니다.

사랑하기 때문에 하는 일들은 정성과 바른 자세가 따라옵니다. 본질은 나 같은 죄인 사랑하사 십자가에서 대속적 죽음을 죽으시고 천국을 주신 구속사적인 사랑이 되어야 합니다. 부모와 자녀 사이에도 사랑으로 하기 때문에 자녀를 키우는 것이 짐이 아니라 기쁨이요 행복으로 느끼는 것과 같은 원리입니다. 사랑으로 직분 감당하면 짐이 아니라 행복이요 기쁨으로 감당하게 될 것이 분명하기 때문에 직분 감당은 사랑으로 해야 합니다.

2. 하나님의 자녀는 하나님 말씀을 지켜 행합니다.

아무나 하나님 말씀을 듣고 지키는 것이 아니고 하나님의 자녀가 되었으며(요 1:2), 하나님을 향하여 아버지라 부르고(롬 8:15), 천국의 시민권을 얻은 사람들이 천국을 바라보며 믿음 가운데 지켜 행하는 것입니다.

1) 주님의 양이기 때문에 목자 되시는 주님을 믿고 따라가는 생활입니다.

① 주님의 양이 아닌 사람들은 듣지도 순종하지도 못합니다.

요한복음 10장에서 그 유명한 성도와의 관계에서 하신 목자와 양의 비유는 말씀 그대로입니다. 바리새인들은 이 말씀을 듣지도 믿지도 아니했는데 주님의 양이 아니기 때문이라고 하셨습니다. (요 10:26-)"너희가 내 양이 아니므로 믿지 아니하는도다 내 양은 내 음성을 들으며 나는 그들을 알며 그들은 나를 따르느니라"(but you do not believe because you are not my sheep. My sheep listen to my voice; I know them, and they follow me.) 하셨습니다. 신학자 웨스트코드(Westcott)는 "주는 구약에서도 그리스도이셨다. 그러나 바리새인들의 바라던 그리스도는 아니었다."고 했습니다.

② 우리는 우리 자신이 주님의 양으로서 순종하며 말씀을 들을 수 있어야 합니다.

(2절)"곧 너와 네 아들과 네 손자들이 … 네 날을 장구하게 하기 위한 것이라" 하셨습니다. 주님의 양된 우리는 자녀들에게까지 말씀을 가르치되 사랑 가운데 행하도록 가르쳐야 합니다. (행 10:1-)가이사랴의 고넬료라 하는 군대의 백부장 같이 온 가정이 축복받는 생활을 해야 하겠습니다. 거기에 축복을 받아서 베드로까지 초청하게 되었습니다. (행 11:18-)또한 그 베드로의 초청사건 때문에 이방 선교의 문이 공식화되는 계기도 되었음은 영적으로 큰 고무적인 사건이요 일입니다.

2) 오늘 우리는 분명하게 하나님의 백성이라고 믿으며 그 신앙 따라서 하나님의 말씀을 믿고 순종해야 합니다.

① 시대는 변하고 생활과 배경도 변화되지만, 하나님의 말씀은 변하지 않고 계속 역사합니다.

(히 4:12)하나님 말씀은 살았고 운동력이 있는 말씀입니다. (겔 37:1-)죽은 뼈들이 살아나는 말씀입니다. (행 23:29)불과 같고 방망이 같은 말씀입니다. (요 5:25) 듣는 자는 살아나게 하는 하나님의 말씀이 됩니다.

② 우리는 하나님의 말씀과 계명 아래에 있습니다.

하나님 말씀을 떠나서는 절대 살 수 없음을 기억해야 합니다. (삼상 3:1-)어린 사무엘은 성전에서 하나님의 말씀을 직접 듣고 자라나서 시대적인 선지자로 위대하게 쓰임 받게 되었음도 잊지 말아야 합니다. 자녀에게 부지런히 말씀을 가르치고 교육해야 할 때입니다. 우리 자녀들이 하나님 말씀 속에서 승리하시기를 예수님의 이름으로 축복합니다.

3. 하나님 말씀인 계명 따라가면 축복이 약속되어 있습니다.

신학자들이 연구하여 분석한 바에 의하면 성경에는 32,600가지의 축복이 약속되었는데, 하루에 한 가지씩 받아도 90 평생에 다 받지 못할 축복입니다.

1) 주의 말씀은 축복이 약속된 것입니다.

그냥 하라는 것이 아니라 축복을 약속하시면서 행하라고 하셨습니다.

① 말씀 따라가는 길에는 축복이 약속되었습니다.

(갈 3:29)"너희가 그리스도의 것이면 곧 아브라함의 자손이요 약속대로 유업을 이을 자니라"하였습니다. 그리스도의 말씀 따라가면 출신, 신분, 성별의 차이 없이 아브라함의 축복을 받게 됩니다. 이것이 예수님 안에 약속된 축복의 연장선에서 오는 것입니다. (시 128:1)"여호와를 경외하며 그의 길을 걷는 자마다 복이 있도다" 하였습니다.

② 본인뿐 아니라 가족 전체에게 이 복이 물 흐르듯 흘러가게 됩니다. (출 20:6-)"나를 사랑하고 내 계명을 지키는 자에게는 천 대까지 은혜를 베푸느니라" 하였습니다. 아브라함은 복을 받아서 메시야 되시는 예수님이 그 족보 안에 오시게 되었습니다(마 1:1). 후손까지 복이 약속되었습니다(신 4:40).

2) 우리는 예수님으로 구원받아 영적 이스라엘이 되었습니다.

(롬 2:28-29)이제는 하나님의 백성이요 영적 이스라엘이기 때문에 그의 말씀을

중요시해야 합니다.

① 예수님 때문에 영적 이스라엘이 된 것입니다.

(요 1:1-14)태초에 계신 하나님 말씀 안에서입니다. 따라서 예수님의 생명이 말씀 안에서 우리에게 오게 되었고 구원받게 된 것입니다. (요일 5:1)이제 우리는 기쁘고 아름답게 말씀에 순종하며 따라가서 축복받고 천국을 이어받을 사람이 되었습니다.

② 이제는 우리가 하나님 말씀과는 떨어질 수 없는 관계 속에 있게 되었습니다.

영원하신 영생의 축복을 누리게 되었기 때문입니다. 모세를 통하여 주신 이 말씀은 모세 시대에 이스라엘 백성뿐 아니라 이 세대를 살아가는 모든 주의 백성에게도 똑같이 유효한 줄 알고 무슨 일이 있든지 말씀 따라가면서 축복받고 영원한 생명에 함께 하는 성도들이 모두 되시기를 예수님의 이름으로 축원합니다.

결론 : 말씀 따라가는 가정이 복 받습니다.

〈축복〉

축복의 장맛비와 같은 은혜를 받으라
겔 34:24-31

　지구상에 살아가는 생명체들은 그것이 무엇이든 간에 물이 없이는 살아갈 길이 없습니다. 그래서 하나님께서 비를 내리게 하셨습니다. 우리나라는 대체적으로 비가 많이 오지만 성경의 배경을 이루는 중동지역은 비가 거의 오지 않거나 메마른 세상이기에 회색빛 나는 사막 지역이 많습니다.

　비가 내리는 것은 축복입니다. (왕상 17:1-)북이스라엘의 아합 왕 때에 우상으로 인하여 범죄한 결과 3년 6개월 동안 비가 오지 않는 저주의 시대가 있었습니다. (왕상 18:44-)그러나 엘리야는 불로 응답받고 기도했을 때 큰비가 내리는 축복도 보게 됩니다. (약 5:17-)신약성경에서도 다시 한번 이 사실을 확인하여 주셨습니다. 오직 기독교만이 살아계신 역사적 하나님을 섬기는바 영적인 축복입니다. (요 14:6; 행 4:12)오직 예수 그리스도밖에는 다른 구원의 길이나 축복이 없습니다. (요 5:11-)오직 하나님의 아들 예수 그리스도에게만 생명이 있음을 잊지 말고 살아야 합니다.

　본문에서 "복된 소낙비를 내리리라"고 약속하셨는데, 유다 백성들이 바벨론에 포로 되어서 망가졌을 때를 시대적 배경으로 해서 축복의 장맛비를 약속하시는 말씀입니다. 현대인들에게는 산업의 현장에서부터 가정에 이르기까지 모두 이런 축복의 단비가 필요하기 때문에 영적 상징으로서의 말씀을 통하여 축복의 장맛비 속에 살아가시기 바랍니다.

1. 이 장맛비는 영적 축복의 약속입니다.

물론 그 당시에 자연적인 하늘에서 비가 오는 축복도 약속이겠지만 이 세대에는 영적 축복의 약속입니다.

1) 우리는 때때로 영적 단비가 매우 필요합니다.

육신적 물도 중요하지만, 영적 생수(living water)가 요구되는 시대입니다. 이 생수는 무엇을 뜻하는지 살펴야 합니다.

① 하나님의 풍성하신 사랑의 생수입니다.

사랑의 축복의 단비가 소나기 같이 내려야 합니다. 그래서 성경에는 하나님의 사랑을 하나님의 관심과 은혜로 표현한 것입니다. (시 72:6-)"그는 벤 풀 위에 내리는 비같이, 땅을 적시는 소낙비같이 내리리니 그의 날에 의인이 흥왕하여 평강의 풍성함이 달이 다할 때까지 이르리로다" 하였고, (호 6:3)호세아 선지자를 통해서도 말씀하셨습니다. 신학자 푸세(Pusey)는 주석하기를 "회개하고 돌아올 때 마른 땅에 비와 같이 임한다"고 했습니다.

② 벤 풀과 같이 죄로 말미암아 죽게 된 인간입니다.

죄는 인간을 죽게 만드는데, 육신의 죽음도 사망이지만 영원히 지옥 형벌 받는 영적 죽음도 사망입니다(롬 6:23). 그러나 하나님의 사랑은(요 3:16; 롬 5:8) 마치 장맛비와 같아서 우리를 살게 합니다(요 19:34, 1:11-12). 따라서 이 땅에 살아가는 모든 인생은 이 사랑을 영접해야 합니다.

2) 성령의 은혜요 성령의 축복의 단비입니다.

장맛비가 내리면 여러 곳에 물웅덩이가 생기고 개울물도 흐르게 되는데 이것이 축복입니다.

① 성경에서 시냇물은 성령으로 비유됩니다.

축복의 시냇물을 상징합니다. (신 32:2)"내 교훈은 비처럼 내리고 내 말은 이슬처럼 맺히나니 연한 풀 위의 가는 비 같고 채소 위의 단비 같도다" 하였습니다. 그래서 가물어서 메마른 땅에 단비가 내리듯이 하나님의 성령의 단비 같은 은혜가 충만해야 합니다. 아프리카 대륙에 건기가 오면 짐승들도 물 있는 곳으로 모두 이동했다가 다시 우기가 와서 새 풀들이 솟아나면 다시 모이게 됩니다. 우리는 하나님의 은혜의 단비 성령의 역사로만 살아갈 수 있습니다.

② 말세 때에는 하나님의 은혜와 말씀의 단비가 절대적으로 필요합니다.

세상에 말씀이 고갈되는 때가 되었기 때문입니다. (암 8:11)"양식이 없어 주림이 아니며 물이 없어 갈함이 아니요 여호와의 말씀을 듣지 못한 기갈이라" 하였습니다. 말씀을 올바로 전하지 않거니와 말씀을 전해도 말씀에 아멘하고 순종하며 행하는 자들도 많지 않아서 사람들의 영혼이 바싹 마른 대지와 같이 보입니다. 하지만 메마른 심령들이 되어 가는 이 시대에 은평교회 성도들은 성령의 단비 같은 역사들이 충만하게 되시기를 축복합니다.

2. 자연적인 비도 보이는 생명을 살리듯이 하나님의 말씀과 성령의 역사가 영적 생명을 살리게 됩니다.

그래서 말씀과 성령 운동은 곧 생명을 살리는 생명 운동이라고 합니다. 말씀과 성령이 충만해야 합니다.

1) 말씀이 가는 곳에 생명이 살아나는 축복입니다.

메마른 대지 위에 비가 오면 생명들이 약동하듯이 영혼이 메마른 곳에 말씀과 성령의 역사는 심령을 살리게 됩니다.

① 성령의 역사로 말씀을 받으면 생명이 풍성하게 살아나게 됩니다.

(요 5:25-)"죽은 자들이 하나님의 아들의 음성을 들을 때가 오나니 곧 이때라 듣는 자는 살아나리라"(who hear will live) 하였습니다. (겔 37:14)마치 에스겔 골짜기에 백골들이 선지자 에스겔이 말씀을 전할 때에 다시 살아나 큰 군대가 되었듯이, 말씀과 성령께서 역사하실 때에 영혼들이 다시 살게 됩니다. 말씀은 살았고 운동력이 있어서 영과 혼과 관절까지 역사하게 만듭니다(히 4:12).

② 하나님은 대지에 비를 내려 주시듯이 심령 속에 말씀을 내려 주셔서 살게 하시는데 이때 하나님의 영인 성령께서 역사하십니다.

(시 147:15-18)말씀이 달려간다고 하였습니다. (시 33:9)말씀이 이루어지는 현장을 봅니다. (시 107:20)말씀을 보내셔서 위험에서 건져 내주신다고 하셨습니다. 모두 성령과 말씀의 역사적인 모습들입니다. 이 역사가 충만해야 합니다.

2) 복된 장맛비의 결과는 복입니다.

(27절)"그리한즉" 곧 신령한 복을 받은즉 다음으로 오는 결과는 복입니다. 축복인바 하나님의 역사로만 가능한 일입니다. 에스겔을 통하여 지금 바벨론에 포로가 된 유다 백성들에게 큰 희망과 꿈을 주시는 말씀이기도 합니다.

① 열매가 풍성한 축복이 약속되었습니다.
"밭에 나무가 열매를 맺으며 땅이 그 소산을 내나니" 열매와 과실수가 풍성한 축복의 현장입니다. 농부들에게는 한없는 축복인 동시에 성도들에게는 한없는 은혜와 축복입니다. 농부가 땀 흘려서 농사짓듯이 주의 성도들은 땀 흘리며 부지런히 영적 생활을 해야 합니다. 거기에 은혜와 축복의 열매가 넘치리라 믿습니다.
② "그들이 땅에서 평안할지라"(27절) 하였습니다.
하나님 말씀의 폭포수 속에서 주시는 축복의 결실이기도 한 말씀입니다. (27절)멍에의 나무를 꺾을 것입니다. (28절)다시는 이방의 노략거리가 되지 않을 것입니다. 은혜를 받아서 말씀에 순종해 나아갈 때 주시는 축복입니다. 지긋지긋한 멍에나무를 꺾을 것입니다(bars of their yoke). 진리 안에서 자유입니다(요 8:31; 갈 5:1-). 하나님이 함께하신 결과 그들은 바벨론에서 70년 만에 해방의 영광을 누리게 되었습니다. 은평교회 성도들이 이 세대 가운데 이 축복의 은혜가 항상 넘치시기를 축복합니다.

3. 예비하신 축복받는 방법과 비결을 알아야 합니다.

하나님께서 그의 백성들에게 복 내려 주시기로 약속되었습니다. 본문 역시 그 약속의 한 부분이기 때문에 약속은 반드시 이루어집니다.
1) 하나님과의 관계에서 교회생활을 바르게 해야 합니다.
"내 산 사방에 복을 내리며"(26절) 했는데, 산은 하나님의 교회를 상징합니다. 교회 생활에 바르게 서야 합니다.
① 성경에서 산은 하나님께서 임재하시는 상징성을 전합니다.
우리는 하나님의 축복의 산에 임재하시는 시온 산 곧 교회입니다. (창 22:2)이삭을 드리라고 할 때 하나님께서 제시하신 산입니다. (출 3:1-)모세를 부르실 때 보여주신 호렙산입니다. (출 19:20-)모세를 부르시고 만나주시고 십계명을 주셨던 시내 산입니다. (출 17:9)아말렉과 싸울 때 손을 들었던 산입니다. (왕상 18:37)불로 응답받던 엘리야의 갈멜산입니다. (마 5:1-)산상보훈을 가르치시던 예수님의 산입니다. (마 17:1-)천국을 보여주시던 변화 산입니다. (마 26:39-)최후에 기도로 승리하시던 겟세마네 동산입니다. 그 밖에 우리는 현대 교회가 산입니다.

② 교회생활은 같은 산인데, 하나는 축복을 상징으로, 또 하나의 산은 저주의 상징으로 주셨습니다.

(신 11:29)에발 산에서는 저주가 있습니다. 그리심 산에서는 축복이 약속되었습니다. 은혜와 축복이 성령의 단비가 내리는 그리심 산에 서 있는 성도들이 되시기를 바랍니다. 산이라고 해서 똑같은 산이 아니듯이 교회생활 한다고 해서 모두 축복의 곳이 아니라는 사실입니다. (딤전 1:19-)후메내오와 알렉산더 같이 믿음이 파선된 심령은 곤란합니다. 바울이 지적한 데마라든가(딤후 4:10), 구리 세공업자 알렉산더(딤후 4:14)가 되면 진짜 곤란합니다. (롬 16:3-)브리스길라와 아굴라 같은 신앙생활을 해야 합니다. 축복과 상급의 주인공의 상징적 인물입니다. 칼빈(Calvin)은 "교회는 우리를 하나님의 자녀로 양육하는 양부모와 같다."고 했는데 이곳에 축복의 단비가 넘칠 줄 믿습니다.

2) 교회생활에서 기도가 끊어지지 않고 주의 일에 힘써야 합니다.

신앙생활의 큰 부분이 기도생활이기 때문입니다. 그래서 중세 교회는 수도원이 발달했는데 오늘날 수도원은 없지만, 기도가 살아 있어야 합니다.

① 하나님께서 단비와 같이 축복과 은혜를 약속해 주셨어도 기도해야 합니다.

빨리 받는 축복의 지름길이 됩니다. (겔 36:37)이렇게 축복을 약속해 주시면서 그 축복이 자기들에게 "이루어 주기를 내게 구하여야 할지라"고 하셨습니다. 기도는 하나님과 통하는 통로이기 때문에 기도의 줄이 막히지 않도록 해야 합니다.

② 기도가 끊어진 사람은 하나님과 단절되었다고 보아도 무방할 정도로 기도는 중요합니다.

기도는 그렇게 중요하다는 뜻입니다. 기도는 중노동과 같아서 하기가 힘이 들지만 성령으로 기도하면 역사가 빨리 나타나게 됩니다. 특히 장맛비와 같은 축복과 은혜는 기도 속에서 응답을 받게 됩니다. 하나님과의 관계, 사람과의 관계, 물질과의 관계, 이 모든 관계가 잘 풀어지는 은혜와 축복의 단비가 충만하시기를 예수님의 이름으로 축원합니다.

결론 : 장맛비의 복된 축복을 받으시기를 바랍니다.

〈축복〉

행복의 축복을 받으세요
시 73:28

　인류역사가 내려오는 동안 사람들이 살아가면서 동서고금東西古今을 막론하고 어느 나라 어느 시대 사람이든지 행복해지기를 갈구하며 모든 문화를 발달시켜 왔습니다. 과학이 발달하고 산업이 부흥하여 경제지수가 높아지면 사람들의 행복지수가 같이 높아지고 행복할 것이라고 기대하지만 사실은 그렇지 않음을 보게 됩니다. 예를 들면 선진국의 아이들보다 후진국의 아이들이 해맑게 뛰놀며 행복해하는 현장들을 어렵지 않게 보게 됩니다. 우리나라 아이들만 보아도 어려서부터 온갖 공부에 지쳐서 아이들 나름대로의 놀이와 친구를 사귀는 시간이 없을 정도입니다.
　(창 1:28)하나님은 하나님의 형상대로 지으신 인간에게 행복을 주셨고 축복받고 살아가도록 하셨지만, 인간이 죄를 짓고 박탈당하였습니다. 그러나 하나님은 불쌍히 여기시고 말씀을 주셨고, 독생자 예수 그리스도를 우리에게 주심으로 영생과 행복의 길을 열어주셨습니다. 따라서 예수 그리스도의 말씀 안에 있을 때에 행복이 약속되었는데, 말씀 따라 살아갈 때 행복이 약속되었습니다(신 10:12-13). 평안도 약속되었습니다(요 14:27). 문제는 사람들이 그 행복을 모른다는 것입니다. '까치스'라는 사람은 말하기를 "행복은 건강에 있다."고 하였고, '다글라스 저롤드'는 "행복은 내 집 화롯가에서 자라나는 것이므로 남의 집 뜰에서 따서 얻을 수 있는 것은 아니다."라고 행복에 관하여 논하였습니다.

오늘 성경에서 하나님 말씀은 우리에게 분명하게 전하여 주셨습니다. "하나님께 가까이함이 내게 복이라"(it is good to be near God) 하셨는데, 우리는 여기에서 은혜를 받고 행복을 확인하고 행복한 그리스도인의 삶이 되도록 해야 하겠습니다. 하나님은 우리가 행복하게 사는 것을 원하십니다.

1. 하나님이 없는 무신론無神論세계에서는 절대 행복할 수 없습니다.

참 행복의 근원은 하나님께 있기 때문입니다. 우리가 잘 부르는 찬송가 28장 "복의 근원 강림하사 찬송하게 하소서" 이 찬송은 영국 감리교회 목사 로빈슨(R. Robinson, 1735~1790)이 성령강림주일에 영국 황실 예배에서 비록 왕이라도 복의 근원은 하나님이시라고 외치며 불렀다고 전합니다.

1) 하나님이 없는 불신세계에서는 진정으로 행복을 볼 수 없습니다.

왜냐하면 그 인생 속에 하나님이 없기 때문입니다. 세상적 향락이나 부귀영화가 행복을 대신 채울 수 없습니다.

① 진정한 행복은 하나님이 없는 곳에서는 찾을 수 없고 맛볼 수도 없습니다.

혹시 있는 듯 다가오는 것은 물거품과 같이 꺼지고 맙니다. (약 4:13-)어떤 사람의 계획 속에 하나님이 없기에 "너희 생명이 무엇이냐 너희는 잠깐 보이다가 없어지는 안개니라" 하였습니다. 주석학자 랑게(Lange)는 주석하기를 "우리의 하는 일뿐 아니라 우리의 생명 자체가 하나님의 것이다." 하였습니다. 신학자 테일러(Taylor)는 "주님의 뜻을 너희 뜻처럼 행하라. 그리하면 주께서 너희 뜻을 그의 뜻처럼 행하실 것이다." 했습니다. "허탄한 자랑"은 헬라어로 '알라조네이아'(ἀλαζονεία)인데, '방탕하는 자'라는 뜻입니다. 여기에는 행복할 수 없습니다.

② 하나님을 잃어버리고 행복을 찾아 헤매는 것은 헛수고뿐입니다.

세상 대부분의 사람들이 지금 하나님을 떠나서 그렇게 헛수고하는 길로 가고 있습니다. 일곱 색깔 무지개(rainbow) 잡듯 하지만 하나님의 약속인 무지개 약속인 예수 그리스도밖에는 다른 길이 없습니다(창 9:12). 러시아(Russia)의 작가 체호프는 무신론자인데, 그 입으로 고백하기를 행복이 없다고 말했습니다. 유명한 작가로서 유명한 작품을 남기지만 결과적으로는 허무한 것만 남겼다는 스스로의 증언이기도 합니다. 참 기쁨은 하나님 안에 있습니다.

2) 하나님이 없는 인생은 곤란합니다.

하나님이 없는 인생은 세상적으로 성공하는 물리적 성공이 있다 해도 결과적으로는 실패로 끝나기 때문입니다. 영원한 행복이 없습니다.

① 하나님만이 우리에게 행복을 주시는 분이십니다.

(시 128:1-)여호와를 경외하며 그의 도를 행하는 자마다 복이 있다고 하였으니 하나님께 우리의 목표를 두고 살아야 합니다. 인생관을 점검하고 바르게 서야 할 때입니다.

② 하나님의 말씀을 저버리는 곳에는 소망이 없습니다.

'미래사회의 10대 모습들'이란 글이 있습니다. 미국 미니애폴리스에서 40개국 전문가 천여 명이 모여 열린 포럼인데, 우리나라는 유엔미래포럼 대표 박영숙 씨가 참석한 후 올린 글입니다.

㉠ 1인 가구의 가족 형태 ㉡ 남자가 필요 없는 여성의 활동이 급증하는 사회 ㉢ 허물어진 남성과 여성의 벽 ㉣ 현실화된 인간의 종말 ㉤ 교육산업이 최고산업 ㉥ 보편화 된 무학력 실력 위주 ㉦ 수돗물처럼 공급되는 지식산업 정보 ㉧ 컴퓨터 칩의 인간 통제 ㉨ 평균 연령이 100세 시대 ㉩ 노인이 노인을 돕는 노인시대라고 하였는데, 문제는 이런 현상이 말세라는 것입니다. 하나님이 없는 시대는 평안과 행복이 없는 것을 깨달아야 합니다.

2. 참된 행복은 재물이나 지위 등 눈에 뵈는 가시적인 일에서 오는 것이 아닙니다.

진짜 행복은 가시적이 아니라 불가시적입니다.

1) 눈에 보이는 가시적인 것은 참 행복의 이유가 될 수 없습니다.

대개 사람들은 물질, 지위 등 가시적인 화려함에서 행복을 보려고 하지만 그것은 참 행복이 될 수 없습니다.

① 솔로몬의 예에서 보게 됩니다.

인류 역사상 솔로몬만큼 부자가 없었고 최대의 영화를 누리고 살았던 사람입니다. (왕상 10:14-)그의 왕궁 생활을 볼 수 있습니다. 하루에 소비되는 식량입니다. 밀가루 90석, 황소 30두, 양 100마리, 그리고 다른 짐승들이 소비되었습니다. 그러나 그는 고백했는데 (전 1:2-11)"헛되고 헛되며 헛되고 헛되니 모든 것이 헛되도다"(meaningless)라고 했습니다. 욕망을 누려서 행복하다는 것은 허수에 불과한 일입니다.

② 솔로몬은 전도서에서 전했습니다.

(전 12:13-14)"일의 결국을 다 들었으니 하나님을 경외하고 그의 명령들을 지킬지어다 이것이 모든 사람의 본분이니라 하나님은 모든 행위와 모든 은밀한 일을 선악 간에 심판하시리라" 하였는데, 지금과 같은 물질 만능주의物質萬能主義 시대에 살아가는 우리가 깨달아야 하는 말씀입니다. 사실 돈은 어느 정도가 내가 살 수 있는 것이지 그 이상은 내 것이 아니라는 사실을 알아야 합니다. 영적으로 깊이 깨달아야 하는 말씀인바 깨닫고 행복을 찾아야 합니다. 영적으로 곤고하게 되면 천만금이 있어도 진정한 행복이 될 수 없다는 것입니다.

2) 사람들은 행복을 찾아서 헤매지만 진정한 행복을 누리는 사람은 많지 않다는 것입니다.

(전 2:11-)솔로몬은 고백했습니다. "그 후에 내가 생각해 본즉 내 손으로 한 모든 일과 내가 수고한 모든 것이 다 헛되어 바람을 잡는 것이며 해 아래에서 무익한 것이로다"

① 사람은 노력할수록 더욱 목마르다는 것입니다.

목마르다고 해서 바닷물을 마시면 결국 죽게 된다는 것이 일반적 상식입니다. 이런 속담이 있습니다. "하루만 행복해지려면 미장원, 이발관에 가라, 일주일을 행복하려면 결혼해라, 한 달을 행복하려면 새말(차)을 사라, 일 년을 행복하려면 새집을 사라, 평생을 행복하려면 정직하게 살아라"는 것인데, 종합해 보면 진짜 행복을 찾기가 어렵다는 것입니다. 하나님이 주시는 행복 외에는 없습니다.

② 세상적인 것 가지고는 행복하기 어렵다는 증거입니다.

(요 4:13-)수가성 여인은 남편이 5명이나 있었으나 행복하지 아니했고 사람들의 눈을 피해 대낮에 물 길으러 왔다가 예수님을 만나게 되었습니다. 그리고 예수님이 주시는 진리의 말씀을 듣게 되었습니다. "이 물을 마시는 자마다 다시 목마르지만 내가 주는 물을 마시는 자는 영원히 목마르지 않는다"는 주의 말씀을 듣고 새로운 인생이 펼쳐지게 되었습니다. 행복은 예수님 안에 있습니다.

3. 참된 행복은 하나님을 믿는 신앙 안에서만 찾게 됩니다.

성 어거스틴은 말하기를 "하나님이 사람을 창조하실 때 인간의 마음 한 공간(hall)에 하나님만이 채우시는 곳을 만들어 놓으셨기 때문에 하나님께 돌아올 때만이 그 공간을 채울 수 있게 하셨다."라고 했습니다. 하나님이 없는 욕망이 있어도 진정한 만족이 그 속에는 없다는 말입니다.

1) 참 행복은 하나님 안에서만 보장되는 축복입니다.

하나님을 벗어나서는 진정한 참 행복을 볼 수 없습니다.

① 하나님이 주시는 행복입니다.

프랑스의 철학자요 과학자인 파스칼은 말하기를 "어떤 사람은 말하기를 자기 속에 들어가라고 하고 또 어떤 사람은 자기 속에서 벗어나라 하는데 이 두 가지 모두가 진리라고 말할 수 없다. 그것은 오직 하나님 안에서만 있는데 하나님은 우리 마음 안에도 계시고 마음 밖에도 계신다."라고 하였습니다. 스위스의 법학자 힐티(Hilty)는 "하나님과 함께 하는 것이 행복이다."라고 했습니다.

② 하나님 안에서 행복을 추구해야 합니다.

(시 73:28)본문에서 "하나님께 가까이 함이 내게 복이라" 하였습니다. 복된 사람은 죄를 회개함과 더불어 행복과 기쁨을 마음에 주십니다. 성령께서 주시는 행복이요 영적인 역사이기 때문에 보이게 오는 것은 아니지만 체험한 사람은 분명히 알게 됩니다. 행복지수와 함께 찬송과 축복의 생활로 이어지게 되는 영적인 일입니다.

2) 진정한 행복은 내가 주 안에 있다는 것입니다.

(요 1:12)하나님의 자녀의 권세에서 이어지는 영적인 축복이요 은혜입니다. (롬 8:15)하나님을 아버지라 부르게 됩니다. (롬 8:16)성령이 우리 영으로 더불어 우리가 하나님의 자녀임을 증언하십니다. (롬 8:17)천국을 상속받게 됩니다. (롬 8:18)현재의 고난도 이겨나가게 됩니다. (빌 3:20)시민권이 하늘에 있습니다.

① 주님만이 나의 진정한 축복입니다.

(시 16:2)"주는 나의 주님이시오니 주밖에는 나의 복이 없다 하였나이다." 따라서 주님 모시고 사는 것이 진정한 행복이요 축복입니다.

② 이 행복은 누구도 빼앗아 갈 수 없습니다.

순교자는 순교하면서도 호소하였고 찬송하였습니다. (행 7:56)스데반 집사님은 순교하면서도 주님을 보면서 행복해했습니다. (행 16:25-)바울과 실라는 옥중에서도 찬송했습니다. 믿는 성도의 행복은 눈에 보이는 가시적인 조건에 있지 아니하고 눈에 보이지 않는 영적인 것임을 깨닫고 주님 안에서 행복의 주인공으로 살아가기를 예수님의 이름으로 축원합니다.

결론 : 어디에서 행복을 찾는지를 살펴야 합니다.

〈축복〉

평안의 축복을 받으라

시 37:1-11

　세상을 살아가면서 누구든지 평안하다는 것은 반드시 필요한 축복이요 받아야 할 은혜입니다. 금년도 새해가 밝아왔지만, 세상은 그리 넉넉한 때가 아니라고 봅니다. 정치, 경제, 사회, 문화 등 모든 면에서 어려운 한 해가 또 시작되었는데, 우리는 하나님의 은혜와 평안의 축복 속에 살아야 합니다. 과학은 점점 발전하고 물질문명은 성장하지만, 토인비(Arnold Toynbee) 박사가 말했듯이 정신문명은 거북이처럼 늦게 발전하거니와 더욱 영적으로 죄악이 온 세상에 가득해지는 말세적 현상 가운데 있기 때문입니다. 철학적으로 외화 내 허병外華內虛病의 시대이기 때문에 정신적으로 문제가 되는 현장을 살아가기 때문이기도 합니다.

　솔로몬은 "모든 것이 헛되도다"(meaningless)고 하였는데(전 1:2), 그리스도인들은 헛된 세상이 아니라 평안을 누리며 살아야 합니다. (요 14:27)이 평안은 세상적으로 오는 것이 절대로 아니라는 것을 기억해야 합니다. 로마서부터 빌레몬서까지 13 서신 속에 1:1-에서 전하여 주었듯이 하나님 우리 아버지와 우리 주 예수 그리스도와 성령 안에서 주시는 은혜와 평강입니다. 사람들은 외부적 조건에서 평안을 찾으려 하지만 우리는 예수 그리스도 안에서 평안을 확인해야 합니다.

　오늘 본문에서 우리는 다윗의 인생 일대기를 보고 2020년의 한해가 하나님 아버지와 우리 주 예수 그리스도의 축복이 성령의 내주 역사로 말미암아 평안이 있기를 바랍니다.

1. 하나님이 없는 불신자들이 잠시 잘되는 것 때문에 비교해 가면서 불안감을 갖지 말아야 합니다.

세상을 살아가면서 한때는 하나님 없이 사는 사람들이 형통한 듯 보이기 쉽습니다. 그것 때문에 신앙적으로나 영적 삶에 불평하지 말라고 하신 것입니다.

1) 행악자의 잠시 동안의 번영을 부러워하지 말아야 합니다.

대개 사람들은 비교하기 때문에 문제가 되는데, 우리의 신앙생활은 비교의 대상이 될 수 없을 뿐 아니라 세상적인 것과 비교의 가치가 될 수 없기 때문입니다.

① 행악적인 불신앙자의 번영은 잠간이고 헛것에 불과하다는 것입니다.

이런 류의 말씀은 오늘 본문에서 주시는 것만 아니라 다른 곳에서도 볼 수 있는데 예레미야도(렘 12:1-), 선지자 하박국 역시(합 1:13-) 질문형 기도를 하고 하나님의 응답을 받은 것이(합 12:4) 믿음이며, 이 믿음이 로마서의 주제가 되었으며 마틴 루터의 종교개혁의 원동력이 되었다는 사실을 잊지 말아야 합니다. (잠 23:4)잘못된 부자는 허무한 것이라 하였습니다.

② 악한 자가 흥하는 것은 망하는 길입니다.

영구한 것이 아니라 잠간이라는 것입니다. 성령이 우리에게 분명히 가르쳐 주시고 교훈해 주시는 진리의 중요한 부분이기도 합니다. (시 5:5)오만한 자의 길은 망합니다. (욥 1:9)마귀가 욥에 대하여 시험을 걸 때 욥이 하나님 섬기는 것이 그에게 주어진 물질과 건강인 줄로 이야기하지만 욥은 그런 것이 모두 사라져도 하나님을 섬겼고 승리했습니다. (시 18:1)다윗은 하나님이 자신의 힘이 되신다고 하였습니다.

2) 하나님을 의지하지 아니하고 보이는 것을 의지하는 사람은 반드시 패망할 때가 옵니다.

그것은 영구하지 못하기 때문입니다.

① 악한 자는 의인의 회중에 들지 못합니다.

이런 사실은 시편을 시작하면서 1편에서 복된 자와 그렇지 못한 자는 분명히 구별해 주셨습니다. "복 있는 사람은"은 히브리어로 '에쉐르 하이쉬'인데, 직역하면 '매우 복되다 그 사람'이라는 뜻입니다. 반대로 악인은 오만한 자라는 뜻입니다. 그 뜻은 화살이 빗나갔다는 뜻으로 오만하여 하나님을 업신여기는 것인데 그것은 반드시 심판이 옵니다.

② 하나님의 심판의 철퇴가 따라오기 때문입니다.

이런 사람에게는 마음에 진정한 평안이 있을 수 없습니다. 돈, 세상, 권력, 술 등 수많은 세속적인 것으로 채우려 하지만 만족은 없고 더욱 목마르게 됩니다(요 4:13). 악인의 집에는 여호와의 저주가 있습니다(잠 3:33). 자기의 재물을 의지하는 자는 패망하게 됩니다(잠 11:28). 참 축복과 참 평안은 예수님 안에 있음을 잊지 말아야 합니다.

2. 여호와를 기뻐하면서 사는 사람에게는 평안이 있습니다.

이것이 참 평안입니다. 대궐 같은 집에 산다고 해서 평안이 있는 것이 아니라 초막이나 궁궐이나 예수님 모신 곳에 참 평안이 있다고 버틀러(C. F. Butler, 찬송가 438장 작사)는 찬송하였습니다.

1) 모든 삶의 초점이 하나님께 맞추어 있는 사람입니다.

우리는 세상에 살면서 천국의 소망이 살아있어야 합니다.

① 모든 소원과 사랑을 하나님께 집중시키고 살아가는 사람의 마음입니다.

물론 사업을 똑같이 하고 직장도 다니고 학교 공부도 하지만 마음에는 늘 주님과 함께하는 마음이 중요합니다. (창 5:21-)에녹이 300년 동안 하나님과 동행했듯이 우리의 일상의 생활이 주님 안에서 살아가도록 힘써야 하겠습니다. (창 6:22-)노아는 하나님께서 명령하신 대로 다 준행하였다고 했습니다.

② 생활의 모든 초점이 하나님께 맞추어 있어야 합니다.

하나님 중심적이요 신앙 중심적으로 살아갑니다. (출 13:21-)광야를 걷는 이스라엘 백성들에게 하나님의 구름 기둥과 불기둥이 함께 하셨듯이, 오늘날에도 하나님은 말씀과 성령으로 인도해 주십니다. 눈으로 볼 수 없지만, 하나님의 손길이 언제나 그의 백성과 함께 하시는데 여호와께서 자기 백성에게 함께 하시고 평강의 복을 주시는바 이것이 평안의 복을 얻는 성도들의 축복이 됩니다. 따라서 우리는 늘 말씀을 따라가는 길에 힘써야 하겠습니다.

2) 하나님을 기쁘시게 하는 성도는 평안이 있습니다.

(시 119:165)주의 법을 사랑하는 자에게 큰 평안이 약속되어 있습니다. 장애물도 문제 될 것이 없습니다.

① 하나님을 기쁘시게 하는 방법은 믿음입니다.

믿음으로만 하나님을 기쁘시게 해드릴 수 있습니다. (히 11:6)믿음이 없이는 하나님을 기쁘시게 할 수 없다고 하셨습니다. (미 6:7)여호와께서 천천의 수양이나 만만의 강물 같은 기름을 기쁘시게 받으시는 것이 아닙니다. 따라서 우리는 철저한 믿음 위에 살아야 합니다.

② 믿음으로 하나님을 기쁘시게 해드리는 곳에 평안이 따라옵니다.

그곳에 하나님이 함께하시기 때문입니다. 눈보라 치는 속에서도 엄마 등에 업혀있는 아이의 평안이 주님 안에 있는 성도의 평안입니다. 이 평안과 축복이 임하시기 바랍니다.

3. 모든 일을 하나님께 맡기면서 사는 사람에게 평안이 있습니다.

누구나 예수님 안에서는 평안이 약속되었지만, 일들이 없을 때도 하나님께 맡기느냐가 문제입니다.

1) 선택의 기로에서 방황하면 평안이 없습니다.

방황하지 말고 하나님께 모든 것을 맡겨야 합니다.

① 내가 힘 있는 것 같지만 사실상으로 볼 때 내가 할 수 있는 것은 하나도 없습니다.

이것이 인생인바 우리는 모든 것을 하나님께 맡기고 기도해야 합니다. 매일 시작되는 생활의 전선에서 하나님께 맡기는 것이 현명한 일이요 또한 이것이 믿음입니다. 믿는다 하면서도 맡기지 못하면 문제가 되고 불안 속에 살게 됩니다. 맡기는 곳에 평안이 있습니다.

② 맡긴다는 말의 어원語原을 보면 흥미 있는 사실을 깨닫게 됩니다.

"길"은 '모든 염려'를 뜻하며, "맡긴다"는 것은 '굴려 떨어뜨리라'는 뜻입니다. 즉 하나님께 맡기는 것은 굴려서 버리는 것입니다. 바위를 굴려 내듯이 굴려 버리는 것입니다. (벧전 5:7)"너희 염려를 다 주께 맡기라"고 하였습니다. (출 3:7) 하나님께서 모든 것을 아시기 때문입니다.

2) 우리 하나님은 소멸하시는 불이십니다.

(히 12:29)"우리 하나님은 소멸하는 불이심이라"(for our God is a consuming fire.)

① 맡기게 될 때 모두 태워버리게 됩니다.

죄를 지었어도 회개하며 맡길 때 죄 짐도 모두 태워버리게 됩니다. 믿는 사람들에게 죄 짐이든 생활의 문제를 모두 맡기면 해결됩니다(사 1:18; 마 11:28; 출 15:26; 말 4:2; 막 16:17; 약 5:15). 그래서 성도는 질병까지도 맡기면서 믿음으로 기도해야 합니다.

② 주님의 평안은 오늘 짐은 하나님께 맡기고 의지하는 사람에게 주십니다.

하나님께 맡기고 의지하고 있으면 염려하지 말아야 합니다. 이것이 참 성도의 모습이기도 합니다. 악인은 결국 망하지만 믿음의 사람에게는 평안이 찾아옵니다. 세상은 계속해서 성난 파도와 같이 험해지고 불안하겠지만 예수 믿는 성도들에게 예수님 안에서 하나님의 약속하신 은혜와 평강이 늘 충만하게 되시기를 예수님의 이름으로 축원합니다.

결론 : 예수님 안에서 찬송과 평강의 복을 받으세요.

〈축복〉

40년 역사를 지나 가나안의 축복으로 가는 교회

출 40:34-38)

40주년을 달려왔다는 것은 아무리 봐도 하나님의 은혜요 축복이 아니면 올 수 없는 지난 시간들이었습니다. 40을 불혹의 나이라고 하는데, 이제 교회가 40주년이면 진리의 말씀, 하나님 말씀에 굳게 서서 바른 신앙의 길에 서 있어야 하고 사명적 교회로서 다음 40주년을 향하여 다시 출발해야 할 시점입니다. 지난 40년은 허허벌판에서부터 개척하여 여기까지 오게 되었지만, 앞으로의 40년은 지난날을 거울삼고 발판삼아서 예수님이 다시 오실 그때까지 믿음의 반석 위에 서서 미래의 세대를 양육해가고 키워가야 합니다. 그런데 앞으로의 40년은 세상이 더욱 종말론적으로 달려가기 때문에 복음전파에 어려운 시대가 될 것입니다(계 12:12). 그래서 근신하며 깨어 있어야 합니다(벧전 5:8). 사랑이 식어지며(마 24:12), 믿음이 없는 때입니다(눅 18:8).

그러나 우리는 초대교회의 모진 핍박도 이기며 승리했던 성경 시대의 믿음의 선조들의 신앙을 본받고 나아가야 합니다. 신학자 중에 플루머(Plumer)나 길모어(Gilmour) 같은 사람은 "구주 예수님을 정통적으로 믿음에서 멀어지는 것이 말세다." 하였고, 빈센트(Vincent)는 "끝까지 기도하며 실천적 믿음을 지키는 자가 없어지는 때가 말세다."는 비관적 해석도 했습니다. (마 24:12)불법이 성하므로 많은 사람의 사랑이 식어지는데, 그 "불법"이라는 말은 헬라어로 '아노미아'(ἀνομία)인데, 신학자 홀츠만(Holzman)은 '도덕적 폐기'라고 했습니다.

본문은 출애굽기를 마감하면서 40년간 광야에서 함께 하시던 구름 기둥과 불 기둥의 역사를 기억하면서, 지금까지의 40년도 함께 하셨듯이 앞으로의 은평교회 40년도 함께 하실 줄 믿고 은혜받는 시간이 되시기 바랍니다.

1. 지난 40년을 구름 기둥과 불 기둥으로 인도함을 받았습니다.

(출 13:21)구름 기둥과 불기둥의 역사는 광야 길을 성공적으로 인도해 주신 하나님의 손길이었습니다. 지난 40년은 하나님이 인도하셨고 앞으로도 주님 오실 때까지 계속될 것입니다.

1) 광야는 험악한 곳입니다.

기후부터 시작해서 환경이 좋지 못한 곳이라 독사가 있고 전갈이 있지만, 하나님이 보호해주셨다는 사실을 잊어서는 안 됩니다.

① 사람이 살아가는데 최악의 장소가 광야입니다.

그런 곳에도 하나님의 구름 기둥과 불기둥이 이스라엘 백성을 이끌어 주셨습니다. 하나님이 인도하신 광야 40년입니다(신 1:31, 36). 우리의 생애에도 하나님은 인도해 주십니다.

② 구름 기둥과 불기둥은 이 세대에 말씀과 성령의 역사하심으로 믿습니다.

말씀과 성령을 따라가며 순종해야 합니다. 사막의 특성은 길이 없다는 것입니다. 그러나 성령께서 말씀 따라 인도해 주시는 길이 인생길이요 비추는 등불입니다(시 119:105). 하나님은 새로운 일도 새롭게 역사해 주시면서 인도해 주실 것입니다(사 43:2, 18).

2) 지난 40년도 험악한 광야 같은 세상이었으나 앞으로의 40년 역시 더욱 광야요 사막 같은 세상일 것입니다.

① 지난 40년의 세월을 한마디로 표현한다면 굴곡진 세월이었다고 할 것입니다.

개척 당시의 교회 형편과 이곳 지역의 형편은 비가 오면 장화 없이는 못 다니는 비포장도로요 공장 굴뚝만 보이는 곳이었습니다. 그러나 스펄전 목사님이 말했듯이 하나님은 사람의 손길을 통해서 여기까지 인도해 주셨음을 감회롭게 생각하게 됩니다. 앞으로의 40년도 하나님께 맡기고 가는 것이 교회입니다(시

37:5).

② 하나님은 하나님의 교회를 이끌어 주실 줄 믿습니다.

모세나 아론이나 다른 사람의 힘이 아니라 하나님의 "강한 손길"(출 6:1, mighty hand)로 인도해 주셨듯이 앞으로의 40년 역시 은평교회는 주님의 능력의 손길에 있음을 믿고 그분만 의지하고 믿고 따라가야 합니다. 불순종은 금물입니다(민 13~14장).

2. 하나님의 교회는 하나님께서 인도해 주십니다.

초대교회 이후 지난 2,000여 년 동안 어느 곳에 세워진 교회이든 간에 하나님이 인도해 주셨고 축복해 주셨습니다. 역사상 지난 40년 은평교회 역시 하나님의 손길이었습니다.

1) 교회의 주인은 하나님이시기 때문입니다.

구약 광야 교회(행 7:38)도 인도해 주심과 같이, 신약 교회 역시 하나님이 함께 하시며(마 28:20) 인도해 주십니다.

① 교회의 머리는 주님이시고 교회를 몸 된 교회라고 일컫게 됩니다(엡 1:22).

(계 1:20)주님은 일곱 촛대 사이에 다니시며 일곱별을 붙들고 계십니다. 교회의 역사는 주의 종들을 통해서 역사하십니다. (행 20:28)피 값으로 사신 교회입니다. (시 17:8)눈동자 같이 지켜주십니다. 따라서 지상교회가 복 받는 비결, 행복한 길은 말씀에 순종하는 길입니다(신 10:13; 신 28:1~).

② 지상 교회가 두려워하며 믿고 따라가는 길이 말씀의 길이 되어야 합니다.

하나님은 말씀 속에서 역사하십니다. (고전 4:6)기록된 말씀 밖으로 벗어나지 말아야 합니다.

2) 본문에서 구름 기둥과 불 기둥으로 인도하시는 말씀에서 깨닫는 일이 많습니다.

거기에는 대단하고 위대하신 의미가 있습니다.

① 구름 기둥과 불 기둥이 움직이는 대로 인도 따라서 움직였습니다.

가고 싶다고 맘대로 가고, 앉아 있고 싶어서 앉아 있는 것이 아니라는 것입니다. 법궤 성막이 중앙에 있고 동서남북으로 두 지파씩 12지파가 나아가고 움직였는데 그림을 그려보면 십자가 형태입니다. 교회는 주님의 뜻대로 나아가야 하는 것이 주님의 참 교회의 모습입니다.

② 오늘날 교회와 성도들의 모습과 비교해 보게 됩니다.

말씀이 없고 주님의 말씀에 순종하지 않는 교회라면 역사가 나타날 수 없습니다. 주님의 인도 따라서 가는 형태가 아니라 자기 멋대로 가는 인본주의 형태이기 때문입니다. 기도 가운데서 말씀과 성령의 인도하시는 대로 따라가는 앞으로의 40년이 되어야 합니다. 몇 명이 모이든 이것이 참된 교회의 모습입니다.

3. 교회의 최종적인 목적지는 천국입니다.

세상 나라 건설이 아니라 천국이 최종적인 목적입니다. 광야 40년에 수많은 기적과 능력이 역사하는 곳(출 14:16, 15:25; 민 20:11; 출 17:15)일지라도 가야 하는 곳은 가나안이고 약속한 땅이었듯이 영원한 천국이 지상 교회의 목표입니다. 그래서 지상 교회는 성령과 말씀으로 전도, 선교하며 영혼 구원하는 일에 전념해야 하는데, 이것이 지상교회의 존재 목적이기 때문입니다. 교회는 주님 오실 때까지 전도와 선교를 지상교회의 사명으로 알고 성령과 말씀 따라서 더욱 매진해야 합니다.

1) 광야는 목적지가 아닙니다.

세상 교회는 최종적으로 목적지가 아닙니다.

① 약속하신 대로 가나안입니다.

하나님은 그 약속을 지키기 위해서 그들을 여기까지 역사적 배경 속으로 인도하시며 축복해 주셨습니다. (신 1:11)약속하신 대로 천 배의 축복이 약속되었던 것을 봅니다.

② 가는 여정 속에 하나님이 함께하셨고 인도해 주셨습니다.

구름 기둥과 불기둥의 역사는 계속되어서 (시 121:4)졸지도 아니하시고 주무시지도 아니하시고 영원토록 인도해 주십니다. 영원토록 그 출입을 인도해 주시는 하나님의 손길을 보게 됩니다.

2) 믿는 자만이 이 혜택을 보게 됩니다.

출애굽 되었고, 가나안이 약속되었듯이 믿지 못하는 불신앙자는 가나안에 들어가지 못했듯이 천국 역시 불신앙자는 들어갈 수 없습니다. 교회가 앞으로 40주년에도 기억하고 나아가야 하는 영적 통찰력입니다.

① 불신앙 자는 절대 가나안을 상징적으로 보여준 천국에 들어가지 못합니다. (히 3:15-4:3)신약에서 이것을 강력히 강조해 주셨습니다. 은평교회는 앞으로 또 한 번의 40주년이 되어도 철저하게 말씀을 믿고 순종해 가는 성도가 되어야 합니다.

② 축복받고 천국 상급 받아 가면서 신앙생활 하는 것은 하나님 말씀에 대한 순종입니다.

믿음이 없이는 할 수 없는 일이기도 합니다. 천국은 이런 사람들이 믿음으로 가는 곳입니다. 2020년이 되어 교회 개척 40주년을 맞이하면서 은평교회 모든 성도들이 또 다음 40주년을 준비하면서 철저하게 믿고 순종하며 천국과 상급의 주인공들로 모두가 승리하게 되시기를 예수님의 이름으로 축원합니다.

결론 : 지금도 구름 기둥과 불 기둥으로 역사하십니다.

〈축복〉

하나님이 채우시는 축복입니다

왕상 17:8-16

　사람이 살아가면서 제일 으뜸으로 꼽는 문제는 먹는 일일 것입니다. 이는 모든 동식물이 살아있는 생명이라면 모두가 추구하는 일입니다. 그래서 속담에도 "광에서 인심 난다."라든지, "금강산도 식후경"이라는 말들이 생겼으리라 봅니다. 옛날에 보릿고개를 겪었던 세대들은 배고픔이 무엇인지 경험했지만, 사람이 살아가면서 제일 서러운 것은 배고픔이라고 봅니다. 어떤 병사가 부잣집에서 살다가 군에 입대했습니다. 처음 몇 끼는 PX(군대 슈퍼)에 가서 빵으로 배를 채우더니 훈련이 힘들다 보니 식사 시간이면 제일 먼저 줄을 서는 일도 보았습니다.
　지금의 세계는 누가 대통령이 되더라도 경제가 성장하면 성공했다고 평가받고 반대로 경제가 안 좋으면 대통령도 욕을 먹는 시대입니다. 미국의 저명한 석학으로 알려진 일본계 3세 프랜시스 후쿠야마(Francis Fukuyama) 박사는 자신의 《역사적 종말과 최후의 인간》이라는 책에서 "인간은 자기 욕구에 의하여 발전해 왔다"고 주장하였습니다. 그 첫 번째가 경제적인 것을 발전시켜서 살려는 욕구요, 두 번째가 인정받고자 하는 욕구라고 했습니다. 그러면서 누구나가 다 필요(need)가 있으니 발전해 왔다 하면서 그 욕구를 막을 수가 없는데, 북한이 망해가는 이유가 이런 욕구들을 짓누르기 때문이라고 하였습니다. 그래서 사람이 기도하게 될 때 제일 무서운 기도가 금식하며 기도하는 것입니다. 이때에는 하나님도 응답을 약속해 주셨습니다(사 58:9). 지금과 같이 풍요롭게 살아가는 시대에도 전 세계적으로 보면 굶주려 죽는 지역의 사람들이 더 늘어가는 추세입니다.

오늘 본문 말씀은 북이스라엘의 역사적 사건입니다. 58년 동안 일곱 명의 왕들이 교체되었지만 모두 우상주의에 빠짐으로써 3년 반 동안 비가 오지 않는 흉년의 저주에도 엘리야를 그릿 시냇가에서, 사르밧 지역의 과부에게 보내셔서 역사를 일으켜주셨던 하나님 말씀인바 지금의 레바논 지역인 사르밧 여인에게서 음식을 공궤 받았던 엘리야 선지자 시대의 사건을 통해서 은혜를 받게 됩니다.

1. 하나님이 채우시는데 주신 말씀과 같이 하였습니다.

3년 6개월간 비가 오지 않아 모두가 굶어 죽는 때였으니 사르밧 여인의 집에도 통에 가루 한 움큼과 병에 기름 조금 있는 것으로 음식을 만들어 먹고 그 후에 죽을 참이었습니다. 그 이야기를 들은 엘리야는 네 말대로 하되 먼저 떡을 만들어 내게로 가져오고 그 후에 너와 네 아들을 위하여 만들라 그리하면 가뭄이 끝날 때까지 그 통에 가루가 떨어지지 않고 병에 기름이 없어지지 않는다고 했습니다. (출 16:13)만나와 메추라기로 먹이시던 하나님의 손길은 여전합니다(민 11:18-).

1) 하나님께서 엘리야에게 말씀하셨고 그 말씀대로 채워주셨습니다.
중요한 것은 엘리야에게 주신 말씀대로 채워주신 것입니다.
① 엘리야의 행동은 모두가 하나님 말씀대로 움직이게 되었다는 것입니다.
(왕상 17:2)"여호와의 말씀이 엘리야에게 임하여 이르시되"라든지, (왕상 17:8, 14) 여호와의 말씀이 엘리야에게 임하여 이르시되, 하는 식으로 말씀이 임하신 대로 움직이게 되었고 그대로 움직이게 될 때 역사는 나타나게 된 것입니다. 가루 통의 가루가 떨어지지 아니하고 기름병에 기름이 없어지지 아니했습니다.
② 하나님 말씀을 믿고 순종하여 따르게 되면 그곳은 축복이 약속되었습니다.
성경 어디서든지 기적과 능력의 현장은 말씀을 믿고 순종하여 행하게 될 때 역사가 나타나게 되었는데, 이미 말씀에 약속하신 대로입니다(신 28:1). 그리고 언제나 거기에는 약속하신 대로 기적의 현장이 되었음을 보게 됩니다(눅 5:5; 요

2:11; 히 4:12).

  2) 말씀 가운데 채워주시는 역사는 순종을 전제로 하는 능력의 현장입니다.
엘리야에게도 능력의 현장을 보여주셨습니다.
  ① 그릿 시냇가에 숨기시더니 사르밧 여인의 집으로 보내셨는데, 아합에게는 이것이 축복이 아니라 경고였습니다. (암 8:11)아모스 선지자는 말씀을 듣지 못하는 기갈과 기근 때가 온다고 경고하였습니다.
  직통으로 듣게 하지 아니하시고 간접적으로 하나님의 살아계심을 엘리야를 통하여 보여주신 일이 되었습니다. 선지자가 숨는 일도 백성에게는 축복이 아닙니다. 비가 오지 않는 저주의 땅이 되었고, 오히려 사르밧 여인에게는 축복 체험의 기회가 되었습니다.
  ② 엘리야는 말씀에 순종하여 기적 속에 살아가는 모습을 보여 주었습니다.
  엘리야는 선지자로서 하나님 말씀이 임하게 되면 그대로 순종하였습니다. 어렵게 성숙한 신앙에는 기적이 따르게 됩니다. 왕 같은 제사장의 신분을 가진 신약시대의 성도들 역시 말씀에 순종해 갈 때 기적은 때를 따라서 나타나게 됩니다(벧전 2:9).

2. 하나님이 채워주시는 능력으로 살아가는 사람들입니다.

  이는 결코 사람의 능력이 아니라 하나님의 권능입니다.
  1) 엘리야가 가는 곳마다 숨는 곳마다 하나님이 인도해 주셨습니다.
  그릿 시냇가와 사르밧 여인의 집이 그 현장이었습니다.
  ① 철저하게 하나님이 역사하시는 주권이요 권능의 현장이었습니다.
  그릿 시냇가에 숨기시고 조석으로 까마귀를 통해서 먹이셨습니다. 까마귀가 비록 부정된 동물이지만(레 11:15) 그 까마귀도 하나님이 사용하셨습니다. 우리도 까마귀와 같이 부정된 죄인들이지만 때때로 하나님은 그분의 일을 위하여 사용해 주십니다. 우리는 그 손길을 바라보고 믿음으로 살면서 쓰임 받아야 하겠습니다.
  ② 하나님께 붙들리면 초자연적인 능력을 보게 됩니다.
  그러므로 성도들의 가정과 직장과 인생 문제가 있다 해도 하나님께 붙들려서 쓰임 받기를 위해 기도해 보시기 바랍니다. (삿 15:16-)나귀 턱뼈이지만 힘 있는

삼손이 사용할 때에 적진을 물리치고 1,000명의 적을 이길 수 있게 되었던 위치와 같은 신앙적 원리입니다. 하나님 말씀에서 이런 신앙적 원리(□□)를 찾고 축복과 기적의 현장에 서 있어야 하겠습니다.

2) 하나님은 오늘날도 이런 자를 찾고 계십니다.

하나님의 능력의 손에 붙들려서 쓰임 받을 만한 믿음의 사람을 찾고 계십니다.

① 까마귀를 사용하셨듯이 까마귀 같은 존재를 사용해 주십니다.

왜냐하면 하나님이 하시는 일을 위하여 사용하시고 시대 시대마다 찾으시는데 오늘날에도 찾고 계십니다. (사 6:8)이사야를 부르시고 찾아서 쓰임을 받았습니다. (출 3:5-)이드로의 양을 치던 모세를 부르시고 사용하셨습니다. 구둣방 직공이었던 드와이트 무디(D. L. Moody)를 부르시고 부흥사로 사용하셨습니다.

② 하나님의 일을 위하여 사르밧 여인을 사용하셨습니다.

그 많은 지역의 여인들과 가정 중에서 이 가정을 사용하셨습니다. (왕하 4:36-) 엘리사 시대에는 수넴 여인이 쓰임 받게 되었습니다. (마 10:42)사도들을 보내시면서 너희를 영접하는 자들은 나를 영접하는 것이라 하셨는데, 이 세대에 우리는 복음을 위하여 돕는 까마귀가 되어야 합니다.

3. 하나님께서 채우시는데 믿음 대로 채워주십니다.

어떻게 믿느냐에 따라서 채워주시는 양이 구별되고 다르게 됩니다. 그래서 예수님은 기적을 행하실 때마다 "네 믿음"이라고 강조해 주셨습니다(막 5:34).

1) 주님의 일을 하는데 꼭 믿음을 동반해야 하는 것은 믿음이 중요하기 때문입니다.

(마 9:2)중풍병자에게도 믿음이 강조되었습니다. 가버나움의 백부장에게도 믿음이 강조되었습니다(마 8:10).

① 이 믿음은 어떤 한계 상황을 뛰어넘는 믿음입니다.

상황적으로 보면 믿을 수 없는 현장이었습니다. 온 세상에 비가 오지 않아 흉년으로 굶어 죽는 판인데, 마지막 남은 가루와 기름으로 떡을 만들어 먼저 내게로 가져오라고 하는 것은 사르밧 여인으로서는 자기 아들을 봐서라도 지키기 어려운 일이었습니다. 그러나 선지자의 말에 이 여인은 그대로 순종하였고 그 믿음대로 되었습니다.

② 믿기 때문에 순종하게 되었고 순종하였기 때문에 역사가 나타나게 되었습니다.

엘리야의 말대로라면 그 흉년이 다 지날 때까지 가루 통에 가루가 떨어지지 아니하였고, 기름병에 기름이 없어지지 아니한 축복과 기적입니다. 한꺼번에 창고가 가득하였다면 그 흉년에 그 집은 강도들의 표적(target)이 되었을 것인데, 아침저녁으로 채워주시는 축복을 받게 된 것입니다. 순종은 축복의 통로요 기적의 지름길입니다.

2) 믿음이 확고하게 오면 그 일이 이루어지기 위해 기도하고 미루지 마십시오. 행하게 될 때 응답은 예약됩니다.

① 믿음의 가정에는 연속적으로 기적의 현장이 되었습니다.

하나밖에 없는 아들이 죽었는데 엘리야의 기도는 그 아들을 다시 살게 했습니다. 선지자를 신뢰하고 가까이하면 축복이 옵니다(대하 20:20). 사르밧 여인은 선지자를 신뢰하고 따랐는데 흉년을 버티는 축복과 아들을 살리는 기적을 보았습니다.

② 하나님은 지금도 엘리야와 사르밧 여인의 역사를 베푸십니다.

은평교회는 세계 선교를 위해서 10번째 교회를 해외에 건축하게 되었는데, 주님 오실 때까지 몇 번째까지 건축할지 모르겠으나 우리는 주님이 필요로 하신다면 쓰임 받기 위해서 기도해야 합니다. 사르밧 여인의 기적을 지금도 계속 보게 되시기를 예수님의 이름으로 축원합니다.

결론 : 빈 통, 빈 병을 하나님이 채워주셨습니다.

〈축복〉

'루스'가 '벧엘'로 바뀌는 현장

창 28:10-19

살다 보니 세상은 참으로 많이 바뀌고 변화하는 현실들을 목격하게 되고 경험하게 됩니다. 산천도 변하는데 옛날에는 10년이면 강산이 변한다고 했지만, 지금은 하루 저녁만 자고 나도 세상이 바뀌는 일들이 많습니다. 산천도 변하고 사람들의 인심도 바뀌는데, 문제는 우리가 하나님께 대한 믿음이 변질되거나 변하면 절대 안 된다는 것입니다. 남쪽 유다 백성들이 마음이 변할 때 이사야 선지자는 외쳤습니다. (사 26:3)"주께서 심지가 견고한 자를 평강하고 평강하도록 지키시리니 이는 그가 주를 신뢰함이니이다"고 했습니다. "신앙을 지킨다"는 말은 히브리어로 '쇼멘 에무임'인데 곧 하나님이 세우신 계약의 관계를 신앙으로 지켜나가는 일을 말합니다. (엡 6:24)변함 없이 사랑하는 관계를 볼 수 있을 것입니다.

성경에서 변한 사람들의 예를 보면, (행 1:18)가룟 유다, (딤후 4:10)데마, (행 6:5; 계 2:6)최초의 안수집사였던 니골라(alford의 주장), 이들은 본받지 말아야 할 변질자들이라고 할 것입니다. 그러나 아름답게 변한 사람들도 있으니 이들의 뒤를 또한 따라가는 데 주저하지 말아야 합니다. (행 9:10, 18)사울이 변한 바울의 모습, (몬 11; 골 4:9)쓸모없는 자가 사랑을 받고 신실한 일꾼이 된 오네시모와 같은 사례들이라 할 것입니다. 이들은 무익한 사람이 유익한 사람으로 바뀌게 된 모습들입니다.

본문은 야곱에 대한 일대기입니다. 험악한 세월을 보냈다고 하는 그의 간증과 같이(창 47:9) 험악한 시간을 보내는데(창 25:22, 33, 27:14, 41), 형 에서의 칼날을 피하여 도망하는 가운데 하나님의 손길을 체험하고 루스가 벧엘로 바뀌는 축복의 현장을 체험한 후 변치 않고 끝까지 축복의 사람이 된 야곱에게서 은혜를 받게 됩니다.

1. 루스가 벧엘로 바뀌면서 하나님의 임재하심과 동행의 약속을 받게 됩니다.

장자의 축복은 받았는데 황당한 일이 일어나게 됩니다.
1) 하나님께서 곤고한 야곱을 만나주셨습니다.
하나님과의 만남은 일생 일대기에서 가장 중요한 일입니다.
① 평생을 두고 한번은 하나님을 만나야 하고 만난 후 그 신앙이 변하지 말아야 할 것입니다. 특히 어려운 환경에 있을 때 하나님은 만나주시기를 원하십니다. (사 55:6)가까이 계실 때에 만나야 합니다. (마 11:28)지금도 주님은 만나주시기를 원하십니다. 주님은 변하지 않습니다. 신앙에서 주님을 꼭 만나야 합니다.
② 하나님은 말씀 계시의 은혜 속에서 만나주십니다.
계시(Revelation)는 감추인 것을 드러내 보이시는 것을 뜻합니다. 말씀 속에서 계시로 보여주시며 만나주시는데, 이 말씀은 변하지 않습니다. 말씀 속에 모든 축복과 은혜가 약속되었는데 변함이 없는 말씀인바 믿는 믿음이 변함이 없어야 합니다. 모니카(Monica)는 말씀을 믿고 기도할 때 아들 어거스틴이 돌아와서 신학자가 되었다고 전합니다.
2) 어느 누구도 육신의 눈으로는 하나님을 볼 수 없습니다.
눈으로는 볼 수 없지만, 말씀 속에서 만나게 됩니다.
① 모세까지도 가까이 오지 못하게 하셨습니다.
(출 19:21)백성을 가까이 오게 하지 말라고 하셨습니다. (민 4:20)성소에서 예배할 뿐입니다. (출 20:19)가까이하면 죽게 됩니다. 그러나 말씀 속에서는 하나님이 인격적으로 만나주시는데, 이 사실은 지금도 변하지 않고 계속됩니다.
② 오늘 우리는 말씀 속에 역사하시는 성령님의 역사들을 통해서 하나님을 만나야 합니다.

야곱은 꿈속에 나타나신 하나님의 역사를 보게 되었습니다. 그리고 믿음 속에서 변하지 않고 끝까지 축복의 사람으로 살게 되었습니다. 하늘에서 사닥다리가 내려오는 현상은 꿈이었지만 하나님의 성령께서는 우리의 마음속에 오셔서 좌정하십니다(고전 3:16).

2. 루스가 벧엘로 바뀔 때 축복의 땅을 기업으로 받게 되었습니다.

네가 보는 땅을 모두 너와 네 자손들에게 주리라고 약속하시는 변함 없는 축복이었습니다. 응답 중에 확실한 응답이었습니다.

1) 조상에게 약속하신 약속이 변치 않고 재확인하시는 시간이었습니다.

하나님이 성경에 약속하신 약속은 변하지 않습니다.

① 약속하시고 이루시는 하나님의 손길입니다.

약속하시되 아브라함의 3대에게 이루시듯이 성경은 우리에게 약속하신 말씀이 예수님 안에서 이루어지는 현장이 루스가 변한 벧엘입니다. 황당한 뜻의 루스가 아니라 하나님의 집인 벧엘이요 축복의 땅인 벧엘입니다. 따라서 성경은 우리에게 예수님 안에서 벧엘의 축복으로 가게 하시는 축복의 언약입니다.

② 벧엘에서 만난 하나님은 계약의 하나님이심을 보여 주셨습니다.

(창 12:1-)갈대아 우르에서 부르시고 계약하셨습니다. 그리고 아브라함과 그의 자손들이 복을 받게 하셨습니다. 신약에 와서 사도 바울은 "믿음이 있는 사람은 믿음이 있는 아브라함과 함께 복을 받는다"(갈 3:9)고 전하였습니다. 예수님 안에서 주시는 특별한 은혜의 계약이요 축복입니다. 이제 우리는 루스가 아니라 벧엘에서 살아가는 성도가 되어야 하겠습니다.

2) 루스(황당하다)가 벧엘(하나님의 집)로 바뀔 때 야곱은 하나님을 믿었습니다.

하나님을 향하여 재다짐하며 믿게 되는 현장이 되었습니다.

① 그때가 야곱으로서는 일생 중 가장 어려울 때요, 힘든 때였기 때문입니다.

형 에서에게 쫓겨 가는 그 마음의 심신의 피곤함은 다 말할 수 없었을 것입니다. 사람이 배부르고 좋을 때보다 배고프고 힘들 때 제일 문제가 되는 법입니다. 이때 꿈속에서 사닥다리가 내려오고 천사들이 오르락내리락하는 그 꿈은 야곱의 모든 시름이 사라지는 듯한 꿈이었습니다. 야곱의 하나님과의 만남은 실로 경이로운 현장인바 이곳이 벧엘입니다.

② 야곱은 하나님의 말씀을 믿었습니다.

(창 28:16)"야곱이 잠이 깨어 이르되 여호와께서 과연 여기 계시거늘 내가 알지 못하였도다." (17절)"이에 두려워하여 이르되 두렵도다 이곳이여 이것은 다름 아닌 하나님의 집이요 이는 하늘의 문이로다." 그리고 베개로 삼았던 돌을 기둥으로 세우고 기름을 붓고 예배를 드리게 되는데, 그것이 벧엘의 축복이 되었습니다. 야곱이 힘들 때 하나님을 만났듯이 어려울 때 주님을 만나시기 바랍니다.

3. 루스가 벧엘로 바뀔 때 축복의 현장이 되었습니다.

황당하다는 뜻의 루스에 그냥 머물 수 없습니다. 벧엘로 바뀌는 현장을 살아야 합니다.

1) 축복을 약속받은 곳이 되었습니다.

장자의 명분을 얻었고(창 25:34), 별미로 축복을 받았습니다(창 27:27). 그런데 돌아오는 것은 피난 가는 일이 되었으니, 황당했으나 벧엘이 되는 곳에서 황당함이 사라지게 되었습니다.

① 그곳은 축복의 곳이요 영광스러운 집이 되었습니다.

(14절)"… 모든 족속이 너와 네 자손으로 말미암아 복을 받으리라"(All peoples on earth will be blessed through you and your offspring) 하셨는데, 이는 일찍이 그의 할아버지 아브라함에게 약속하신 바와 같습니다(창 12:3). 이는 예수 그리스도 안에서 성도들이 받아야 하는 축복의 길이기도 합니다(갈 3:9).

② 축복의 내용은 구체적으로 말씀해 주셨습니다.

요약하면 네 자손들을 통해서 구세주 예수 그리스도 메시아가 오실 것이고, 천하 만민이 복을 받게 될 것이며, 너와 함께 할 것이며(마 28:20), 네 누운 땅을 너와 네 자손에게 주리라 하셨는데, (행 7:5)아브라함은 당장에는 발붙일 만한 땅도 주시지 아니했으나 후에 모두 주실 축복을 믿고 바라보았듯이, 우리 역시 믿고 바라보아야 합니다.

2) 현재 불안하고 불확실한 미래 때문에 걱정할 필요가 없습니다.

약속을 믿고 나아가게 되면 루스는 없어지고 벧엘로 바뀌는 미래가 올 줄 믿어야 합니다.

① 예수님 안에서는 걱정을 버려야 합니다.

하나님은 축복의 하나님이시기 때문입니다. 확실하게 인도해 주실 것이 약속 되었습니다. (마 6:28-34)예수님은 먹는 것, 입는 것, 마시는 것, 어디에 사는 것, 염려하지 말고 먼저 그의 나라와 그의 의를 구하라고 하셨습니다. 참새보다 귀하기 때문입니다(마 10:28).

② 야곱은 지금까지 불안한 마음이 사라지고 기쁨으로 새 출발하게 되었습니다.

야곱이 가는 곳마다 함께 하셨고, 빈손으로 하란 땅에 가게 되었으나 20년 만에 거부가 되었습니다(창 31:1-). 단신으로 내려갔으나 12명의 아들이 12지파 이스라엘의 조상이 되었습니다. 루스가 아니라 벧엘의 현장입니다. 하나님을 믿고 주일성수 하는 자의 복이 약속된 현장입니다(사 58:14). 야곱의 업으로 축복하시는 하나님 앞에 바른 믿음으로 승리하게 되시기를 예수님의 이름으로 축원합니다.

결론 : 이제는 루스가 아니라 벧엘로 살아야 합니다.

〈십자가, 예수 그리스도〉

예수님의 십자가 고난

막 15:33-41

　세상을 살아가는 모든 존재는 나름대로 고난 중에 태어나서 고난 중에 살다가 고난 중에 죽게 됩니다. 사람이든 동물이든 모든 생명체는 나름대로 고난이 있다는 사실입니다. 120세를 살다간 이스라엘의 지도자 모세는 기도 가운데 이렇게 전하였습니다. (시 90;4, 9, 12)"주의 목전에는 천 년이 지나간 어제 같으며 밤의 한 순간 같을 뿐임이니이다, 우리의 모든 날이 주의 분노 중에 지나가며 우리의 평생이 순식간에 다하였나이다, 우리의 연수가 칠십이요 강건하면 팔십이라도 그 연수의 자랑은 수고와 슬픔뿐이요 신속히 가니 우리가 날아가나이다" 하였으며, 야곱은 130세 때에 애굽 왕 바로를 알현하면서 바로 왕이 야곱에게 물었습니다. "네 나이가 얼마냐?" 이때에 야곱의 대답이 "내 나그네 길의 세월이 백삼십년이니이다 … 험악한 세월을 보내었나이다"라고 대답했습니다(창 47:9). 아담 이후 타락한 인간은 저주 아래서 죽게 되는 이유입니다(창 3:17).

　40여일 사순절 기간을 보내고 예수님이 십자가를 지시기 위하여 예루살렘에 입성하시는 종려주일이 되었습니다. 오늘이 지나면 예수님이 십자가 고난을 당하시는 고난주간을 맞이하게 되는데, 예수님의 그 모진 고난과 십자가의 대속적 죽음을 생각하면서 경건하게 지내도록 우리의 신앙을 다시 한번 돌아보아야 할 때입니다.

1. 십자가 고난의 길은 우리를 위함이었는데, 이는 스스로 하신 하나님의 결정이었습니다.

우리 인생의 고난은 죄 때문에 당하는 것이지만, 예수님의 고난은 나 때문이요, 우리 때문인데 그 십자가는 스스로 지신 하나님의 사랑의 고난이셨습니다.

1) 우리 죄를 사하시고 구원하시기 위한 스스로의 길이셨습니다.

일컬어서 아가페(αγάπη) 사랑이라고 하는 사랑이셨습니다.

① 인간적으로 말하면 십자가를 피할 수 있었습니다.

3년간 공생애 가운데 행하셨던 능력을 볼 때 죽은 자가 다시 살아났고, 각종 질병이 치료되는 초능력의 일들은 하나님만 하실 수 있는 일이었습니다. (마 26:39)겟세마네 동산에서 기도하시는 예수님은 고난의 십자가를 피하실 수도 있었지만 피땀 흘리며 기도하신 것은 그 십자가 지시고 우리를 구원하시고자 함이셨습니다. (사 53:4-)그는 우리의 모든 것을 지시고 십자가를 지셨습니다. 그 때문에 구원받은 우리는 반드시 이 사실을 믿어야 합니다.

② 스스로 고난당하신 예수님은 인간적인 방법을 피하시고 버리셨습니다.

밤새 기도하시던 예수님은 잡으러 온 무리에게 잡히셨습니다. 또 칼을 빼든 베드로에게 칼을 도로 칼집에 꽂으라 하시고 붙잡히셨습니다(마 26:52). 예수님이 명령만 하시면 "열두 군단 더 되는 천사를 보내시게 할 수 없는 줄 아느냐" 하셨습니다. 철학자 야스퍼스는 "과학의 보편성, 신앙의 진실성 및 신앙의 무제한성이 구현될 때 인간의 이상은 달성된다." 하였는바. 당시 '한 군단'(legewvn)은 6,000명이라고 하니 천사들의 대단한 역사를 보게 됩니다(왕상 6:7). 그리고 예수님은 아버지가 주신 쓴 잔이라 하시며 마시게 되었습니다(요 18:1; 마 26:39).

2) 스스로 당하신 이 길은 힘이 있는데도 우리를 위해 당하신 고난의 길이었습니다.

예수님이 스스로 택하신 인류구원의 길이었습니다.

① 마치 도살장으로 끌려가는 양같이 되셨습니다.

(사 53:6-)이사야 선지자는 이렇게 전하였습니다. "우리는 다 양 같아서 그릇 행하여 각기 제 길로 갔거늘 여호와께서는 우리 모두의 죄악을 그에게 담당시키셨도다" 했습니다.

② 이는 전적으로 하나님의 사랑 때문입니다.

전적인 하나님의 사랑의 길이기에 가시게 된 것입니다. (요 3:16)하나님이 세상을 이처럼 사랑해 주셨습니다. (롬 5:8)우리가 아직 죄인 되었을 때 나타내 주신 하나님의 사랑의 확증입니다. 자식을 사랑하는 부모의 마음에서 하나님의 사랑을 약하게나마 엿볼 수 있지만 비교할 수 있는 것은 아닙니다. 예수님이 겪으신 그 모진 고난을 다시 한번 마음에 담아야 할 줄 믿습니다.

2. 예수님은 육신을 입으셨기 때문에 그 육신의 고통을 당하셨습니다.

성경 시대에 이단자 중의 하나인 영지주의靈智主義(Gnosticism)자들은 예수님의 육신을 부인하기 때문에 이단입니다. 예수님의 육신을 부정하면 예수님의 피 흘리심도 허구인 것이요, 예수님의 피 흘림이 허구라면 우리의 죄 사함이나 구원도 허사일 것입니다. 따라서 거기에는 기독교가 존재하지 않게 됩니다.

1) 예수님은 육신을 입고 마리아에게서 나셨으며 활동하신 일들이 4 복음서에 기록된 대로였습니다.

① 예수님이 육신을 입으시고 오셔서 활동하신 일들로 보여줍니다.

(요 11:35)눈물을 흘리시고 우셨습니다. (마 21:18)시장하시기 때문에 무화과나무에서 열매를 찾으셨습니다. (요 21:12)조반을 드셨습니다. (마 8:25)피곤하시기에 주무셨습니다. (요 19:34)창에 옆구리를 찔리시니 피와 물이 쏟아졌습니다. 대속적 죽으심의 모습입니다.

② 피 흘림이 없이는 사함도 없습니다.

구약시대에 제사 법전(레위기 1~10장)에서 그렇게 많은 짐승이 죽었습니다. 그것은 오실 메시아 되시는 예수님의 예표요 그림자였습니다. 이제는 예수님이 실체로 오셔서 피 흘려 죽으셨는데, 피 흘림이 없은즉 사함도 없다고 했습니다(히 9:22). 짐승이 아닌 예수님이 직접 십자가에서 피 흘려 죽으심으로 속죄제물이 되셨습니다.

2) 육신을 입고 오셔서 육신으로 당하신 고난이기에 우리에게 요긴하게 와서 닿는 복음입니다.

영으로나 천사로 오신 것이 아니라 육신으로 오셨으니 완전하신 하나님이시며 완전하신 사람이셨습니다. 신학적으로 '이성 일 인격'二性一人格을 말합니다.

① 육신을 입고 오셔서 당당하게 죽으셨습니다.

그리고 나 때문에 구속 제물로 죽으셨습니다. 가난하게 오신 것은 우리를 부요케 하시기 위함이었습니다(눅 9:58; 고후 8:9). 인생의 목마름을 위해서 예수님은 대신 목마르셨습니다(요 4:15, 19:28).

② 예수님이 태어나신 곳은 고관대작 부잣집이 아니었습니다.

마구간이었습니다. 우리의 구세주가 되시기 위함이셨습니다. 그리고 십자가를 지시고 승리하셨습니다(마 16:24; 골 2:15). 이제 우리는 이 십자가를 따라가며 예수님이 가신 승리의 길로 가야 합니다. 예수님께서 따라오라고 하신 이 길을 슬기롭게 가게 되시기를 축복합니다.

3. 예수님이 당하신 고난은 내가 받아야 할 죗값을 지시고 대신 심판을 받으시는 길이셨습니다.

나의 죗값을 대신 예수님이 받으신 것입니다.

1) 세상의 누구든 생명을 대신할 수는 없습니다.

왜냐하면 모든 인간은 똑같은 죄인이기 때문입니다. 원죄와 자범죄 아래서 또 죄를 짓게 됩니다.

① 예수님은 죄가 없으십니다.

부정모혈父精母血이 아니라 성령으로 나신 분이시기 때문입니다. (히 4:15)"우리에게 있는 대제사장은 우리의 연약함을 동정하지 못하실 이가 아니요 모든 일에 우리와 똑같이 시험을 받으신 이로되 죄는 없으시니라" 하였습니다. 웨스트코트(Westcott)나 빈센트(Vincent) 같은 신학자는 "그는 격렬한 시험을 받으셨으나 그것은 밖에서 온 것이요 내적인 죄의 욕망에서 일어난 것이 아니기 때문에 죄를 결과하지는 않는다."고 했습니다.

② 예수님은 처참한 고난을 받으셨습니다.

사람들이 살아가면서 당하는 고난은 자기나 죄성에서 온 죄의 값이지만 예수님은 우리의 죄 때문에 그 처참한 고난을 받으셨습니다. 배신하는 가룟 유다의 모습에서 오는 고난을 비롯해서 "엘리 엘리 라마 사박다니" 하시며 당하시는 예수님의 고난은 인간의 처참한 모습이었습니다(마 27:46). 신학적으로는 우리와 맞지는 않지만 독일 신학자 홀츠만(Holtzmann)교수는《십자가에 달리신 하나님》이란 책에서 마가복음을 중심해서 "그 예수님은 외로우심, 혼자 계심 등의 더 없는 처참한 고난이셨다."고 강조했습니다.

2) 예수님의 고난을 생각하면서 우리의 삶의 모습을 뒤돌아봐야 합니다.

구원받은 성도가 되었기 때문입니다.

① 예수님의 고난이 나를 구원하셨는데 나는 주를 위해 어떻게 살아가고 있는지 생각해야 합니다.

찬송가 311장을 작사한 영국 출신 허버갈(F. R. Havergal)의 "내 너를 위하여 … 널 위해 몸을 주건만 너 무엇을 주느냐"를 힘차게 불러봅니다. 울며 죄송스럽게 불러봅니다.

② 예수님의 십자가는 실패가 아니라 승리입니다.

따라서 예수님의 뒤를 따르는 제자로 십자가를 지고 믿고 따르는 것은 실패가 아니요 승리요 축복인 줄 알고, 고난주간에 다시 한번 십자가를 확인하면서 승리의 신앙생활들이 되시기를 예수님의 이름으로 축원합니다.

결론 : 십자가는 승리요 우리의 구원입니다.

〈십자가, 예수 그리스도〉

예수 그리스도는 우리의 본이 되십니다
히 12:1-3

　세상의 모든 것에는 견본見本이 있어서 그 견본에 따라서 제품들이 생산되고 판매되는 것을 봅니다. 옷, 신발 등의 제품은 물론 자동차까지도 금형에 따라 찍혀 나오면 조립하는 공정에 따라 생산되는 것을 봅니다. 마치 붕어빵 틀 속에서 붕어빵이 찍혀 나오는 것과 같습니다. 그런데 사람은 하나님께서 창조하실 때 금형에 따라 창조하신 것이 아닙니다. 인간에게는 자유의지를 주셔서 스스로 판단하고 결단해서 살도록 하신 것입니다. 만약 붕어빵 찍어 내듯 창조하셨다면, 아담과 하와는 범죄하지 아니했을지도 모릅니다.

　조직신학의 대가 에이 에이 하지(A. A. Hadge) 박사는 "도덕적으로 책임적이 되기 위해서 사람은 반드시 자유적, 도덕적 행동자라야 한다."라고 하면서, 첫째로는 진실과 허를 구별하는 이성을 소유해야 하고, 둘째는 정직과 사악을 구별하는 도덕적 지각을 운영해야 하며, 셋째는 그의 의지는 실행적 도덕에서 반드시 자결적自決的이어야 한다."고 하였습니다.

　신앙생활에서 말씀에 대한 순종과 불순종 역시 자신의 의지로 나아가는 것이지 붕어빵 찍어 내듯 하는 것이 아니라는 사실입니다. 결승점에 도달해야 하는 마라톤 선수와 같이 본인의 자유의지에 따라서 하나님 말씀을 믿고 따르는 것이 신앙생활이라며, 토마스 아켐피스(Thomas à Kempis)의 《그리스도를 본받아》(The Imitation of Christ)에서 밝혀 주었습니다. 예수님을 본받아 사는 생활로 나아가기 위해서 본문 히브리서를 통해서 은혜를 받게 됩니다.

1. 우리가 본받아야 할 분은 우리의 믿음의 주가 되시는 예수 그리스도이십니다.

세상은 모두 죄인이기 때문에(롬 3:10, 23; 요일 1:8-9; 롬 6:23) 어느 누구도 본이 되거나 구세주가 될 수 없습니다.

1) 누구도 우리의 본이 될 수 없고 따를 사람이 없습니다.

① 인간의 타락성 때문입니다.

히브리서 11장에서 구약의 사람들은 예수 그리스도가 오신 것을 믿음을 통해서 보여주셨고, 이제 예수님이 오셔서 그 구원을 완성하신 것을 우리는 믿습니다. 인간은 모두가 죄인입니다. 레오나르도 다 빈치(Leonardo da Vinci)의 '최후의 만찬'에서 예수님의 모델과 가룟 유다의 모델이 같은 사람이라는 사실에서 우리는 많은 것을 생각하게 됩니다. 우리는 오직 예수님만 믿고 바라고 따라가야 합니다.

② 예수님은 우리의 믿음까지도 온전케 하시는 분이십니다.

우리의 믿음까지도 온전케 하시는 구세주이십니다(Bengel, Westcott). 따라서 우리의 믿음의 시작도 되시고(αρχέ), 끝도 되시는 분(τέλσο)이 예수 그리스도이십니다. 성화론에서 완전 성화는 예수님을 믿다가 부르심받아 천국에 갈 때 완전하게 하시어 천국으로 인도하심을 받는 것입니다. (히 4:14-)죄는 없으시지만, 육체로 계셨으며, (롬 8:34-)지금도 우리를 위해 기도하고 계십니다.

2) 믿음을 보여 주실뿐 아니라 믿을 수 있도록 완전한 길로 이끌어 주십니다.

우리는 부족하지만, 그분을 바라봅니다.

① 우리는 양과 같이 모두 부족한 존재이며 나약한 인간입니다.

양의 특징이 몇 가지 있는데, 시력이 약해서 멀리 볼 수 없고, 적이 오면 물리치고 싸울만한 자체적인 무기가 없다는 것입니다. 그래서 오직 자기를 보호해주는 목자에게만 의지해야 한다는 것입니다. 예수님은 우리의 참되시고 선하신 목자가 되십니다. (요 10:11)나는 선한 목자라고 하셨습니다(I am the good shepherd).

② 목자 되시는 예수님만 믿고 의지하고 바라보아야 합니다.

하나님을 기쁘시게 해 드리고 승리하며 살아가는 길은 예수님만 바라보며 살아가는 방법 외에는 없습니다. 역사적으로나 시대적으로 뛰어난 사람 잘난 사람들이 많이 있다 해도 오직 우리가 믿고 바라보는 분은 예수 그리스도뿐입니다(요 14:6; 행 4:12). 여기에서 인생의 영원한 성공과 실패가 갈리게 됩니다.

2. 예수 그리스도는 우리의 소망(hope)이시기 때문에 본받고 따라가야만 합니다.

세상을 살아가면서 어디에 시선을 맞추고 누구를 바라보면서 살아가는지는 예수님에게만이 그 해답이 있고 길이 있습니다.

1) 궁극적으로 예수님만 우리의 소망이 되시고 힘이 되십니다.

제각기 지금까지 살아온 인생 연륜들이 있겠지만, 누구에게 어디에 시선을 두고 살 수 있겠습니까?

① 어떤 사람에게도 궁극적으로 소망을 둘 수 없다는 것입니다.

왜냐하면 한계적인 인간이기 때문입니다. 그래서 시편에는 "오직 하나님만이 나의 돕는 자라"고 분명히 노래하였습니다(시 116:5-). 사도 바울 역시 하나님은 우리의 소망이시며(롬 15:13-), 평강의 하나님(롬 15:33)이시라고 하였습니다.

② 사람은 궁극적으로 의지할 대상이 될 수 없습니다.

(시 146:3-)"귀인들을 의지하지 말며 도울 힘이 없는 인생도 의지하지 말지니 그의 호흡이 끊어지면 흙으로 돌아가서 그날에 그의 생각이 소멸하리로다 야곱의 하나님을 자기의 도움으로 삼으며 여호와 자기 하나님에게 자기의 소망을 두는 자는 복이 있도다 여호와는 천지와 바다와 그 중의 만물을 지으시며 영원히 진실함을 지키시며 억눌린 사람들을 위해 정의로 심판하시며 주린 자들에게 먹을 것을 주시는 이시로다" 하였습니다.

2) 예수님은 유일하게 우리의 산 소망이 되십니다.

십자가까지 지시면서 우리의 산 소망이 되셨습니다.

① 십자가에서 우리의 소망이 되셨습니다.

예수님은 십자가에서 우리를 구원하시어 영원한 생명을 얻게 하시므로 산 소망이 되셨습니다. 따라서 끝까지 우리가 간직해야 하는 것은 예수님께 대한 소망을 잃지 않는 것입니다.

② 예수님은 십자가에서 우리를 구원하시는 하나님의 뜻을 이루셨습니다.

(눅 2:14)예수님이 탄생하셨을 때에 "하나님께는 영광이요 땅에서는 기뻐하신 사람들 중에 평화로다" 했는데, 예수님이 오시므로 잃어버린 하나님의 백성을 찾는 소망이 생겼기 때문입니다. 따라서 우리의 영원하신 소망은 예수 그리스도이십니다.

3. 우리 주 예수 그리스도는 우리에게 사랑의 본이 되셨습니다.

사랑에 대하여 예수님은 본이 되셨고, 따라오라고 하셨습니다. 성경에서 이 사랑을 제외시킨다면 우리는 여전히 소망 없이 죄 가운데 살다가 영원히 지옥형벌을 면치 못할 대상입니다.

1) 우리의 구원은 예수님의 사랑의 실천에서 시작되었습니다.

하나님 나라의 영광을 버리시고 낮고 낮은 몸으로 오셔서 십자가를 지신 사랑인데, 하나님의 사랑이요, 아가페 사랑입니다.

① 하나님의 사랑을 가지고 이 땅에 오셔서 사랑의 실천자가 되셨습니다.

(벧전 4:8-)사랑으로 죄를 덮어 주셨고, (요 3:16)하나님의 사랑으로 우리를 구원하시는 구원주가 되셨습니다. 그 하나님의 사랑으로 우리를 구원하신 예수님의 사랑입니다.

② 예수님은 그 사랑으로 대속적 죽으심을 당하신 제물이 되셨습니다(요 1:29).

(신 21:23; 갈 3:13)나무에 달린 자마다 저주받은 것인데, 예수님이 십자가에서 그렇게 예언대로 당하셨고 죽으셨습니다. 사랑으로 우리를 구원해 주시기 위해서였습니다. 사랑의 본本이 되십니다. 그리고 우리에게 사랑하라고 하셨습니다(요일 2:8). 이제 우리는 그 사랑을 본받아야 합니다.

2) 이제 우리는 그 사랑을 본받아서 사랑해야 합니다.

이것이 예수님을 믿고 따라가면서 본받는 성도의 생활이기 때문입니다.

① 서로 하나님을 사랑하는 것입니다.

수직적인 사랑입니다. (엡 6:24)변함 없이 사랑해야 합니다. 구원받았기 때문입니다. (요 21:15-)이제 주님을 사랑하면 교회를 사랑해야 합니다. 교회는 주님의 몸이기 때문입니다(엡 1:23).

② 형제를 사랑해야 합니다.

하나님 사랑이 수직이라면 형제 사랑은 수평인데, 수직과 수평이 만날 때에 십자가를 이룹니다. 주님의 교회도 십자가 사랑으로 채워지게 해야 합니다. 이제 우리 은평교회는 예수님을 본받고 따라가도록 힘써야 합니다. 지상교회가 완전한 교회는 없겠지만 예수님만 따라가는 교회로서 세워지게 되시기를 예수님의 이름으로 축복합니다.

결론 : 우리는 예수님을 본받아야 합니다.

〈십자가, 예수 그리스도〉

다메섹 길에서 만난 예수 그리스도

행 9:1-9

　세상에서 동물이든 식물이든 모든 생명체는 살아가면서 누구를 만나느냐에 따라서 그의 생이 달라지는 것을 보게 됩니다. 동식물들도 주인을 잘 만나면 기름진 환경 가운데서 살아가지만, 주인이 없거나 주인이 있다고 해도 나쁜 주인을 만나면 그 자체가 고통입니다. 사람이 살아가는 인생사 역시 다를 바 없이 대동소이大同小異합니다. 누구를 만나서 살아가느냐에 따라서 성공과 실패의 갈림길에 서게 됩니다. 예능이나 스포츠에 종사하는 사람은 말할 것도 없고 학문이나 기술 역시 누구를 만나느냐에 따라 커다란 차이가 있게 됩니다.

　2002년 한일 월드컵에서 히딩크라는 축구 감독 명장을 만나서 우리나라가 최초로 4강까지 올라간 것에서도 입증된 사실입니다. 한번 인생으로 태어나서 최고 최대로 만나야 할 분이 계십니다. 다름 아닌 예수 그리스도입니다. 이 세상에서 잠깐만 아니라 영원한 천국에 이르기까지 예수 그리스도는 우리의 구세주가 되십니다. 종교성은 있는데 그 종교성을 가지고 어떻게 누구를 만나서 살아가느냐 하는 문제입니다.

　요한 칼빈(John Calvin)은 "인간은 누구에게나 종교의 씨(seed of religion)가 있다."고 하였습니다. 그런데 문제는 그 종교의 씨 때문에 하나님 자리에 여러 가지 우상과 그릇된 것을 끌어들여서 인생사가 멸망으로 가는 사람들이 너무 많이 있다는 사실입니다(롬 1:19-23). 그러나 예수님은 우리의 구세주가 되시고 구원주가 되십니다(롬 4:25; 요일 5:11).

본문에서 박해자였던 사울이 위협과 살기가 등등하여 다메섹에 있는 주의 성도들을 일망타진하려고 가다가 예수님을 만나서 완전히 인생사가 바뀌게 됩니다. "사울아 사울아 네가 어찌하여 나를 박해하느냐"로 시작해서 사울을 만나주시므로 인생길뿐 아니라 영원한 세계까지 달라진 모습에서 은혜의 시간이 되시기를 바랍니다.

1. 예수님은 복음의 원수의 길로 가던 사울을 만나주셨습니다.

인생의 미운 짓 가운데 예수님을 부인하고 정반대의 길로 가던 사울의 행로였습니다.

1) 예수님은 그런 사울을 만나주셨고, 사울은 구세주를 만나게 된 것입니다.
구약 율법에 맹종하는 율법주의자였습니다.

① 율법이 말하는 궁극적인 진리는 예수 그리스도를 말하는 것인데, 그 뜻을 모른 체 율법의 형식만 남은 자요 진짜 진리를 모르고 예수님을 핍박하던 자리에 있었습니다.

사실 구약의 모든 제도, 제사법전, 사건, 기사 등은 오실 메시아이신 예수 그리스도에 관해서 예언적이었던 것입니다. 그런 사실을 모르고 예수님을 핍박하는 것은 가시채를 뒷발질하는 격이었습니다(행 22:4-5).

② 예수님을 만나기 전에 사울의 모습은 여전히 위협과 살기가 가득한 상태였습니다(Meanwhile, Saul was still breathing out murderous threats).

그러던 사울이 예수님 만나서 아나니아에게 안수기도 받을 때 눈에서 비늘 같은 것이 벗겨지는데, 그때 비로소 참된 눈을 가지게 되었습니다(행 9:18). 가시적으로만 하나님을 찾던 그가 진짜 영적으로 영계의 시야가 열리게 된 것입니다(Alfred, Bengel, Knowling).

택하신 주님의 그릇이 되었는데(행 9:15), 주님은 쓸모없고 무익한 사람들을 들어서 이렇게 변화되게 하십니다. (몬 7; 골 4:9)예수님을 만나면 이렇게 변화되게 됩니다.

2) 하나님은 찾아오시는 분이십니다.
범죄한 인간을 찾아오셔서 대화를 요구하십니다. (사 1:18)이사야를 통해서 유다 이스라엘 백성에게 대화를 촉구하였습니다.
 ① 범죄한 아담과 하와에게도 찾아오셨습니다.
 (창 3:7)벌거벗은 몸을 무화과나무 잎으로 치마를 두른 그들을 찾아오셔서 가죽옷을 입히셨는데 그 가죽옷은 예수 그리스도를 통한 의의 옷입니다(요 1:29; 롬 4:25). 이 예수님은 오늘도 만나주시려고 부르시고 계신데 빨리 대답하고 나와야 합니다.
 ② 예수님은 나다나엘을 만나 주셨는데 무화과나무 밑에 있었습니다(요 1:50).
 아담과 하와와 나다나엘은 무화과나무 밑에 있었듯이 우리 역시 범죄하여 하나님을 떠나 무화과나무 밑에 있는 존재들입니다. 사울을 부르시던 음성은 지금도 계속 돌아오라고 부르십니다. (고전 15:8)이런 놀라운 사실을 깨닫고 바울은 만삭되지 못한 나에게도 이렇게 만나주신 것은 하나님의 은혜라고 회고하며 전하였습니다. 그중에 예수님을 만나는 것은 은혜 중의 은혜입니다.

2. 부활하신 예수님을 만나면 확실하게 변화가 일어나게 됩니다.
 역사적으로 예수님을 만난 사람은 변화를 받아 새로운 인생의 역사를 써 내려가게 되었음을 보게 됩니다.
 1) 사울 시절의 바울은 살기가 등등하고 위협적인 요주의 인물이었습니다.
 그래서 교회 박해의 대명사로 일컬었습니다. 그러나 예수님을 만나고 바뀌게 되었습니다.
 ① 위협적이고 살기등등했던 사람이 온순한 양¥과 같이 되었습니다.
 양과 같은 예수님을 만났기 때문입니다(사 53:7). 그리고 날마다 예수님 때문에 죽는 생활로 가득했습니다. (고전 15:31)"나는 날마다 죽노라"(I die every day) 하였습니다. 날마다 자기 십자가를 지고 죽는, 양과 같은 온순한 사람으로 바뀌게 되었습니다. 이것이 예수님을 만난 성도의 생활입니다.
 ② 계속하여 자기와의 영적 싸움입니다.
 내 힘으로는 변할 수 없습니다. 육신을 입고 있는 동안 계속 치고 올라오는 쓴 뿌리가 있기 때문입니다. (잠 16:32)" 노하기를 더디 하는 자는 용사보다 낫고 자기의 마음을 다스리는 자는 성을 빼앗는 자보다 나으니라" 하였습니다. (민 20:10)모세의 므리바 반석에서의 일은 두고두고 큰 교훈이 되는데, 이 사건 때문

에 모세는 가나안에 들어가지 못하고 느보산에서 가나안 땅을 바라보기만 하고 요단강을 건너지 못하는 인물이 되었습니다.

2) 예수님을 만나서 변화 받은 사람이 써 내려가는 역사가 기독교 역사입니다.

기독교는 예수님을 만나서 변화 받은 사람들의 역사입니다.

① 변화 받은 이유는 예수님 때문입니다.

예수님이 아니면 변화될 수도, 변화 받을 수도 없습니다. 또한 여전히 죄 아래서 살다가 죗값으로 지옥 형벌의 대상들이 우리 모두의 인생길입니다. 그러다 예수님을 만나서 인생이 바뀐 사람들의 일대기들을 주변에서 많이 듣고 보게 됩니다. 그것은 바로 우리 자신입니다.

② 예수 믿습니까? 하면 '아멘'이라고 할 것입니다.

교회에 나와서 예수님을 만나는 것은 축복이요 은혜요 미래에 나타날 영광의 길입니다. 지금도 예수님은 우리를 위하여 기도하고 계십니다(롬 8:34). 은평교회 나오시는 모든 분에게 이 축복의 길에서 승리하시기를 축복합니다.

3. 예수님을 만난 사람은 일생을 사명적으로 살아야 합니다.

비단 특별한 사명을 받아서 주의 종이 되어서 평생 목회자요 선교사로 직책을 받아서 헌신하는 것도 사명자이지만 한 사람의 그리스도인으로 살아가는 그 자체도 사명입니다.

1) 예수님을 만나서 믿는 사람들은 모두 사명자들입니다.

사명자들은 반드시 해야 할 일들이 있습니다.

① 예수님을 만난 사람들은 끝까지 예수님을 믿고 따라가야 합니다.

예수 믿는 일은 믿었다 안 믿었다 하는 변덕스러운 일은 절대 하지 말아야 합니다. 중심에 예수님을 모시고 시종일관 끝까지 믿고 따라가야 합니다. (요 10:25-28)예수님의 손에서 빼앗을 수 없거니와 (신 32:8)하나님의 기업이요 하나님의 소유된 백성이기 때문입니다.

② 천국에 들어갈 때까지는 늘 잊지 말고 살아야 할 자기 존재적 가치를 알아야 합니다.

예수님 믿기 때문에 깨달아야 하고 어떻게 살아야 하는지의 '자기 존재적 가치'입니다. (엡 5:8)너희가 전에는 어두움이더니 이제는 주 안에서 빛이기 때문에 빛의 자녀와 같이 행하며 살아야 합니다. 착하고 의롭게 진실로 살아야 합니다.

  2) 사도 바울이 사도 된 것이 하나님의 뜻이었듯이 그의 백성이 사명으로 사는 것은 하나님의 뜻입니다.

처음에 사울이 바울 되었을 때는 다메섹의 성도들까지도 믿지 않았으나 후에는 인정하게 되었듯이, 우리 주변 사람들도 나를 통해서 변화된 모습을 볼 수 있어야 하겠습니다.

① 바울 자신도 사도 된 것은 기적적인 하나님의 뜻에 따라서 되었다고 고백하였습니다(고전 1:1, 고후 1:1; 엡 1:1; 골 1:1; 딤후 1:1).

하나님의 뜻에 따라서 사도로 바뀌게 되었듯이 예수님을 만난 사람들은 변화된 삶이 분명히 나타나는 사명적 길을 걸어야 합니다.

② 지금 이 시대에도 하나님은 만나주시기를 원하십니다.

왜 만나 주시려 하는지를 지금 알아야 합니다. 죄인을 구원하시어 죄 사함을 받고 천국을 주시기 위해서입니다. 축복받게 하시려 합니다. 영원한 천국의 상급을 주시기 위해서입니다. 천국의 상급을 쌓는 사람들에게 입니다. (사 55:6)가까이 계실 때에 불러야 합니다. (고후 6:1-3)기회를 주실 때에 은혜받고 구원받아야 합니다. 예수님 안에서 축복받는 이 일에 동참해서 승리하시기를 예수님의 이름으로 축원합니다.

결론 : 예수님은 반드시 만나야 합니다.

〈고난, 위로〉

성도에게 오는 고난의 이유를 알아야 합니다

렘 18:1-6

세상을 살아가는 모든 존재의 생명체들은 비단 인간뿐 아니라 각 개체에 따라서 크고 작은 차이는 있겠으나 모두에게 나름대로 고난이 있습니다. 그래서 자연 만물들까지도 탄식하면서 그 고통 중에 하나님의 아들이 나타나기를 고대하고 있습니다(롬 8:19-). 타락 이후에 모든 세상 만물이 그렇거니와 그 세상을 살아가는 사람들 가운데 지위고하를 떠나서 차이는 있지만, 고난과 수고가 따르게 됩니다. (마 11:28-)예수님께서 이와 같은 인간을 구원하시려고 오셨고 지금도 예수님께 나오라고 부르시고 계십니다.

세상은 나그네 길이요 본향이 아니기 때문에 고난이 있게 됩니다. 고난이 있는 것은 그 고난을 통하여 하나님을 찾게 하시고 영원한 본향을 쳐다보라고 하시는 뜻이 있는데, 그 천국은 예수님이 만드시고 준비하셨습니다(요 14:1-; 계 21:1-). 야곱은 바로에게 말하였습니다. (창 47:9)"내 나그네 길의 세월이 백삼십 년이니이다 … 험악한 세월을 보내었나이다" 하였습니다. "나그네 길"(my pilgrimage)이요, "험악한 세월"(few and difficult)이라고 하였는데, 왜 야곱뿐이겠습니까? 모든 인생의 살아가는 여정이 그리하다는 것을 깨닫게 됩니다.

그와 같은 나그네 길에서도 예수 그리스도 안에서 구원받은 백성들은 마치 토기장이가 귀하게 쓸 그릇을 만들 듯이 하나님께서 합당하게 쓰임 받는 사람으로 만드시고 사용하시는 것을 본문에서 보게 됩니다. 하나님께서 합당하게 쓰시기 위해서 만드시는 작업에서 고통이 따르게 되는데, 그 고통을 통해서 하나님의 뜻을 발견하고 고통이 언제나 축복과 영광의 장으로 만들어나가게 되는바 여기에서 은혜의 시간이 되시기를 바랍니다.

1. 토기장이는 흙으로 토기를 만듭니다.

금덩이로 토기를 만드는 것이 아니고 흔하고 흔한 진흙이 토기의 재료입니다. 경제적 가치로 본다면 그렇게 귀한 흙이 아니라는 것입니다.

1) 이 흙은 귀한 흙이 아닙니다.

산이든 들이든 어디서나 흔하게 있는 흙이 그 재료입니다. 다만 정제 과정이 있다는 것이 귀합니다.

① 하나님께서 사람을 만드시고 사용하실 때도 이와 같습니다.

흔한 흙이지만 가져다가 나름대로 소정의 과정을 거쳐서 그릇으로 만들어지게 됩니다. 하나님의 절대주권하에서 이루어지는 일들입니다. 사도 바울은 이런 사실을 밝히 전하였습니다. (롬 9:18-24)이 그릇은 우리라고 밝혔습니다.

② 하나님께서 창조하실 때에도 육체를 진흙으로 만드셨습니다.

육체를 만드실 때 단단한 강철로 만드신 것이 아닙니다. (창 2:7-)"여호와 하나님이 땅의 흙으로 사람을 지으시고 생기를 그 코에 불어 넣으시니 사람이 생령이 되니라"고 하였습니다. 그리고 (창 3:19-)결국 육체의 본향인 흙으로 다시 돌아가는 육체의 끝을 말씀해 주셨습니다. 우리 육체의 나약한 면을 여실히 나타내 보이신 말씀입니다(창 18:27; 시 103:14; 전 12:7; 고전 15:47).

2) 하나님께서 그중에 택하신 그릇들이 있습니다.

질그릇은 질그릇인데 그 속에 담긴 내용이 중요하듯이, 우리 안에 무엇을 담고 사느냐가 중요한 일입니다. 내용에 따라서 그 가치가 달라지게 됩니다.

① 이 질그릇에 귀한 것이 담겨 있습니다.

(고후 4:7)사도 바울은 이 질그릇에 보배를 가졌다고 하였습니다. (요일 5:12-)하나님의 아들이시요 생명의 주님이 우리 안에 계심을 분명히 하였습니다. 하나님의 아들 예수 그리스도의 생명이 우리 안에 있습니다. 그래서 질그릇이지만 보배요 귀한 그릇이라고 칭하게 됩니다.

② 장차 망할 세상과 함께 망할 존재들이 아니라 예수 그리스도 안에서 구원

받은 축복된 하나님의 자녀들입니다.

비록 바벨론에 끌려가는 고난의 세월이지만 그중에서 발견하고 깨달아야 하는 것이 하나님의 택하신 귀한 백성들이라는 사실입니다. 이 세대에도 예수 그리스도가 없다면 지옥 갈 사람들이요(마 25:41), 망할 사람들입니다. 그러나 이제 우리는 예수님 안에서 보배를 담고 있는 그릇이기 때문에 고난도 달게 이기며 나아가야 할 존귀한 백성들입니다(롬 8:18). 분명하게 깨달아야 하겠습니다.

2. 그릇을 만드는 과정에서 중요하게 깨닫게 됩니다.

그 과정이 중요하게 진리를 설명해 줍니다.

1) 진흙은 물로 씻어서 불순물을 제거하는 작업이 있습니다.

흙 속에는 온갖 불순물이 있는데 그것을 가지고 그릇을 만들 수는 없습니다. 물에 씻어서 마치 묵이나 두부를 만들 때처럼 순수한 것을 얻어야 합니다.

① 우리가 하나님께 합당하게 쓰이기 위해서는 깨끗하고 고운 흙이 되어야 합니다.

(엡 5:26)물로 씻어 말씀으로 깨끗하게 하시고 티나 주름 잡힌 것이 없게 정제되는 과정이 있습니다. 예수 그리스도 안에서 물과 성령으로 거듭나고 온전한 상태의 말씀으로 가는 과정을 말합니다. 여기에 회개가 있어야 하고 씻음이 필수과정입니다.

② 기독교 신앙이 중요한 것은 회개하고 죄를 씻는 일입니다.

회개하지도 아니하고 거절하게 되면 그대로 망하게 됩니다. (요일 1:8-9)예수님은 우리를 깨끗하게 하십니다. (요 15:3)예수님께 붙어 있으면 이미 깨끗하게 된 것입니다. 때때로 고난이 오는 것은 그 고난을 통해서 정결케 되는 길을 가게 하시는 것이 하나님의 뜻입니다. (시 119:71)고난을 통해서 주님의 율례를 배우게 됩니다. 이스라엘은 바벨론의 70년 고난에서 하나님의 뜻을 발견하게 되었기 때문에 그 고난이 결코 헛되지 않았습니다.

2) 천국을 건설하는 데 쓰이는 그릇들입니다.

세상 건설이 아니라 천국 건설입니다. 우리는 그 역군들이 되어야 합니다.

① 예수님이 말씀해 주셨습니다.

세상의 정치나 어떤 세력이 아닌 천국 건설의 역군들이 되도록 살아야 합니다. (요 18:36)빌라도가 예수님을 심문하게 되는데, 내 나라는 이 땅에 있지 않다고 하셨습니다(Jesus said, My kingdom is not of this world). 그리고 마치 털 깎는 자 앞에서 잠잠한 양¥같이 고난을 모두 이기셨습니다(사 53:7). 그릇으로 준비하는 것은 세상 것을 위한 것이 아니라 영원한 천국을 위한 그릇들로 준비하는 것입니다.

② 우리의 시민권은 하늘에 있기 때문입니다.

그렇기 때문에 더욱 경건하게 죄 씻음을 받고 거룩한 백성들이 되어야 합니다. (빌 3:18-20)세상 백성과 천국 시민권자는 분명하게 다른 생활인 것을 밝혀 줍니다.

3. 그릇으로 만드는 과정을 겪으면서 좋은 그릇으로 나와야 합니다.

아름답게 만들어져야 하고 완성되어져야 합니다. 그런데 이것은 철저하게 하나님의 주권에 있음을 밝혀줍니다. (7절)"이스라엘 족속아 진흙이 토기장이의 손에 있음 같이 너희가 내 손에 있느니라"(Like clay in the hand of the potter, so are you in my hand, O house of Israel.) 하였습니다.

1) 지금 본문은 유다 백성들에게 "깨어지라"라고 하시는 말씀입니다. 개인이든 가정이든 국가이든 간에 그 모든 주권이 하나님께 있다는 사실을 분명히 해줍니다.

① 단단한 진흙을 부수고 깨어지게 해서 분말 가루로 만들고 변하게 될 때 그릇으로 빚어지게 됩니다. 그러하듯이 죄악되고 그릇된 모든 것이 깨어지고 분말이 되듯이 하나님 앞에 모든 죄악이 깨어지고, 교만이 깨어지고, 불순종이 깨어져서 그릇이 되는 재료가 되듯 해야 합니다. 이스라엘은 지금 그 과정을 겪는 것이 바벨론 70년 포로 고난의 여정이었습니다.

② 믿음으로 구원받은 사람들은 깨어져야 합니다.

예수 믿으면서도 옛날 것 그대로 가지고는 좋은 그릇이 절대 될 수 없습니다. 탐욕과 죄악의 아집과 죄들이 깨어져서 순종하는 말씀의 사람으로 변화될 때에 토기장이신 하나님께서 좋은 그릇으로 만들어 가시게 될 것입니다.

2) 그릇을 만드는 중요한 목적과 이유를 알아야 합니다.

그 목적을 위해서 과정이 있습니다. 그리고 그 과정 속에는 고난도 따라온다는 사실입니다.

① 주인이 쓰시기에 합당한 그릇이 되게 해야 합니다.

주인이 보시기에 합당한 종합적 제품이 나올 것입니다. (딤후 2:20)각양 각색의 그릇들로 나오게 됩니다. (롬 12:6-8)각양 각색의 은사를 통해서 역사하게 하실 것입니다.

② 제일 중요한 과정이 있습니다.

불가마 속에서 구워져 나와야 합니다. 그릇이 그릇 되기 위해서는 불가마 속에서 나와야 하듯이 교회의 일꾼은 성령 받고 성령 체험한 그릇이 되어야 합니다. 베드로 역시 성령불 받기 전과 후가 달라졌습니다(마 26:32, 75; 행 4:19-). 이론이 아니라 실제입니다. 모든 성도가 이 세대에 이 모든 과정을 겪고 하나님 앞에 귀하게 쓰임 받는 그릇들이 다 되시기를 예수님 이름으로 축원합니다.

결론 : 그릇 만드는 과정이 고난입니다.

〈고난, 위로〉

성도에게 주시는 참된 위로

고후 1:3-11

지금과 같이 모두 다 어려운 시대에 누구든지 찾아가서 목마를 때 물 한 모금과 같은 위로가 누구에게나 필요한 때입니다. 가정에서 봐도 아버지들은 아버지들 나름대로 말 못 할 사정이 쌓여 있고, 어머니들은 어머니로서 답답한 일들이 많음을 봅니다. 또 성장하는 자녀들은 그 입장에서 외로움이 있게 되고, 직장인들은 직장에서 볼 때 스트레스(stress)가 쌓여서 살아가는 세상이 되었습니다. 동물들도 스트레스가 쌓이면 건강에 문제가 생기는데 심지어 스트레스 때문에 죽기도 하는 사례들을 쉽게 보게 됩니다. 이 스트레스와 마음에 상처들을 치료하는 것은 영적인 신앙밖에 없습니다. (잠 14:10)"마음의 고통은 자기가 알고 마음의 즐거움도 타인이 참여하지 못하느니라"(Each heart knows its own bitterness, and no one else can share its joy.) 했습니다.

욥기에서 보면, 욥의 곤경을 보면서도 욥에게 문제만 제기해서 더욱 어렵게 하였지(욥 2:13, 8:11), 진정으로 욥에게 위로자는 없을 때 욥은 (욥 23:10)"그가 나를 단련하신 후에는 내가 순금같이 되어 나오리라"고 하나님만 바라보았습니다. 2020년도에 와서 생각지도 않았던 코로나19 바이러스(Corona 19 Virus)로 인하여 세상 모두 면역에 문제가 생겼고, 교회도 어렵게 된 시대가 되었습니다. 주님이 오시는 징조 중의 하나로 보면서 어렵게 된 시대이지만 더욱 하나님의 위로가 필요한 때입니다.

본문에서 사도 바울은 고린도 교회에게 주신 말씀에서 내가 고통 중에 있는 것은 똑같이 어려운 중에 있는 성도들에게 위로자가 되기 위해서라고 하였는데, 우리는 이 세대에 하나님의 위로를 가지고 세상에 나가야 하는 시대에 살고 있는바 여기에서 은혜를 받게 됩니다.

1. 위로해 주신다는 것은 곁에서 말하여 준다는 뜻입니다.

미국에 가면 유학생들이 아르바이트하는데, 대궐과 같은 집에 외롭게 사는 노인들에게 이야기를 들어주는 아르바이트도 있다고 합니다. 노인들은 누군가 와서 이야기를 들어줌으로써 마음이 풀리게 된다는 것입니다.

1) 어렵고 힘든 이야기를 들어주는 것도 위로가 됩니다.

곁에서 누군가가 이야기를 들어줌으로써 말하게 되고 말함으로써 묶였던 마음의 응어리가 풀리게 되고 그러면서 치유가 되는 위로의 역사입니다.

① 곁에서 들어줌으로써 치료가 되는 현장을 보게 됩니다.

(눅 2:9-10)밤에 외롭게 양 떼 곁에 있던 목자들에게 천사들이 나타나서 "무서워하지 말라"라는 말은 그들에게 큰 위로의 말이 되었습니다. (행 18:9)바울이 고린도 교회를 개척할 때에도 주님은 위로와 격려의 말씀을 주셨으므로 바울이 힘을 얻어 전도하였고 고린도 교회가 되었습니다. (왕상 19:5)로뎀나무 아래 있던 엘리야에게도 이 위로의 말씀으로 새 힘을 얻게 하였습니다. 그리고 40주 40야를 달려가면서 힘을 내었습니다.

② 오늘날 우리 곁에 진정으로 위로의 길이 있는지 보아야 합니다.

사람에게서 위로받지 못하기 때문에 사람들은 심리적으로 애완동물을 가까이하면서 애완동물이 각광을 받는 시대가 되었습니다. (눅 24:4)슬픔에 싸여 있던 여자들에게 부활의 소식을 전하던 천사들의 소리가 필요할 때입니다. (행 12:7)옥중에 있던 베드로에게도 천사를 통해 역사하였습니다. (행 27:23)276명이 탄 배가 풍랑을 만나서 어려울 때도 하나님은 바울을 통해서 역사하셨습니다.

2) 위로자 되시는 예수님은 언제나 내 곁에 계심을 믿어야 합니다.

성경 속에만 있는 예수님의 위로가 아니라 현실 속에서 역사해 주십니다. 예수님의 약속을 믿어야 합니다.

① 언제나 내 곁에서 함께 하시는 분이십니다.

(마 28:20)"볼지어다 내가 세상 끝날까지 너희와 항상 함께 있으리라" 하셨습니다. (시 121:8)지금부터 영원까지 함께 하십니다. 사도 바울은 (딤후 4:17)주께서 내 곁에서 나를 강건케 하신다고 간증했습니다. 그 주님은 우리 곁에서 위로자가 되십니다.

② 그 위로는 힘이 있고 강력한 위로가 됩니다.

'위로'라는 말은 영어로 '컴포토'(comfort)인데, 라틴어 단어 '포르티스'(fortis)에서 온 말로 강하다는 뜻이 있습니다. 예수 그리스도 안에서 주시는 강한 위로하심입니다. (계 7:16)모든 눈물을 씻겨 주시는 영원하신 하나님의 은혜 아래서 주시는 힘 있는 위로로 성령의 강림 역사입니다. 이 은혜가 있기를 축복합니다.

2. 위로해 주신다는 말은 치료해 주신다는 뜻이 있습니다.

세상을 살아가면서 여러 가지 일들 때문에 상하고 찢겨진 마음을 위로해 주시는데 치유해 주시는 은혜입니다. 육신도 치유하시지만, 마음까지도 치유해 주십니다.

1) 치료라는 말은 대단한 위로의 뜻입니다.

히브리어로 '라파'라고 하는데 성경에서 봅니다.

① 하나님은 치료하시는 하나님이십니다.

(출 15:26)하나님은 너희를 치료하시는 여호와라고 하셨습니다. 육신의 질병뿐 아니라 마음의 상처도 치유하십니다. (마 11:28)"수고하고 무거운 짐 진 자들아 다 내게로 오라 내가 너희를 쉬게 하리라" 하셨습니다. (말 4:2)"내 이름을 경외하는 너희에게는 공의로운 해가 떠올라서 치료하는 광선을 비추리니 너희가 나가서 외양간에서 나온 송아지 같이 뛰리라" 하셨습니다. 반대로 (욥 13:4)세상에는 거짓 위로자도 많습니다.

② 영혼 깊이까지 병들어도 무엇을 가지고도 치료할 수 없는 상태의 사람들의 모습을 봅니다.

(시 41:4)"내가 말하기를 여호와여 내게 은혜를 베푸소서 내가 주께 범죄 하였사오니 나를 고치소서 하였나이다" 했습니다. (마 9:12)"건강한 자에게는 의사가 쓸데없고 병든 자에게라야 쓸 데가 있느니라" 하였습니다. 우리는 모두가 병든 영혼들입니다. (사 30:26)"여호와께서 자기 백성의 상처를 싸매시며 그들의 맞

은 자리를 고치시는 날에는 달빛은 햇빛 같겠고 햇빛은 일곱 배가 되어 일곱 날의 빛과 같으리라" 하였습니다. 말씀과 성령의 역사하심으로 치유의 체험이 있는 성도들의 간증도 그러합니다.

2) 바울은 지금 예수 그리스도 안에서 진정한 위로를 전하게 되는 것입니다.

십자가와 부활의 복음을 말하지 아니하면 이런 환난도 없었겠지만 예수 믿고 복음을 전하는 일로 인해서 오는 환난을 겪고 있는 바울과 같은 시대의 교회 성도들이 있습니다.

① 바울 자신에게도 예수 그리스도로 말미암아 위로가 넘쳤습니다.

한 인간에 불과했던 바울 역시 넘치는 고백이 있었고 (고후 11:23-)넘치는 주님의 위로가 지금 간증으로 나오고 있습니다.

② 당시의 예수 믿는 그리스도인들은 모두가 핍박받는 시대였습니다.

따라서 바울뿐 아니라 모든 성도에게 위협이 가해지는 때였습니다. 지금 역시 모든 교회와 성도들에게 이 위로가 필요한바 성령의 역사로 말미암은 위로하심이 늘 함께하기를 축복합니다.

3. 위로하는 분이신 성령님의 역사하심에서 체험하게 됩니다.

(롬 8:15-16)성령님은 영이신바 하나님을 아버지라 부르게 하시고 우리 영으로 더불어서 우리가 하나님의 자녀인 것을 증거하시고 위로해 주시는 분이십니다.

1) 고통 중에 부르짖어 기도하게 하시는데 그 기도는 탄원, 탄식적인 뜻이 있습니다. (렘 33:1-2)탄식적인 부르짖는 기도입니다.

① 이 기도는 탄원적인 기도입니다.

(막 5:22)회당장 야이로가 예수님께 와서 자기 딸이 죽게 된 일로 인해서 "꿇어 엎드려 간구"했는데, '꿇어 엎드렸다'는 이 말의 헬라어는 '파라칼론'으로 위로한다는 뜻입니다. 또한 성령을 "보혜사-파라클레토스"라고 하는데 영어 성경에는 탄원(beseeching)이란 뜻으로 번역되었습니다. (고후 12:8)바울도 사탄의 가시로 인해서 3번씩이나 기도했는데 이때 사용된 용어입니다.

② 성령은 기도하는 사람에게 위로해 주십니다.

성령님의 위로가 진정한 위로가 되십니다. 설교가 스펄전 목사님은 "기도는 중생한 마음 위에 쓴 성령의 지필(auto graph)이라"고 하였습니다. 기도할 때에 성령님은 오셔서 위로의 역사가 풍성하게 하십니다. (눅 17:16)그래서 사마리아 사람과 같이 나와서 낫게 되었고 감사하게 되는 신앙이 됩니다. 사례(감사)는 헬라어로 '유카리토스'인데 위로받는 곳에 감사가 따르게 됩니다. 이 세대에 이런 체험을 하시기 바랍니다.

2) 위로받는 곳에는 성령님께서 역사하십니다.

성령 받은 사람에게 주시는 은혜입니다.

① 성령님께서 위로해 주시므로 내가 타인을 위로해 줄 수 있게 됩니다.

(고후 13:13)고린도 교회를 향한 마지막 축도에도 잘 나타나 보여주셨는데 성령님은 위로의 영이십니다. 성령님과의 교통이 그래서 중요합니다.

② 성령을 떠나서는 살 수 없기 때문에 성령을 보내주셨습니다.

(요 14:16)보혜사 성령을 약속하셨습니다. (행 1:4)그분이 오실 때까지 기다리라고 하셨습니다. (행 2:12)오순절 날에 그분이 오셨습니다. 성령의 역사하심은 우리의 구원을 계속 이끌어 가십니다. (요 3:16)이는 하나님의 사랑입니다. 이 세대에 모든 성도에게 이 은혜와 위로가 언제나 충만하시기를 예수님의 이름으로 축원합니다.

결론 : 성령님의 참된 위로가 필요한 때입니다.

〈비유, 경우〉

겨자씨 비유로 보는 신앙

마 17:14-21

　세상에 존재하는 모든 '종'種이 후대로 전파되는 것은 씨(seed)가 있기 때문입니다. 본체는 죽을지라도 씨가 남아서 그 종에 대한 번식을 계속해서 이어가게 하시는 것이 하나님의 창조의 법칙입니다. 겨자씨(a mustard)는 씨 중에 아주 작은 씨인데, 눈이 나쁜 사람은 잘 볼 수 없을 정도로 작지만, 그 속에 생명이 있기 때문에 땅에 떨어져 싹이 나고 자라서 새들이 깃들이는 나무가 됩니다. 예수님께 대한 복음(마 13:32), 우리의 영적 믿음에 대한 비유로써 겨자씨가 등장했습니다. 예수님도 태어나실 때부터 화려하고 거창한 곳에서 태어나신 것이 아니라 유대 작은 마을에서 태어나셨습니다(you are small among the clans of Judah). 이런 종류의 형태의 말씀은 곳곳에서 찾게 됩니다. (창 25:23)"큰 자가 어린 자를 섬기리라"든지, (창 37-50장)창세기에 나타난 11번째 야곱의 아들 요셉 사건에서도 볼 수 있습니다. (대상 5:1-)야곱의 11번째 아들인 요셉에게 이스라엘의 장자권이 주어지게 되었습니다. (욥 8:7-)"네 시작은 미약하였으나 네 나중은 심히 창대하리라"는 말씀에서도 보게 됩니다.

　본문에서 식물의 씨로 겨자씨를 비유하였고, '후손'(자손)을 씨라고 하였습니다(창 7:3, 15:3; 롬 4:13-16). 또한 말씀(눅 8:11; 벧전 1:23)을 씨라고 비유하였습니다.

　본문에 나타난 겨자씨의 비유에서 주시는 의미를 깨닫고 은혜의 시간이 되시기를 바랍니다.

1. 겨자씨는 작은 것이지만 그 속에 생명이 있다는 것입니다.

예수님께서 우리의 믿음을 그 많은 씨들 가운데 큰 씨앗이 아니라 세균처럼 아주 작은 겨자씨로 비유하신 이유가 분명히 있습니다.

1) 겨자씨는 작지만 죽은 것이 아니라 그 속에 생명이 있습니다.

이처럼 우리의 믿음은 비록 작을지라도 예수님의 생명이 우리 안에 있는데, 이것이 생명의 신앙 운동信仰運動이요 겨자씨 비유입니다.

① 예수 믿는 믿음은 영적인 생명 운동입니다.

신학자 플루머(Plumer)는 "한 모래알만큼 작은 겨자씨지만 큰 나무가 된다는 비유(마 13:31-32)처럼 그 속에 생명이 있듯이 믿음 역시 우리 안에서 정지되는 법이 없다."고 해석하였습니다. 따라서 우리는 작지만 생명이 있는 이 믿음 위에 서야 합니다. 그런데 문제는 말세 때에는 믿음을 찾기가 힘들다는 것입니다(눅 18:8). 신학자 길무어(Gilmour)는 "구주를 구주로 믿는 정통적 믿음이 약해지는 시대라"고 하였고, 빈센트(Vincent)는 "끝까지 기도하며 나가는 실천적 믿음이 약해지는 때"라고 하였습니다. 믿음이 중요한 이유입니다(요 1:12; 엡 2:8; 히 11:6; 마 9:29).

② 씨가 땅에 떨어져 발아되듯이 우리의 믿음이 말씀 속에서 싹이 나서 성장해야 합니다.

말씀은 마음 밭에서 싹이 나고 성장 과정을 거쳐야 합니다. (눅 24:25-)미련하고 선지자들이 말한 모든 것을 마음에 더디 믿는 자들이 되면 곤란합니다. (눅 24:30)말씀을 들을 때에 마음이 뜨거워져야 합니다. 그리고 눈이 밝아져서 예수님인 줄 알아보게 되었습니다. 믿음은 영적인 눈이 밝아지는 것입니다.

2) 발아가 된 믿음의 씨앗이 커가도록 관리하며 힘써야 합니다.

싹이 났다고 해도 비와 바람을 비롯한 외부 환난에 꺾이고 쓰러지기 쉽습니다. 우리의 믿음 역시 때때로 새싹과 같습니다.

① 잘 관리하고 보호하며 키워야 합니다.

모든 새싹은 보호가 필요합니다. 해충에서 보호하고 비바람에서 보호하듯이 보호가 필요한데, 예수님은 우리의 보호자가 되셔서 굳건히 붙잡아 주십니다. (요 10:28)"내가 그들에게 영생을 주노니 영원히 멸망하지 아니할 것이요 또 그들을 내 손에서 빼앗을 자가 없느니라" 하였으니 그 주님께 의탁하며 굳게 서 나가야 합니다.

② 믿음의 씨앗이 끝까지 성장케 하는 자양분은 하나님 말씀입니다.

믿음을 병들게 하는 해충들도 많이 있는데 조심해야 합니다. 신앙 생활하다 보면 허무주의, 회의론주의, 신앙에 대하여 반항하는 반항주의 등이 많습니다. 홍해 앞에서(출 14:11), 고라 자손들의 행태(민 16:11-), 부정적인 정탐꾼들인 10명의 무리(민 14:1-), 지도자를 부정하는 무리(출 16:8; 삼상 8:7) 들도 있는데, 절대로 가나안의 축복을 받을 수 없는 결실하지 못하는 무리이기 때문에 개인마다 믿음 단속을 바르게 하는 것이 상책입니다.

2. 신앙성장에는 영적 운동이 따라야 합니다.

어린아이가 성장하기 위해서는 호흡이 원활해야 하고, 모유도 잘 먹고, 손발이 정상적으로 움직여질 때 건강한 아이로 성장하게 됩니다. 일컬어서 성장成長의 원리原理입니다. 성장의 3원칙만 지켜도 믿음은 성장하고 장성해집니다.

1) 영적 운동이 있어야 합니다.

육신도 그리하듯이 영적 모습도 같은 원리입니다.

① 움직이지 아니하면 몸에 이상이 있는 것입니다.

신앙생활에도 영적靈的 운동이 따라야 합니다. 겨자씨는 작은 것이지만 그 속에 생명이 있기 때문에 싹이 트고 꿈틀거리는 역사를 하듯이, 신앙 역시 움직이는 운동이 필수요건입니다. (막 4:32)"심긴 후에는 자라서 모든 풀보다 커지며 큰 가지를 내나니 공중의 새들이 그 그늘에 깃들일 만큼 되느니라" 하였습니다.

② 성장운동은 생명 운동입니다.

말씀을 듣고 기도운동, 봉사운동, 전도운동, 선교운동, 교회 안에서 각종 헌신 활동이 많은데 그 속에서 신앙이 성장합니다. 교회 출석만 하고 일하지 아니하면 성장이 더디고 어렵게 되는데, 이는 신앙은 나 홀로 신앙이 될 수 없기 때문입니다. (롬 12:11)"부지런하여 게으르지 말고 열심을 품고 주를 섬기라" 했습니다. 따라서 우리의 신앙 역시 겨자씨만큼만 있으면 성장하기를 힘써야 합니다.

2) 우리의 신앙이 성장하는 목표치는 예수 그리스도의 분량에까지 가야 합니다.

사도 바울은 에베소교회에 교회론적인 측면에서 전하였습니다.

① 예수 그리스도의 분량에까지 성장하라고 하였습니다.

사람 중에도 훌륭한 사람들이 많이 있겠지만 우리 믿음의 목표는 예수 그리스도입니다. (엡 4:13-)신앙성장의 방법을 비롯해서 목표치가 예수 그리스도이심을 분명히 보여주셨습니다. 신앙의 목표와 기준점을 반드시 설정해야 합니다.

② 예수 그리스도 그 분은 나약한 겨자씨처럼 출발하셨습니다.

그러나 온 세상에 가득하신 구세주이십니다. 이것이 기독교 복음의 출발이요 전도하며 선교해야 하는 목표입니다. (사 53:1)연한 순 같았습니다. (마 2:1-)유대 베들레헴 말구유에서 태어나셨습니다. (갈 3:9)약속하신 씨(자손)인데 나약한 존재로 출발하셨습니다. (단 2:45)뜨인 돌입니다. 그러나 온 세상을 구원하셨고 세상에 가득하게 역사하셨습니다. 이는 우리가 성장해야 하는 믿음의 세계를 말하는 것입니다.

3. 씨가 흙 속에서 썩어지고 희생할 때에 싹이 나게 됩니다.

땅에 떨어진 씨는 큰 씨이든 작은 씨든 간에 일단 썩어야 합니다. (요 12:24)"내가 진실로 진실로 너희에게 이르노니 한 알의 밀이 땅에 떨어져 죽지 아니하면 한 알 그대로 있고 죽으면 많은 열매를 맺느니라" 하였습니다.

1) 예수님 자신이 생명의 씨가 되셔서 세상에 오시고 죽으셨습니다.

예수님은 겨자씨 모양으로 작은 모습으로 오셨고 십자가에 죽으셨습니다.

① 예수님이 십자가에서 대속적 죽으심은 희생이셨습니다.

죽으셨고 무덤까지 내려가셨습니다. 그가 죽으시고 무덤에 내려갈 때는 사람들이 관심을 두지 아니했습니다. 십자가로 매도했을 것이고 잊으려 하였고 무시했습니다. (사 53:3)"우리도 그를 귀히 여기지 아니하였도다" 했습니다. 그러나 그분은 다시 부활하시어 온 세상을 구원하시는 구세주가 되셨습니다.

② 희생하는 곳에 축복이 약속되었습니다.

그리스도의 피로 죄 씻음 받았고 온 세상이 구원받는 축복의 근원이 되셨고, 뿌리가 되셨습니다. 성도들이 복음을 믿고 따르며 희생하는 믿음에는 하나님의 크신 역사 속에서 교회 부흥과 함께 영혼들이 구원받는 역사들이 반드시 따르게 되는 원리입니다.

2) 큰 나무가 열매 맺는 것은 그냥 되는 것이 아닙니다.

거기에 따르는 희생과 노력과 땀이 있어야 합니다. 발명왕으로 불리는 에디슨(Thomas Alva Edison)은 초등학교 3개월밖에 배운 것이 없지만 전기, 음향 등 수많은 것을 발명하게 되는데, 어머니의 홈 스쿨(Home school)을 통하여 어머니의 피나는 노력과 가르침이 있었다고 했습니다. 그는 정신적인 것은 5%이고 땀과 노력(perspiration)이 95%라고 했는데, 이것을 보면 그가 얼마만큼 노력했는지를 알 수 있습니다. 신앙생활 역시 자기 성장을 위한 노력이 필수입니다.

① 어차피 우리는 작은 겨자씨와 같은 미약한 존재들입니다.

하나님의 은혜 속에서 사는 것이지만 예수 그리스도 안에서 열매 맺고 살기 위해서 힘써야 합니다. (히 11:6)하나님이 기뻐하시는 믿음입니다. (마 15:28)수로보니게 여인과 같은 포기하지 않는 믿음입니다. 결국 예수님께 "네 믿음이 크도다"라는 칭찬을 받고 치료되었습니다.

② 하나님의 은혜로만 가능한 영적인 일입니다.

씨 하나가 싹이 나서 장성할 때까지는 사람의 수고가 4/100 정도요 천연적인 힘이 96/100이라는 말도 있는데, 신앙 역시 전적인 하나님의 은혜로만 가능한 일입니다. 다만 작은 존재이지만 하나님의 은혜를 간구하면서 힘쓰는 가운데 성장하게 되는 줄 믿고 복되고 귀한 영적 승리자들이 모두 되시기를 예수님의 이름으로 축원합니다.

결론 : 작은 씨 속에 생명이 있습니다.

⟨비유, 경우⟩

소금과 빛

마 5:13-16

    성경에는 하나님의 백성들을 향하여 여러 가지 비유로 말씀하신 내용이 많습니다. 그 비유의 소재들은 사람이 살아가면서 요긴하게 쓰이는 필요한 것들이 주제가 되어 있습니다. 사도 요한은 예수님을 상징적으로 '생명', '생명의 떡', '생수', '빛' 등 여러 비유로 사도 요한의 신학이 그 사상에 흐르고 있음을 보게 됩니다. 또한 그리스도인이 어떻게 생활해야 하는지의 비유도 성경에는 많습니다. 생명 되시는 예수 그리스도, 목자 되시는 예수 그리스도를 믿는 성도라면 그 양 떼인 주의 백성들은 풍요로워집니다(요 10:10). 길이 되시는 예수님(요 14:6)은 인생의 길을 바르게 가게 해주시는데, 그분을 통해 인생의 길이 확연하게 바뀌게 됩니다(눅 19:1; 몬 1:11; 골 4:9). 무익한 사람이 사랑받고 신실한 사람으로 바뀌어 살게 됩니다(골 4:9).

    17세기 영국은 산업혁명으로 인하여 사회적으로 문제가 많이 일어나게 되는데, 요한 웨슬리(John Wesley)를 중심으로 경건 운동과 함께 그릇되어 가는 풍조에 영적 운동을 벌이게 된 것은 그야말로 복음의 역사였습니다. 하나님의 자녀들은 세상에 대하여 어디에 있든지 빛과 소금의 역할 하는 것이 중요한 사명입니다. 믿는 성도는 어디에 있든지 사회적 역할과 책임(social Responsibility)이 분명하다는 것입니다.

    본문은 예수님의 산상보훈의 중심이라 할 것인데, 이른바 팔복의 말씀 끝에 주신 빛과 소금의 사명인바 여기에서 은혜의 시간이 되시기 바랍니다.

1. 천국에 소망을 둔 그리스도인들은 소금으로 살아가야 합니다.

소금이 되라는 것이 아니라 '소금이다.'라고 하셨습니다. 팔복에 이어주는 말씀이기 때문에 신학자 플루머(Plumer)는 "축복도 크지만 책임도 크다."고 하였습니다. 또 신학자 벵겔(Bengel)은 "소금과 빛보다 더 유용한 것은 없다."고 하였습니다. 그리스도인은 유용한 존재입니다.

1) 소금은 녹아야 하듯이 그리스도인은 어디에 있든지 소금으로 살아야 하는데, 녹는 희생이 따라야 합니다.

음식 재료에 투입되어서 녹는 희생이 뒤따를 때 소금의 기능을 하게 됩니다.

① "세상의 소금"이라 하셨는데, 직역하면 '땅의 소금'입니다.

좀 더 자세히 말하면 세상이라 할 것입니다. 유대인들은 제물에도 반드시 소금을 사용하였습니다(레 2:13). 소금 언약이라 하였습니다(민 18:19). 해독제로 사용했습니다(왕하 2:21). 갓난아이에게 먹여서 소독제로도 사용했습니다(겔 16:4).

② 세상의 소금은 해야 할 역할이 있고 특색이 분명하게 있습니다.

소금은 방부제요 의료재료로서 치료의 역할이 있고, 청결제요, 모든 음식에 맛을 내게 합니다. 내륙국가인 폴란드(Poland)에는 큰 산 전체가 소금 광산이어서 소금 때문에 나라에 문제가 되는 일이 없었음을 볼 수 있습니다.

2) 예수님은 그 귀한 소금을, 믿는 성도로 비유하셨습니다.

"너희는 세상에 소금이니"(You are the salt of the earth) 하셨습니다. 소금이 되는 것이 아니라 이미 소금이라는 것입니다.

① 소금의 역할 중에 중요한 일은 소금의 기능입니다.

부패 방지를 비롯해서 전자에 말한 기능들이 분명해야 합니다. 그래서 믿는 성도들이 있는 사회에서는 맛이 나고 부패성이 없어지게 하는 역할이 있어야 합니다.

② 소금은 역할과 기능을 하게 될 때에 좋은 것입니다.

그러나 "소금이 만일 그 맛을 잃으면"(But if the salt loses its saltiness) 밖에 버려져 사람들이 밟고 다니게 됩니다. 따라서 믿는 성도는 이제 어디에 있든지 간에 밟힘을 당하는 존재가 아니라 존경받는 존재가 되어야 합니다. 소금을 생활 중에 귀하게 보듯이 사람들의 보이지 않는 인식 속에서 귀하게 여기는 성도의 존재가 되도록 힘써야 합니다. 이것이 성도입니다.

2. 천국에 소망을 두고 살아가는 그리스도인은 빛으로 살아야 합니다.

사람들이 살아가면서 반드시 있어야 하는 존재가 빛입니다. 소금이 인체에 중요하다면 빛은 생활 속에 가장 중요한 요소입니다. 살아가는 과정에 중요한 역할이 빛입니다. 옛날에는 등잔불이 있었습니다.

1) "너희는 세상에 빛이라" 하셨습니다.

빛이 되라는 것이 아니고 이미 빛이 된 것입니다. 빛은 크든 작든 빛인데, 반딧불도 밝은 빛이기에 어두운 여름밤에 반짝이며 날아다니며 밤을 수놓습니다.

① 세상에 사는 동안에 그리스도인은 세상에 대하여 절대적으로 빛이 됩니다.

세상은 죄악으로 어두운 곳이기 때문입니다. 예수 믿는 믿음 안에서 발광發光하게 됩니다. 토룩(Tholuck)은 말하기를 "소금은 가만히 있어도 자기에게 오는 물건에 대하여 역할 하지만, 빛은 스스로 빨리 그리고 끝없이 가서 비춘다." 하였습니다. (롬 13:12)"빛의 갑옷을 입자" 하였습니다.

② 그리스도인은 스스로 빛이 될 수 없지만, 그리스도의 빛을 받아서 비추게 됩니다.

마치 태양의 빛을 받은 달과 같은 것이라고 비유할 수 있습니다. (요일 1:5)하나님이 빛이 되십니다. (요 8:12)예수님은 "나는 세상의 빛이라" 하셨습니다. (몬 1:9)예수님은 참 빛이 되십니다. 따라서 세상에 대하여 그리스도인은 하나님의 빛을 받아서 비추는 반사체가 되도록 힘써야 합니다.

2) 태양 빛을 중심으로 빛이 비추는 일을 할 때 일어나는 형태를 보면 놀랍습니다.

빛의 기둥들이 매우 다양한 형태로 나타나게 됩니다.

① 빛의 기둥은 신비롭고 다양하게 나타납니다.

'광선', 현대 병원에서도 첨단장비 중의 하나가 '광선의 치료'입니다. 또한 빛은 열이 나와서 태우는 불이 되기도 합니다. 소독제이기도 합니다. 에너지가 나와서 현대인의 생활 속에 빛의 에너지가 없으면 생활할 수 없을 정도입니다.

② 산 위에 있는 동네가 숨겨지지 못합니다.

그리스도인은 빛이기 때문에 어디에 있든지 숨길 수 없이 모두 드러납니다. 중동지역 주택은 많은 부분이 산 위에 지어져 있음도 상황을 설명해 주는 증거입니다. 그리스도인은 어디에 있든지 산 위에 있는 생활입니다.

3. 천국의 소망으로 살아가는 그리스도인은 자기희생적 삶이 있어야 합니다.

"빛으로 사는 것", "소금으로 사는 것" 이 모든 것은 희생이 동반되어야 가능한 생활이요 삶이라는 것입니다.

1) 소금과 빛은 그 기능을 가능하게 하는 데는 자기희생이 있어야 합니다.

그 기능 발휘가 그리스도인이라는 사실입니다.

① 자기희생이 있어야 합니다.

하나님은 빛으로서 예수 그리스도를 십자가에 대속적 죽으심을 당하게 하시는 아픔과 희생을 하셨습니다. 그 예수님이 우리에게 생명을 주셨고, 영생을 얻게 하시는 구원주가 되었습니다. 그리고 "나를 따라오라"고 하셨습니다. 예수님은 우리의 푯대가 되십니다.

② 빛 역시 녹으면서 희생하는 일이 있을 때 빛을 비추게 됩니다.

양초 한 자루가 녹으면서 빛이 나옵니다. 그리스도인은 어디에 있든지 희생적 생활을 해야 합니다. (요 12:24)예수님은 한 알의 밀알로 말씀해 주셨는데, 밀알이 썩어 희생할 때에 많은 열매를 맺게 됩니다. 그리스도인은 천국에 최후의 소망을 두고 빛으로 소금으로 살아가게 됨을 잊지 말아야 합니다.

2) 그 기능을 다해서 소금과 빛으로 살아갈 때 거기에는 하나님의 영광이 나타나게 됩니다.

억울한 것이 아니기에 원망이나 불평이 없습니다.

① 하나님의 영광이 나타나게 됩니다.

등경은 교회를 상징하고, 그 교회 안에서 성도가 빛을 비추게 되는 생활입니다. 비춘다는 것은 믿음의 선행을 뜻합니다(히 10:24). 신학자 크락(Clarke)은 "빛 안에서 행하며 빛으로 말미암아 행하는 것이라."고 하였습니다.

② 결과는 하나님의 영광입니다.

"하늘 아버지"이십니다. 우리 그리스도인은 무슨 일을 하든지 그 목표는 하나님의 영광에 두고 살아야 합니다(고전 10:31). 그러므로 예수님이 말씀하신 모든 그리스도인 된 우리는 언제나 빛으로 소금으로 살아서 하나님의 영광이 가득하게 해드리는 생활이 되어야 합니다. 그런 삶을 사시기를 예수님의 이름으로 축원합니다.

결론 : 빛이요 소금으로 살아야 합니다.

〈비유, 경우〉

롯의 처의 경우를 보며 생각합니다
눅 17:28-37)

　모든 세상의 만물은 제각기 나름대로의 생활에서 삶에 대한 생각이 있고 그 마음에 의해서 살아가고 있습니다. 하나님께서 창조하신 인간부터 인간에 합당한 생각과 생활이 이루어져야 하는데, 그렇게 살지 못하고 여전히 죄악 가운데 살아가는 것이 문제입니다. 차라리 미물들의 세계를 보면 지혜가 있어서 집을 짓더라도 견고성을 가지게 되는데, 새들이 나무에 집을 짓는 모습이라든지, 하천에 살아가는 비버라는 동물은 나무를 베어다가 강둑처럼 쌓고 그 밑에 살아가는 모습 등을 자연 다큐를 통해서 볼 수 있게 됩니다. 철새들은 때가 되면 왔던 곳으로 다시 돌아가는 반복적인 생활을 하게 됩니다. (잠 6:6-)개미는 인간에게 큰 교훈을 주는 미물이기도 합니다. 여름 동안에 준비해서 겨울을 보내는 개미의 모습은 인간에게 무엇인가를 깨닫게 해줍니다.

　로댕(Auguste Rodin, 1840-1917)의 '생각하는 사람'(Le Penseur, 1880년 청동 조각상)에서 사람은 생각하는 존재임을 표현한 것으로 유명합니다. 성경은 우리에게 "여호와를 경외하는 것이 지식의 근본"이라고 하였는데(잠 1:7), 인간은 짐승만도 못하게 하나님께로 온 줄을 모르는 것(사 1:3-)을 안타깝게 생각하게 됩니다. 그리고 하나님이 아닌 사욕을 좇을 스승을 많이 두고 멸망의 길로 갑니다(딤후 4:1-4).

　오늘 읽은 본문에서 예수님은 종말 때의 사건들을 말씀하시면서 "롯의 처를 생각하라"고 경고를 하셨는바, 우리는 다시 한번 말씀으로 돌아가서 이 세대를 깨닫고 생각 없이 망하는 자가 아니라 생각하며 바르게 서야 할 때입니다.

1. 롯의 처는 구원받는 믿음의 특권을 포기한 것을 주시하고 생각하라는 말씀입니다.

하나님께서 우리에게 주신 특권이 예수 믿고 구원받는 것입니다(요 1:11-12).

1) 롯의 처는 이 특권을 포기한 여인과 같습니다.

어떻게 주어진 구원받은 특권인데, 그것도 한순간에 포기하게 된 것입니다. 영원히 두고두고 슬퍼하게 될 것입니다.

① 삼촌 아브라함의 간절한 기도 덕분에 하나님이 구원의 길을 주신 것인데, 이를 망각한 것입니다.

소돔과 고모라의 죄악에서는 벗어나게 되었지만, 말씀을 불순종함으로써 중간에 망하게 된 것입니다. (벧후 2:6-8)롯이 그 속에서 당하는 고통 역시 큰 것이었습니다. (창 19:14-)딸들과 정혼한 사위들은 들으려고도 하지 아니하였고 농담으로 여겼던 시대입니다(But his sons-in-law thought he was joking). 말세 때에도 같은 현상이 일어날 것입니다.

② 지금도 하나님은 아브라함과 같은 기도에 역사하십니다.

온 가족을 위해 기도하며 멸망할 세상에서 예수 믿고 구원받도록 기도해야 할 때입니다. (롬 10:1-)사도 바울은 이방선교에 힘을 쓰면서도 언제든지 자기 민족을 향한 애절함이 있었습니다. 벵겔(Bengel)은 "이와 같이 기도가 계속되었다는 것은 그들이 구원받은 증거였을 것이다." 했습니다. 날마다 불신앙의 세력을 위해 기도해야 합니다.

2) 주변에서 기도해주는 사람이 있다는 것은 큰 축복이요 행복한 일입니다.

누군가 나를 위해 기도하는 일은 축복입니다.

① 예수님이 지금도 나를 위해서 기도하고 계심을 믿어야 합니다.

예수님이 하나님 보좌에 앉아 계시면서 기도하시는 그 기도의 후광 속에서 우리가 지금도 살아가게 되는 것입니다(롬 8:26, 34). 그 기도의 후광은 지금도 빛나는 역사에 속합니다.

② 우리는 누구를 위해서 기도함으로써 기도의 이 채무를 갚아야 합니다.

기도의 빚진 자이기 때문입니다. 기도의 빚을 갚을 겨를도 없이 롯의 처는 가지 말 곳으로 가게 된 것은 우리가 생각해야 할 영적인 깊은 뜻이 있습니다. 가족과 교회, 국가와 민족을 위해 기도해야 하는 제목은 다 뜻이 있습니다. 불순종으로 뒤를 돌아보는 어리석은 생각들이 하나도 없기를 축복합니다. 지금은 뒤를 돌아볼 때가 아니라 앞을 향하여 달려가고 매진할 때입니다.

2. 롯의 처가 지은 죄목을 분석해 보고 따라가지 말아야 하겠습니다.

롯의 처가 지은 죄가 분명히 있고 그 죗값은 지울 수 없는 큰 것이기 때문에 소돔성에서는 나왔으나 중도에서 소금 기둥으로 변해 버렸습니다.

1) 롯의 처가 지은 죄를 확실히 알아야 합니다.

그렇기 때문에 소금 기둥이 되었습니다. 멸망에서 구원받지 못한 대표 격이 되었습니다.

① 뒤를 돌아본 죄입니다.

문맥을 아무리 보아도 그가 지은 죄는 뒤돌아본 것이 큰 죄였습니다. 이는 단순한 것 같으나 매우 중대한 죄입니다. 그것은 불순종의 큰 죄였습니다. (창 19:17)뒤를 돌아보거나 하지 말고 앞만 향해서 가야 하는 것이 그들에게 주어진 말씀이었습니다. 그렇게 해서 멸망함을 면하라는 것이었습니다. 그런데 그 기본이 무너지게 된 죄입니다.

② 롯의 처가 왜 뒤를 돌아보게 되었느냐는 의문입니다.

천사가 그렇게 신신당부하였는데도 뒤를 돌아본 것입니다. 주석학자는 이렇게 말하고 있습니다. "천사에 의해서 급히 나오기는 했으나 재산 금은보화는 하나도 가져오지 못했으니 결국 그것 때문에 뒤를 돌아보는 죄를 저지르게 되었다"는 것입니다. (창 13:13-)롯이 아브라함과 헤어질 때도 소돔의 좋은 것만 생각하였지, 그들의 죄악성은 생각하지 아니했고 그곳으로 간 것이 잘못이었습니다. 예수님은 오늘 본문에서 말세 때의 교회, 성도들에게 경고를 하시고 있습니다. 깨닫고 바른 신앙 위에 서 있어야 할 때입니다. (마 24:17)"지붕 위에 있는 자는 집 안에 있는 물건을 가지러 내려가지 말며" 했습니다.

2) 롯의 처가 범한 이 죄는 사소해 보이지만 영적으로 큰 죄입니다.

세상적인 개념으로는 이 죄는 그까짓 것 뒤를 돌아본 것이 무슨 죄냐 하겠지만, 모르는 소리입니다.

① 하나님 말씀을 믿고 믿지 않고의 문제이기 때문입니다.

천사들이 전해준 그 말을 하나님의 말씀으로 들어야 했습니다. 오늘날 강단에서 선포되는 성경말씀은 주의 종의 입에서 나오지만, 하나님의 말씀을 대언하기 때문에 순종해야 함을 보여줍니다. 말씀은 말세 때에도 그대로 됩니다(암 3:7; 계 10:10).

② 롯의 처는 하나님 말씀보다 세상 것을 더 좋아한 길을 가게 되었습니다.

그래서 집에 무엇을 두고 온 것 때문에 뒤를 돌아보게 되었다는 이야기입니다. (눅 9:52)뒤를 돌아보면 곤란합니다. (약 4:4)세상과 짝하면 곤란합니다. 그래서 지금은 정신을 차리고 믿음을 굳게 해야 할 때입니다.

3. 믿지 못하고 뒤를 돌아보면 분명히 심판이 약속되었습니다.

믿는 자에게는 분명한 구원 축복과 상급들이 약속되었지만, 불신자에게는 무서운 심판도 준비된 것이 성경의 경고입니다.

1) "롯의 처를 생각하라" 했습니다.

소돔성에서는 천사에게 끌려서 탈출하였으나 소금 기둥이 된 것이 무슨 뜻인지 알아야 할 것입니다.

① 심판입니다.

사람은 누구나가 한번 죽는 것은 모두 정해져 있기 때문에 죽음의 길이 기정사실이지만, 가는 방법에는 복을 받아야 합니다. 옛 속담에도 "잘 살려 하지 말고 잘 죽어야 한다." 하였습니다. (눅 16:22)부자와 나사로의 비유에서도 예수님은 분명히 말씀하셨습니다. 영원한 낙원 천국이냐 영원한 불지옥이냐는 영원한 세계의 문제이기 때문에 중요하게 여기고 생각해야 합니다.

② 축복받은 죽음과 저주받은 죽음을 엿볼 수 있습니다.

예수님을 통하여 죄 사함을 받아 영원한 천국으로 입문하는 축복인가 아니면 영원한 지옥으로 가는 죽음인가 하는 문제입니다. (계 21:27)속된 것, 가증한 일, 거짓말하는 자는 결코 천국에 들어갈 수 없습니다. 오직 생명책에 기록된 자들만 들어갑니다(but only those whose names are written in the Lamb's book of life). 그러므로 말씀을 단단히 믿고 물과 성령으로 거듭난 백성으로 살기를 결단해야 합니다.

2) 성도의 죽음은 복되나 불신자의 죽음은 비참합니다.

성도는 천사들의 손에 받들려 천국에 가지만(눅 16:22), 불신자는 마귀에게 이끌려 지옥에 갑니다(마 25:41-).

① 롯의 처처럼 살아가면 곤란합니다.

예수님 오실 때가 가까이 올수록 정신을 차리고 생각하며 살아야 할 때입니다. 바른 신앙 정신으로 깨어있어야 합니다. 성경은 우리에게 "깨어있으라"(keep watch) 하셨습니다(마 24:42; 살전 5:6). 주의 종이 전하는 성경 말씀을 귀담아들어야 할 때입니다(겔 33:1-).

② 소돔성의 심판과 같이 이 세상은 심판 때가 옵니다.

성도들이여! 이때를 준비하며 살아야 합니다(눅 18:8). 믿음을 확인해야 합니다(고후 13:5). 성도들은 뒤를 돌아보는 자가 하나도 없이 모두 천국의 주인공들이 되시기를 예수님의 이름으로 축원합니다.

결론 : 지금은 믿음의 자리에 바로 설 때입니다.

〈믿음, 순종〉

믿음으로 용기를 가진 사람들

엡 3:12-21

　세상을 살다 보면 어떤 일에 대하여 반드시 마음에 다짐하고 가져야 할 자세가 있는데, 용기(courage)라는 말입니다. 왜냐하면 마음에 생각이 있어도 용기가 없으면 마음의 생각을 행동으로 실행할 수 없기 때문입니다. 청춘남녀가 결혼하고 살아가면서 그 일생에 대한 성공과 실패는 모두 이 용기를 어떻게 사용하느냐에 달려 있습니다. (수 1:4-)하나님은 모세의 후계자 여호수아에게 사명을 주면서 "마음을 강하게 하고 담대히 하라" 또 "강하게 하라"(be strong) 하셨습니다. 그 배후는 하나님께서 함께 계시기 때문입니다. 오늘날 성도들이 모두 강하게 하고 담대히 하며 용기를 내는 것은 예수님께서 함께 하시겠다는 약속이 분명하기 때문입니다(마 28:20-). 이는 007영화에 나오는 제임스 본드(James Bond)나 다른 배우들의 연기가 아닙니다. 그리스도인은 언제나 하나님께서 함께 계심을 믿는 믿음이 확실합니다. 교회생활도 세상에서의 생활도 이 확실한 증표가 있기 때문에 용기를 가지고 생활하게 됩니다.

　성령 받기 전과 성령 받은 후의 생활이 달라진 이유입니다(마 26:69; 행 4:19). 이런 태도가 초대 교회의 원동력이 되었는데, 칼빈(Calvin)은 이 말씀을 토대로 해서 말하기를 "하나님의 어전에서"라고 하였습니다. 철학자 소크라테스(Socrates)는 "오 아덴 사람들이여, 나는 너희들에게 복종하는 것보다 하나님께 복종하겠노라"라고 한 말이 전해집니다(Plato, Apology 29). 용기 있는 말 한마디,

용기 있는 행동이 상황을 바꾸게 합니다.

본문에서 사도 바울은 교회론적인 입장에서 전했습니다. (12절)"우리가 그 안에서 그를 믿음으로 말미암아 담대함과 확신을 가지고 하나님께 나아감을 얻느니라" 하였고, 그 믿음이 환난에도 낙심치 않고 영광으로 나아가게 된다고 하였는바 여기에서 은혜를 받게 됩니다.

1. 믿음의 용기가 있는 사람들은 생활에 힘이 있습니다.

믿음으로 말미암아 담대함과 확신이 있기 때문입니다. 불신자에게는 없는 힘이 있습니다.

1) 생활의 용기가 생기게 됩니다.

그리스도 안에 있는 축복입니다.

① 핍박과 같은 어떤 난관 속에서도 낙심하거나 실망하지 않습니다.

(빌 4:13)사도 바울은 "내게 능력 주시는 자 안에서 내가 모든 것을 할 수 있느니라"(I can do everything through him who gives me strength) 하였습니다. 하나님을 믿는 믿음이 있기 때문입니다. 존 밀턴(John Milton)은 42세 때에 실명하고 장애자가 되었지만《실낙원》이라는 책을 썼습니다. 하나님을 만났기 때문입니다.

② 믿음을 지키며 핍박이 있어도 오히려 기쁨으로 믿음을 지켜야 합니다.

기독교 역사 가운데 핍박이 없던 시대는 없었습니다. 기독교 역사는 세상에서의 생활에 외로운 일들이 많습니다. 그러나 믿음 지키며 나아갈 때 천국의 상급이 크기 때문에 기뻐하라고 하셨습니다(마 5:10-). 독일어로 용기를 '무티히'라고 하는데, '무트'는 마음이라는 뜻입니다. 따라서 우리는 영적이고 신령한 마음에서 용기를 내야 합니다.

2) 믿음의 용기를 가져야 하는 목적이 있습니다.

불신세계에서는 세상의 목적이 각기 다르겠지만 성도들의 신앙의 용기는 그 차원이 다릅니다.

① 천국을 비롯한 영적인 목적이 있습니다.

왜 우리가 신앙생활을 하고 교회생활을 해야 하는지의 궁극적인 목적은 천국입니다. (빌 3:20)우리의 시민권은 하늘에 있기 때문입니다. 사도 바울이 고린도전서 15장에서 "만약 부활이 없다면"이라고 가정법을 사용했듯이, 천국이 없다면 교회생활, 영적생활은 무용한 일이 되겠지만 천국은 분명히 있기 때문에 신앙생활에 용기가 중요합니다.

② 그 목적이 실현될 때까지 인내로 나아가게 됩니다.

(잠 24:16) 일곱 번 넘어져도 다시 일어나게 되는 용기입니다. 콜롬버스(1451~1506)가 태어나서 40세 때에 탐험가로 일하면서 10번씩이나 실패했으나 낙심하지 않고, 58세에 150명의 옹호자들과 함께 산타마리 호(Santa Mary)를 타고 신대륙 아메리카를 발견하게 된 데는 그의 믿음의 용기 때문입니다. 낙심하지 않고 끝까지 인내하는 용기입니다.

2. 우리의 용기는 영적인 것입니다.

세상 사람들의 용기가 아닙니다. 세상적인 불신앙적 용기가 아니라 하나님께서 주시는 용기입니다.

1) 믿음의 용기는 성령께서 주시는 것입니다.

이 믿음을 지킬 때 영생에까지 나아가게 됩니다.

① 능력으로 강건하게 해주십니다.

(엡 3:16) "그의 영광의 풍성함을 따라 그의 성령으로 말미암아 너희 속사람을 능력으로 강건하게 하시오며" 했습니다. 믿음의 용기가 죄악 세상을 이기게 하는 능력입니다. 철학자 칸트(I. Kant)는 81세 때에 죽으면서 "물 한 잔만 다오. 이것으로 족하다." 하고 죽었다고 전합니다. 우리는 예수님 안에서 영원한 천국입니다.

② 믿음으로 산 사람들의 죽음에는 모두 살아 역사하는 뜻이 있습니다.

왜냐하면 천국의 분명한 소망을 가지고 용기 있게 살아왔기 때문입니다. 마틴 루터(M. Luther)는 63세에 죽게 되는데, 죽을 때에 시편 31편 5절을 읽으며 소리치기를 "나의 영을 주의 손에 부탁하나이다"라고 했습니다. 요한 웨슬리(J. Wesley)는 (시 46:7) "만군의 여호와께서 우리와 함께하시니" 하였고, 무디(D. L. Moody)는 "땅은 사라지고 내 앞에 하늘이 열리는도다"라고 하였으며, 칼빈(J. Calvin)은 (롬 8:18) "영광이로다" 하면서 소천하였다고 전해지는데, 이들 모두 믿음으로 용기를 내어 천국을 바라보았던 산 믿음의 사람들입니다.

2) 이 신앙의 용기가 세상을 이기게 됩니다.

이것이 우리가 무장해야 하는 믿음입니다. (요일 5:4)세상을 이기는 것은 믿음입니다. (요 16:33)예수님께서도 이 믿음과 용기를 우리에게 주셨습니다.

① 이겼던 영적인 믿음의 용장들의 이야기에서 배우는 진리입니다.

(단 1:8)뜻을 정하여 왕의 음식으로 더럽히지 않기를 기도했던 사람들입니다. (단 3:8)풀무불 앞에서도 담대하게 역사했던 믿음의 사람들의 용기입니다. (단 6:10)사자굴 앞에서도 두려워하지 않고 기도했던 사람입니다. 이것이 성경이 말하는 용기와 담대함과 믿음입니다.

② 우리는 성경에서나 교회사에서 말하는 것이 아니라 현실 속에서 이 믿음과 용기를 가져야 합니다. (엡 3:17)이 믿음의 용기가 깊이 뿌리내린 심령이 되어야 할 것입니다. 이 영적 믿음의 용기로 충만한 성도들의 신앙생활이 모두 되시기를 축복합니다.

3. 믿음의 용기로 담대한 것은 영원히 남게 됩니다.

세상의 것들은 이슬과 같이 사라지게 되지만 믿음의 역사들은 영원히 간직됩니다. (엡 3:21)"교회 안에서와 그리스도 예수 안에서 영광이 대대로 영원무궁하기를 원하노라 아멘"이라고 하였습니다.

1) 담대해야 합니다.

담대한 신앙은 하나님께로부터 오는 것이기 때문에 용기를 내게 됩니다.

① 담대함의 출처는 하나님께로부터 온 것입니다.

"담대하라"는 헬라어로 '팔레시아'(παρρησία)인데 '솔직하고 기탄없다'는 뜻입니다. (행 4:13)성령 받은 사도들과 초대 교회의 신앙이 그리했습니다. 죄는 하나님과 우리 사이를 단절시켰지만 예수 그리스도로 말미암아 화평케 되고(엡 1:14-), 담대하게 하나님께 나아가게 합니다. (롬 8:15; 마 27:51-)성소의 휘장이 찢어지고 하나님을 아버지라 부르게 됩니다.

② 담대하다는 말은 당당하라는 뜻이 있습니다.

눈치 보고 하는 것이 아닙니다. 이젠 용기를 내게 되고 담대하게 됩니다. "당당하다"라는 말은 헬라어로 '페이도'(πείθω)인데, 확실하고 확고하다는 뜻입니다. 성도는 이 믿음이 있을 때 믿고 나아가게 되며 모든 것이 협력하여 선을 이루게 됩니다(롬 8:28). 결국 승리가 보장되기 때문에 확신을 가지고 용기를 냅니다.

2) 그 길은 영광의 길이기 때문입니다.

(21절) "교회 안에서와 그리스도 예수 안에서 영광이 대대로 영원무궁하기를 원하노라 아멘" 하였습니다.

① 용기를 가지고 앞으로 전진하는 길밖에 다른 길이 없습니다.

교회는 앞으로 전진하는 길밖에 없습니다. 헬라어로 '프로사고게'(προσαγωγή)인데 앞으로 전진하고 인도되어 나아간다는 뜻입니다. 성령님께 인도되어 나아가는 것입니다. (엡 2:18)성령으로 이끌려서 나아가게 됩니다. (마 4:1)예수님도 성령에 이끌려서 광야로 가셨고 금식기도 하셨으며 마귀의 시험을 이기셨습니다. (눅 16:23)결국 천사들에 이끌려서 천국으로 가게 되는 성도입니다.

② 지금 우리는 천국을 향하여 가는 과정에 있습니다.

믿음의 용기를 가지고 담대하게 전진할 때입니다. (고전 15:58)부활신앙의 결론에서 "그러므로 내 사랑하는 형제들아 견실하며 흔들리지 말고 항상 주의 일에 더욱 힘쓰는 자들이 되라 이는 너희 수고가 주 안에서 헛되지 않은 줄 앎이라" 하였으니, 모든 성도는 믿음 따라서 담대함과 용기로써 끝까지 승리하시기를 예수님의 이름으로 축원합니다.

결론 : 성령으로 믿음 가운데 용기를 가져야 합니다.

〈믿음, 순종〉

예수님이 칭찬하시는 믿음의 사람

눅 7:1-10

사람이 하는 일에는 칭찬 듣는 일이 있고, 책망 듣는 일도 있는데, 똑같은 일에도 이와 같이 두 가지 현상이 나타납니다. 우리의 신앙생활에도 칭찬 듣는 사람이 있고 책망 듣는 사람의 모습도 있습니다. 2021년에 우리의 신앙의 모습이 하나님 앞에 칭찬 듣는 모습에 있어야 하겠습니다. 요한계시록 2~3장에 등장하는 소아시아 일곱 교회의 모습은 칭찬 듣는 교회, 칭찬과 책망이 겸한 교회, 책망만 듣는 교회로 나누어집니다.

많은 신학자는 이 일곱 교회가 말세 때의 교회 모습이요, 성도의 모습이라고 지적해 주었습니다. 특히 사데 교회는 살았다는 이름을 가졌으나 실상은 죽은 교회라고 책망을 받았습니다. 학문이 높아가고, 산업이 발달하는 시대에 우리의 신앙은 어떠한지를 살펴야 합니다. 라오디게아 교회는 차지도 뜨겁지도 아니한 미지근한 상태의 교회라고 책망받게 되었는데, '덥다'는 말은 뜨겁다는 말로서, '끓는다'는 것으로 신앙의 열정을 뜻합니다. '미지근하다'는 것은 부패의 요인이기 때문에 예수님이 토하여 내치시겠다고 하셨습니다. 파스칼(Pascal)은 "사람들 가운데 두 가지 영적 모습이 있는데, 자기를 죄인시 하는 의인이 있고, 의인시 하는 죄인이 있다."고 하였는바 우리의 영적 모습은 어떤지 살펴야 할 때입니다.

하나님의 은혜가 아니면 살 수 없다는 사실입니다. (엡 2:8)"너희가 그 은혜를 인하여 믿음으로 말미암아 구원을 얻었나니 이것이 너희에게서 난 것이 아니요 하나님의 선물이라" 하였습니다. 종교 개혁가들의 총체적 슬로건은 '오직 믿음'(Sola Fide), '오직 은혜'(Sola Gratia)였습니다. 오늘 본문 말씀은 예수님이 칭찬하신 백부장의 믿음을 보여주는바, 우리의 믿음을 예수님이 칭찬하신 백부장의 믿음으로 조명해 보고, 이 믿음 가운데 이 악한 세대에서 승리해야 할 것입니다.

1. 사랑과 미덕을 갖춘 믿음이었습니다.

이 믿음은 사랑과 미덕을 겸비한 것임을 깨닫게 됩니다. (엡 6:23)"아버지 하나님과 주 예수 그리스도로부터 평안과 믿음을 겸한 사랑이 형제들에게 있을지어다" 하였습니다.

1) 믿음에는 사랑과 덕이 겸해야 합니다.

흔히 말하기를 신앙이 좋다느니, 믿음이 크다느니 하는데, 믿음에는 사랑과 덕이 겸해 있어야 합니다. 믿음은 있는데 사랑과 덕이 고갈되어 있다면 문제가 나타나게 됩니다.

① 믿음에는 훈훈한 사랑과 덕이 겸비해야 합니다.

본문에서 백부장은 "사랑하는 종"이라고 하였는데, '종, 하인'은 흔한 노예요 하찮은 존재였습니다. 마태는(8:5) '중풍병'이라고 하였습니다. 그 종을 위해서 "간절히 구하여"(4절)라고 하였습니다. "구하여"라는 말은 헬라어로 '파라카룬'인데, 미완료형으로 한 번만 아니라 계속해서 구하는 것을 뜻합니다. 사랑 없는 믿음은 헛것이라 하였습니다(고전 13:2). 아무것도 아니라는 것입니다.

② 강력한 어떤 힘보다 제일 큰 능력은 사랑의 힘입니다.

우리는 대개 물리적인 힘을 이야기해서 강철을 이야기하지만 강철보다 힘없어 보이는 물이 더 강한 능력이 되기도 합니다. 세계 2차 대전 때에 나치의 물리적 힘보다 "쉰들러 리스트"에서 보듯이 쉰들러의 사랑의 힘이 더 강해서 지금까지 기념비와 같이 나타나고 있음을 보게 됩니다. 제일 큰 은사는 사랑입니다.

2) 백부장은 종이요 하인만 사랑한 것이 아니라 유대인들도 사랑했습니다.

(5절)"그가 우리 민족을 사랑하고" 했는데 그의 인격을 보여주는 모습입니다.

① 당시 로마 군인은 무자비한 무리로 정평이 나 있었습니다.

난폭하고 점령지의 백성들을 노예화했습니다. 이와 같은 점령지의 백부장이었으나 그의 하인에 대한 사랑을 보시고 칭찬하신 믿음입니다. 지금도 가버나움의 유적지에 가면 그때 지은 것으로 추정되는 텔훔(Tel Hum)에 아름다운 옛 회당이 남아있다고 합니다.

② 우리는 사랑과 덕을 회복하고 갖추어야 하겠습니다.

크고 위대하다고 평판 받는 일을 했어도 사랑과 덕을 상실하면 교만에 치우치기 쉽습니다. (골 3:14)"이 모든 것 위에 사랑을 더하라 이는 온전하게 매는 띠니라" 하였는데 백부장의 칭찬 듣는 믿음을 우리도 본받아야 할 것입니다. 하나님은 사랑입니다(요 3:16; 롬 5:8)

2. 믿음에는 겸손이 미덕이라는 항목이 반드시 필요합니다.

교회 안에서 믿음이 좀 있고 열심히 일하는 사람들이 빠지기 쉬운 함정이 있는데, 교만과 우쭐하는 함정입니다. (6절)"내 집에 들어오심을 나는 감당하지 못하겠나이다" 하는 자세가 필요합니다.

1) 성경에는 사랑 못지않게 강조한 부분이 겸손의 자세입니다.

(마 21:5; 빌 2:5)예수님은 겸손의 원본을 보여주셨는데, 나귀를 타시고 예루살렘에 올라가셔서 십자가를 지셨습니다.

① 겸손한 자에게 은혜를 더욱 넘치게 하십니다.

교만하여 목에 힘을 주는 사람이 아니라 겸손해서 머리를 숙인 사람에게 은혜가 있습니다. 마치 가을 곡식이 익어서 고개를 숙이듯 겸손으로 채워진 인격은 머리가 숙여지는 사람입니다. 그러므로 우리는 백부장의 겸손을 배워야 합니다. 사실 백부장 정도가 되면 목에 힘이 들어갈 수 있을 텐데 겸손한 인격을 보여주었습니다.

② 믿음에는 겸손의 항목이 반드시 구비되어야 합니다.

(사 57:15)"… 마음이 겸손한 자와 함께 있나니 이는 겸손한 자의 영을 소생시키며 통회하는 자의 마음을 소생시키려 함이라" 했습니다. (잠 18:12)"… 교만은 멸망의 선봉이요 겸손은 존귀의 앞잡이니라" 했습니다. 우리의 신앙은 언제나 겸손으로 무장해야 합니다. 신학자 성 어거스틴은 "겸손이 신앙의 최고 미덕이다."라고 강조한바 지금까지 우리가 배우게 됩니다.

2) 겸손의 미덕이 더 큰 역사를 만들어 냅니다.

겸손한 곳에 더 큰 역사들이 나타나기 때문입니다.

① 백부장의 경우에서 보게 됩니다.

예수님께서 지나치지 않고 발걸음을 멈추시며 그의 소원을 들어주셨고 그 하인을 고치셨습니다. 전북 김제시에 있는 모락산 기슭에 금산교회의 조덕삼 장로님의 이야기는 오늘날 우리에게 큰 감명을 주고 있습니다. 선교사를 통하여 1904년에 조 장로님의 사랑채에서 예배를 드리게 되었는데, 주인보다 종의 신분이었던 이자익이 먼저 장로가 되고 그의 주인이었던 조덕삼이 후에 장로가 됩니다. 당시에 이 집은 오늘날 호텔과 같은 성격의 마방을 운영하였는데, 그 종들 가운데 하나인 이자익(15세)에게 복음을 전하였고 교회를 열심히 섬기는 그의 믿음을 보고 평양신학교에 보내어 목사가 되게 하였고 이 교회를 시무하게 하였는데, 이후에 이자익 목사님은 총회장을 세 번씩이나 하게 되는 큰 목회자로 성장합니다. 자신의 종의 신분이었던 사람을 당회장으로 섬기는 조덕삼 장로님의 겸손한 신앙의 모습은 한국교회사에 큰 귀감이 되고 있습니다.

② 지금 세상은 사람을 깎아 내리는 일부터 시작하는 세상이 되었습니다.

잘못된 사회 풍토인데 고쳐야 합니다. 성경에 몇 명 안 나오는 백부장 모두가 우리가 배워야 할 모습입니다. (행 10:1)백부장 고넬료와 마태복음 27장 54절 십자가 밑에서의 백부장과 본문에 등장하는 백부장입니다. 하나님 앞에 겸손한 신앙은 영원히 기념이 될 수 있습니다.

3. 예수님이 칭찬하신 백부장은 말씀 중심의 신앙인이었습니다.

예수님께 나와서 꿇어 엎드려 말하자, 예수님께서 그에게 내가 가서 고쳐주리라 하셨지만, 이 백부장은 "말씀만 하사 내 하인을 낫게 하소서" 하였습니다.

1) 예수님이 하시는 말씀이면 낫겠나이다 하는 믿음이 있었습니다.

우리는 주님의 말씀에 적극적으로 듣고 순종하는 믿음이 있어야 합니다.

① 말씀을 믿지 못하면 무엇을 믿을 수 없기 때문에 말씀을 믿어야 합니다.

(요 4:46-54)왕의 신하의 아들이 병들었다는 사건이 나오는데, 그 신하는 예수님께 "말씀만 하사"라고 대답하는바 말씀의 신앙을 보여주는 부분입니다. 지금은 말씀 신앙을 가져야 할 때입니다. (암 8:11)말씀의 기근과 기갈의 때가 온다고

하였습니다. 말씀의 신앙이 복이 있습니다(계 1:3).

② 말씀 신앙 앞에 기적이 나타나게 되었습니다.

하인이 그 시로 깨끗이 낫게 되었습니다. (눅 5:5)말씀 신앙 앞에 두 배가 가득 채워지는 기적이 나타나게 되었습니다. (요 2:5)맹물이 변해서 제일 좋은 포도주로 바뀌는 기적이 나타나게 되었습니다. 폭포수 같이 쏟아지는 말씀이라도 행하는 신앙이 없으면 소용이 없습니다. (요 5:25)"듣는 자는 살아나리라" 했으니 듣고 영이 살아나기를 축복합니다.

2) 하나님 말씀은 점점 더 흥왕하게 됩니다.

흥왕케 되면서 거기에 따르는 더 큰 기적과 능력들이 체험하는 신앙생활이 되게 해야 합니다. 한때 신문에 대서특필했어도 시간이 지나면서 사라지는 것이 아니라 가면 갈수록 천국에 빛나는 믿음이 중요합니다.

① 하나님의 말씀은 흥왕합니다.

(히 4:12)살아 있고 활력이 있기 때문입니다. (렘 23:29)불과 같고 방망이와 같기 때문입니다. (행 6:7)그 모진 핍박과 환난의 시간에도 하나님의 말씀은 더욱 흥왕하여 갔더라고 하였습니다. 그래서 제사장들이나 허다한 무리가 이 말씀 앞에 복종하게 되었습니다.

② 세상은 말씀대로 이루어집니다.

축복도 말씀대로 이루어집니다. 저주도 말씀대로 이루어집니다. (계 10:7)"일곱째 천사가 소리 내는 날 그의 나팔을 불려고 할 때에 하나님이 그의 종 선지자들에게 전하신 복음과 같이 하나님의 그 비밀이 이루어지리라" 하였는데, 백부장은 예수님께 와서 그의 하인의 질병을 해결하였지만, 이 세대를 살아가는 우리는 말씀 신앙으로 겸손하여 더 큰 역사와 체험들이 있어야 합니다. 이런 역사가 믿는 성도마다 이루어지게 되시기를 예수님의 이름으로 축원합니다.

결론 : 기독교는 체험의 종교입니다.

〈믿음, 순종〉

믿음의 성공자들

히 11:24-29

　세상의 생명체들은 나름대로 개체마다 성공을 위해서 매일 같이 활동하며 살아갑니다. 아프리카 초원의 맹수들은 사냥하는데, 언제나 성공하는 것은 아닙니다. 안양천에 가보면 옛날보다 물이 맑아져서 큰 물고기부터 작은 물고기까지 서식하는데 백로, 왜가리, 오리들이 날아와서 사냥하지만 그 성공률 역시 낮은 것을 관찰할 수 있게 됩니다. 바다거북들이 모래 백사장에 알을 낳아 묻어 놓으면 때가 되어 부화해서 바다로 돌아가는데 그렇게 많은 숫자를 부화했어도 바다로 가는 길에 새 떼들에게 잡혀 먹히고, 바다에 들어가서도 다른 물고기에게 잡히고 큰 거북이로 성장하는 확률은 극히 미미하다고 합니다. 직장에 다니다가 퇴직해서 자영업에 뛰어드는데 그것 역시 성공하는 확률이 저조하다는 것을 매스컴을 통해서 듣게 됩니다.

　성공은 우리에게 이렇게 전해 주었는데 각 말씀마다 유의해야 합니다. (잠 16:9)계획과 걸음을 인도하시는 분은 하나님이십니다. (시 127:1)집을 세우고 성을 파수하는 것도 하나님께 있습니다. (잠 16:3)행사를 하나님께 맡기라고 하였습니다. (시 37:4-)하나님을 기뻐하며 앞길을 맡기라 하였는데, 창세기 37장 이후에 나오는 요셉의 인생에서도 볼 수 있습니다. (롬 8:28-)하나님을 사랑하는 자는 결국 모든 것이 합력하여 선을 이루게 합니다. "우리가 알거니와"를 해석한 신학자 벵겔(Bengel)은 "우리가 알지 못하나와 대조된다"고 하였습니다. 세속적인 지식이 아니라, '초경험적 지식'이며, '신적인 지식'으로 하나님 안에서 오는 '영적 지식'입니다. 영적 체험에서 얻어지는 '앎'이라는 것입니다. 눈만 뜨면 동분서주하면서 애타는 것은 성공이 그 목적인데, 우리는 더욱이 영적으로 실패가 아니라 영적인 성공의 길을 가야 하기 때문에 중요합니다. 본문에서 모세를 통하여 그 성공의 열쇠를 보게 되는바 여기에서 은혜를 나누고 성공의 비결을 배우게 됩니다.

1. 성경이 말하는 가치 있는 성공이 무엇인지 알아야 합니다.

성경이 말하는 영적인 성공의 가치관이 무엇이냐는 것입니다. 우리는 그 길을 향하여 달려갑니다.

1) 성경이 말하는 성공은 세상적이고 물질적이고 눈에 보이는 것에 두지 않습니다.

보다 영적이고 신앙적이며 그것은 눈에 잘 보이지 않는 것입니다.

① 보다 영적이고 영원히 없어지지 않는 일입니다.

본문에서 말씀하시는 것과 같이 만약 모세가 눈에 보이는 일에 소망을 두었다면 물질적인 왕의 자리에 더 큰 관심을 두었을 것이 분명합니다. 더욱 지독한 이스라엘 백성의 불순종과 완악한 백성을 이끌어 가는데 인생을 모두 마무리 짓게 되지는 않았을 것입니다. 왕좌는 화려했지만 모세는 그것에 관심을 둔 것이 아니었습니다. 대한민국이 가난한 나라에서 부유한 나라로 오는 동안 한국교회 역시 기도 가운데서 한몫을 했지만, 지금은 진정으로 교회가 다시 한번 생각해야 할 때입니다. 산업혁명으로 피폐해 갈 때 영국 교회를 살린 옥스퍼드 대학의 요한 웨슬리의 경건운동이 코로나 19로 어려운 시국에 있는 한국교회에 다시 불붙어서 이 시기를 잘 타파해 나가야 할 것입니다. (호 6:1-)여호와께로 돌아갈 때입니다.

② 하나님의 뜻은 애굽의 왕좌가 아니라 백성들과 광야로 가는 것이었습니다.

하나님은 모세를 광야로 가게 하셨고 40년을 훈련받게 하셨습니다. (약 3:15-) 세상적인 지혜와 위로부터 오는 지혜가 있다 하였는데, 우리는 세상 지혜가 아니라 영적 신령한 세계를 추구하는 지혜를 구해야 합니다. (약 4:13-17)하나님이 없는 인생이 아닙니다. 하나님 없는 인생은 모두 '허탄한 자랑'이라 하였는데,

신학자 웨스트코트(Westcott)는 "교만은 죄라고 하면서 하나님 없는 성공은 교만하게 된다."고 하였습니다.

  2) 성경이 말하는 성공의 중심에는 예수 그리스도가 계시게 해야 합니다.

  늘 중심은 예수 그리스도입니다.

  ① 세상적 개념의 성공이 아니라 모세와 같이 하나님 중심한 성공개념입니다.

  내 인생의 중심에 누가 왕좌에 계시는가를 살펴야 합니다. 내 인생의 중심에 예수님이 주인으로 계시게 해야 합니다. (요 15:1-)포도나무 비유에서 주시듯이 내가 언제나 주님 안에 거하고 주님이 내 안에 계시도록 해야 합니다. 바울 신학의 중심은 "그리스도 안에"입니다. 모세는 하나님 안에서의 믿음이었습니다.

  ② 모세가 가는 길은 세상적으로 오는 화려한 애굽의 왕좌가 아니라 하나님 안에서의 고달픈 광야 생활이었습니다.

  그것도 지독하게 불순종하는 이스라엘 백성들과 같이 가야 하는 광야의 길이었습니다. 성경은 이것을 믿음의 성공이라고 말합니다. 아브라함과 이삭과 야곱에게 약속하신 가나안 땅을 주시기 위한 영원한 약속의 중심에 서 있었던 모세가 성공자입니다.

2. 성경에서 믿음의 대표적인 성공자들을 보여주셨습니다.

  히브리서 11장에서 구약의 인물들로 믿음의 성공자들을 일목요연하게 보여주고 있습니다. 로마의 정치가요 사상가였던 보이티우스(Boethius)는 "성공의 비결이란 하나님이 도우시는 가운데에 있다. 네가 범선에 돛을 달고자 할진대 임의의 방향으로 돛을 달 것이 아니라 바람이 불어주는 방향으로 달아야 하듯이 삶의 성공은 하나님이 도우시는 방향으로 설 때 성공자로 도와주신다."라고 했습니다.

  1) 본문에 나오는 중심인물인 모세는 대단히 성공한 사람입니다.

  성공한 그 자체도 중요하지만, 그 내용이 더 중요합니다.

  ① 모세는 개인적 성공보다 자기 민족을 건지는 일에 성공한 사람으로 우리에게 다가옵니다. 개인의 이름이나 명예보다도 이스라엘 민족사의 승리라고 할 것입니다. 애굽에서 쫓겨나서 40년간 광야에서 훈련받았고, 다시 애굽으로 돌아가서 바로 왕을 10여 차례 대면하면서 싸웠고, 하나님께서 아브라함과의 약속

을 지키시므로 그 자손들을 건져내시는 데 모세가 쓰임 받게 되었는데, 이것이 바로 승리요 성공의 인생 일대기였습니다. 잠시 동안 애굽의 왕좌가 아니라 고난의 성공 길입니다.

② 이제는 모세 개인이 아니라 지도자로서 성공하게 된 역사입니다.

10가지 재앙은 물론이고 홍해를 건너는 일이며 40년간의 희로애락의 길은 모세로 하여금 성공하고 승리케 하는 길이었습니다. 고난의 길이지만 절대로 고난이 아니라 승리의 길이었습니다. 영적 지도자의 성공의 길을 보여주신 사건이 광야 40년의 행로였습니다. 우리가 지금 걸어가는 인생행로는 세상이 아니라 영원한 천국의 목적지를 향해서 가는 길이기 때문에 우리는 모세를 보면서 성공의 길을 가야 합니다.

2) 모세는 영적인 신앙생활에도 성공한 사람입니다.

하나님께서 소명하실 때에 그는 이드로의 양 떼를 키우는 목자였습니다. 하나님께서는 그를 부르시어 이스라엘 민족의 목자로 삼으셨습니다. 모세는 하나님께서 위임해 주신 그 목자의 길에서 성공한 것입니다.

① 시내산에서 40일 금식하면서 받은 것이 십계명(Ten Commandments)입니다.

이스라엘 민족의 가장 중요한 중심 사상 되는 십계명뿐 아니라 오늘날 신약교회의 복음의 뿌리인 십계명을 40일 금식기도 하며 받게 된 것입니다. 그리고 구약의 모세 오경을 기록함으로써 성경 66권 전체의 뿌리가 되는 책을 물려주게 되었습니다. 이는 영적 유산뿐 아니라 인류사적으로 보았을 때도 비교할 수 없는 축복이요 성공입니다.

② 그의 신앙적 성공은 그의 얼굴빛을 빛나게 했습니다.

40일 금식과 함께 십계명을 받아 내려오는 그의 얼굴은 사람이 볼 수 없이 빛나게 되었습니다. (출 34:29)수건을 얼굴에 두르고서야 내려오게 되었고, (고후 3:7-15)신약에까지 영향을 미치게 되었는데, 3,500년 지난 모세의 신앙의 모습입니다. 우리는 천국에서 얼굴이 빛나도록 해야 합니다.

3. 모세가 성공한 비결이 무엇인지 알아야 합니다.

어떤 일에 성공하거나 실패한 때도 반드시 그 원인이 있기 때문에 그 원인을 분석하면 해답이 밝혀지게 됩니다.

1) 하나님 앞에서 옳고 그름을 분명히 하는 믿음이었습니다.

하나님을 신뢰하고 믿는데 그 옳고 그름의 믿음이 분명했다는 것입니다.

① 허영과 세상적인 것은 애굽에서 왕이 되는 것입니다.

가만히 있어도 공주의 아들로서 왕이 되겠지만 그 허영을 버리게 되는 믿음입니다. 유대계 역사가 요세푸스(Josephus)는 그의 《고대사》에서 바로의 공주 델뮤디스(Thermeuthis)는 어린 모세를 데려다가 부왕인 바로의 호적에다 양자로 만들었다는 것입니다. 모세는 그 자리를 버리게 됩니다.

② 오히려 하나님 백성이자 자기 민족과 함께 고난받기를 즐거워하였다는 것입니다.

(25절)"하나님의 백성과 고난받기를" 하였는데, 70인 역에서는 "그들이 학대받기를"이라고 기록하고 있습니다. 세상 낙을 잠시 받는 것보다 고난의 길을 택한 모세의 믿음을 보여줍니다. 이것은 (26절)"그리스도를 위하여 받는 수모"라고 하였는데, 이를 두고 신학자 호프만(Hoffmann)은 시편 89편 50-51절에 "메시아를 대망하는 신앙에서"라고 해석하였습니다. 우리는 예수님 이름으로 천국을 준비하되 세상 낙보다도 천국의 보화를 더 가치 있는 신앙으로 살아가야 합니다.

2) 모세가 성공한 비결은 하나님 백성과 함께 하는 것을 기뻐하였고 좋아하는데 있었습니다(히 11:25). 애굽의 왕국은 죄악의 왕국입니다. 신하가 해주는 대로 모두 활동하지만, 그곳은 죄악의 소굴이며 영적으로 지옥과 같은 소굴입니다. 성도는 세상을 살면서 구별된 생활이 필요한데 하나님은 거룩하신 분이시기 때문입니다(레 11:44; 벧전 1:16). 거기에 잘못 빠지면 삼손처럼 망하게 될 것입니다(삿 15장).

① 모세는 그것보다도 천국의 상급이 목적이었고 소망이었습니다.

상 주시는 이를 바라보았기 때문입니다. 부귀영화는 잠시이지만 그리스도를 위해 받는 능욕과 고통도 잠깐입니다. 그러므로 우리는 믿음 안에서 올바른 선택과 올바른 신앙적 행동이 필요합니다.

② 모세는 세상에서 무서울 것이 없는 신앙을 가졌습니다.

(히 11:27)하나님을 믿기 때문입니다. (요일 4:18)온전한 사랑은 두려움을 내쫓게 됩니다. (에 4:1-)에스더의 신앙에서도 봅니다. (삼상 17:44-)다윗에게서 봅니다.

(단 3:17)사드락, 메삭, 아벳느고에게서 봅니다. (단 6:10)다니엘에게서 봅니다. (행 4:19-)오순절 때 성령충만 받은 사도들에게서 보게 되는 현상입니다. 지금과 같은 어려운 시대에 우리는 모세나 믿음의 선진들과 같이 성공적 비결 속에 승리하는 성도로 살게 되기를 예수님의 이름으로 축원합니다.

결론 : 우리는 믿음의 성공자로 살아야 합니다.

〈믿음, 순종〉

하늘 문이 열리게 하는 믿음

행 7:56-60

하늘이 열려야 사람의 육이든 영이든 살게 됩니다. 하늘이 닫힌다는 것은 축복이 아니라 저주요 비극입니다. 어떤 문이든지 닫히는 것은 성경에서 볼 때 축복이 아닙니다. (대하 7:13-)하늘 문이 닫혀서 비가 오지 않는 것은 저주였습니다. (왕상 18:41; 약 5:17)엘리야의 기도에 하늘 문이 열리고 비가 다시 내리게 되었습니다. 구원의 문 역시 열리게 될 때 구원받게 됩니다. (창 7:16)방주의 문이 닫혔습니다. (마 25:10-)잔치의 문이 닫혔습니다. (계 3:7-)한 번 닫으면 열 사람이 없고 한 번 열면 닫을 사람이 없는바 그 주권이 하나님께 있음을 알아야 합니다. (마 3:16)예수님이 세례를 받으실 때 하늘이 열렸습니다. (요 1:51)나다나엘에게도 하늘 문이 열리게 될 것을 말씀해 주셨습니다. (행 10:11-)이방세계에도 전도, 선교의 문이 열리어 복음을 듣도록 해주셨습니다. (골 4:3)전도의 문이 열리도록 기도해 달라고 부탁했습니다. (계 19:11)사도 요한에게 하늘 문이 열렸음을 보고 하나님 나라의 세계를 기록한 것이 요한계시록의 전모였음을 보게 됩니다. (겔 1:1-)에스겔은 이방 땅이지만 그발 강가에서 기도할 때에 하늘 문이 열리고 하나님의 이상을 보게 해주셨는데 비록 잡혀있었지만, 하늘 문이 열려 있었습니다.

본문은 스데반 집사님이 돌에 맞아 순교하는 장면인데 하늘이 열리고 주님께서 보좌 우편에 앉아계시다가(마 26:64; 눅 22:69; 엡 1:20; 골 3:1; 히 1:3) 서신 것을 보며, 여기에서 우리는 이 시간 은혜의 시간을 갖고자 합니다. 신학자들(Bengel, Lumby, Vincent, Bruce)은 예수님이 순교 당하는 스데반을 격려하기 위해 일어서시게 되었다고 하였는데, 우리는 우리의 신앙생활에서 하늘 문이 열리도록 해야 하겠습니다.

1. 천국의 신령한 문이 열려 있는 신앙이 되어야 합니다.

천국의 신령한 세계는 분명히 장소가 있는데 그곳에 문이 열리는 축복을 받아야 합니다.

1) 천국이 닫혀있다면 불쌍한 사람입니다.

천국이 닫히면 지옥이 열리게 됩니다(눅 16:24; 마 25:41). 세상에서 성공이 문제가 아니라 지옥이 열리면 축복이 아니라 저주입니다.

① 비록 비참하게 순교 당했지만, 예수님이 하늘에 서 계시는 모습을 볼 수 있는 문이 열렸다는 것은 축복입니다.

성령 충만한 스데반이었습니다. 천국은 (요 14:1-4)예수님이 준비하신 곳이요 예수님 이름으로 가는 곳입니다. (창 5:22; 왕하 2:11; 행 1:11)에녹이나 엘리야가 승천한 곳이요 예수님이 가신 곳입니다. 신학자 킬빈은 "예수님이 제자들을 격려하시며 약속하신 곳이다."라고 했습니다. 보수주의 신학자 그레샴 메첸(Gresham Machen) 박사는 "죽으면서 하늘 문이 열리는구나" 하고 소천을 했습니다.

② 예수님이 준비하신 하늘나라(kingdom of heaven)의 문이 열리는 축복입니다.

천국 문이 닫히고 지옥문이 열리면 불행한 사람입니다. (마 25:41)양과 염소는 비슷하지만 양은 양이고 염소는 염소일 뿐입니다. 신학자 벵겔은 마태복음 25장 34절과 41절을 대조했습니다. "양들에게는 내 아버지께 복을 받을 자들아 라고 했지만 염소들에게는 저주를 받을 자들아! 라고 하면서 양들에게는 나라를 상속하라 했으나 염소들에게는 불에 들어가라"고 했습니다. 그리고 크리소스톰(Chrysostom)은 "천국을 상속받는 것이다." 하였습니다. (빌 3:20)우리의 시민권은 하늘에 있기 때문입니다. (롬 8:15-17)상속자이기 때문에 고난도 따라오게 됩니다.

2) 천국은 분명히 어디인가 장소성이 분명합니다.

가공적이거나 헛된 꿈이거나 허상이 아니라는 사실입니다. 지금과 같은 육신을 가지고는 갈 수 없는 곳입니다. 죽음을 통해서 가는 새로운 세계입니다.

① 예수님이 육신을 입으셨고 죽으셨고 부활하셨으며 승천하셨습니다.

우주 공간에 가려면 우주선을 타야 하듯이 천체물리학적으로 말하는 우주는 상상을 넘는 공간입니다. 화성 가까이서 카메라로 찍은 지구는 작은 참깨 눈과 같이 찍혔습니다. 은하계의 별들의 수만 해도 말로 다 표현할 수 없는 세계요, 빛의 속도로 수천 광년을 가야 한다고 하는 세계입니다.

② 세상은 변하지만, 천국은 영원히 변하지 않는 세계입니다.

(단 2:44-)느부갓네살 왕의 꿈에 보았고 다니엘이 해몽하였는데 하나님께서 세우신 나라입니다. 스데반 집사님은 순교하는 자리에서 눈을 열어 그 세계를 본 것입니다.

2. 세상에 존재하지만 천국 문이 열리는 것을 보여준 이유가 분명합니다.

교회가 핍박 중에 있고 교회가 존립 위기에 있기 때문에 돌에 맞아 죽임당하는 스데반 집사님을 통해서 천국의 화려한 세계를 소망 삼게 하셨습니다. 이 세대를 사는 성도들에게 주님은 지금도 말씀을 통해서 계속해서 말씀해 주고 있다고 믿습니다.

1) 믿는 자는 천국이 분명하기 때문입니다.

하나의 종교를 택하여 마음이나 위로받고자 하는 신앙개념이 절대로 아닙니다. 어떤 불신앙자나 자유 신학자들이 말하는 것이 절대로 아니라는 것입니다. 천국과 지옥은 분명합니다.

① 믿고 영접하고 거듭난 사람의 천국은 분명하기 때문에 그 모진 핍박을 견디면서 순교까지 각오하는 것입니다.

(요 1:12)믿고 영접한 사람의 천국입니다. (요 3:3-)물과 성령으로 거듭난 백성이 가는 천국입니다. 이것은 사실이지 문학적 어떤 이야기가 아니라는 것입니다. (시 14:1-)어리석은 자는 하나님이 없다고 하는데, 공산주의자들의 세계가 대표적입니다.

② 천국을 유업으로 받게 될 것입니다.

(벧전 1:1-)예수 믿는 이유 때문에 핍박받아 본도, 갈라디아, 갑바도기아, 아시아와 비두니아 등으로 흩어진 나그네들에게 천국의 기업을 소개하면서 보낸

것이 베드로전서였습니다. 거듭나게 하사 산 소망을 주셨고 하늘의 기업도 주셨습니다. 여기 '소망'이라는 용어는 헬라어로 '엘피스'인데, 베드로서의 기본 용어입니다. 요한도(요 3:16, 36), 바울도(고후 3:18; 고전 15:50; 골 1:13) 강조하였는데, 스데반 집사님은 돌에 맞는 고통 중에도 그 광경을 보고 있었습니다.

2) 우리 믿음의 성도들은 지금 천국을 향해서 달려가는데 그 문을 바라보면서 가는 것입니다.

신앙생활의 본질이요 목적이기도 한 일입니다.

① 사람들에게는 두 가지 길이 있습니다.

하나는 천국으로 가는 길입니다. 그런데 이 길은 힘들고 어려운 길입니다. 그래서 좁은 길이라고 했습니다. (마 7:13)예수님은 분명히 말씀하셨는데, "좁은 문으로 들어가라"고 하셨습니다. 이 길은 가는 길이 좁고 어렵기 때문에 가는 사람이 적다고 했습니다. 그러나 그 길은 천국 길이요 영원한 축복의 세계입니다.

② 또 하나의 길이 있는데 지옥 가는 길입니다.

예수님 없는 사람들이 가는 길입니다. (눅 16:24-)부자와 나사로의 비유에서 보여주셨습니다. 세상에서 큰 부자라 소위 성공했다고 하겠지만 종착역은 물 한 방울 없는 지옥 불구덩이였습니다. (막 9:48)구더기도 죽지 않고 고통만 있는 곳입니다. (계 20:14)영원한 불 못인데 생명책에 기록되지 못한 자들이 가는 곳입니다. 절대적으로 예수 없이 살다가 이런 곳에 가지 말기를 예수님의 이름으로 간곡히 권해야 합니다. 이것이 전도요 선교입니다(눅 16:29).

3. 하늘 문이 열리는 때가 약속되었습니다.

그때가 반드시 오게 되고 눈앞에 나타나게 될 것인데, 마지막 갈 때도 열리지만 세상을 살아가면서도 예표와 징조로 열리는 때도 있습니다.

1) 세상을 사는 동안에도 믿는 자에게 약속하신 하늘 문이 열리는 축복이 약속되었습니다.

스데반 집사님은 순교 자리였지만 우리는 세상에서도 하나님의 역사를 체험하게 되는 일이 있습니다.

① 평상시에 하나님의 말씀을 지켜 행하는 사람에게 열립니다.

예수 믿는 성도로서 평상시에 하나님의 말씀을 듣고 순종해 나아갈 때 약속된 하늘 문이 열리는 축복입니다. (신 28:9, 12)하늘에 아름다운 보고가 열리고 축복받게 됩니다. 우리는 마지막 가는 천국 문도 화려하겠지만 축복의 문도 열리는 신앙이 되어야 하겠습니다. (시 128:1-)축복의 문입니다.

② 십일조에 관한 말씀에서도 약속하신 하늘 문입니다.

(말 3:10-)"너희의 온전한 십일조를 창고에 들여 나의 집에 양식이 있게 하고 그것으로 나를 시험하여 내가 하늘 문을 열고(open the floodgates of heaven) 너희에게 복을 쌓을 곳이 없도록 붓지 아니하나 보라" 하셨는데, 이는 천국에 소망을 둔 사람들의 이야기입니다. 개혁자 마틴 루터는 "물질이 회개하면 다 회개하는 것이다."라고 했습니다.

2) 최종적인 문은 하늘 문인데 천국 갈 때 열리게 됩니다.

스데반 집사님이 지금 죽는 자리에서 외치는 간증입니다. "보라 하늘 문이 열리고 인자가 하나님 우편에 서신 것을 보노라" 했습니다. 크게 성공한 신앙입니다.

① 우리의 마지막 가는 길이 이 문으로 들어가는 길이어야 합니다.

요즈음 유행하는 가요 중에 '어느 60대 노부부 이야기'가 있는데, 가사 중에 "다시 못 올 그 먼 길을 어찌 혼자 가려 하오"라는 가사가 나옵니다. 믿는 자는 절대로 혼자 가는 길이 아닙니다. (눅 16:22)천사들과 동행하는데 천사들의 호위 가운데 천국에 입성합니다. 축복이요 영광된 길입니다. 마귀 따라가는 길이 절대로 아니라는 것입니다(마 25:41).

② 믿는 성도는 반드시 하늘 영광의 문이 열리게 될 것입니다.

부흥사였던 드와이트 무디(D. L. Moody)도 죽을 때에 "땅을 떠나고 내 앞에 하늘 문이 열리는구나. 하나님께서 부르신다." 했다고 전했습니다. 프랑스의 작가 루소는 임종 시에 우는 아내를 향해서 울지 마시오, 라고 했다고 전합니다. 발명왕 에디슨은 "저 세상이 참으로 아름답구나."라고 했다고 전합니다. 우리는 뭐라고 외치며 가야 할지를 준비하는 신앙생활이 되시기를 예수님의 이름으로 축원합니다.

결론 : 천국 문은 열립니다.

〈믿음, 순종〉

깊은 곳으로 가는 믿음과 순종

눅 5:1-11

　세상에서 그 어떤 일을 하게 될 때 그 일에 대한 평가가 '깊다', '깊지 않다'는 식의 표현들이 많이 있습니다. 생각이 깊다든지, 깊지 못하다는 식의 표현입니다. 지구촌에는 유명한 산들이 많이 있는데, 그 산속 계곡이 깊은 데가 있고 바다 역시 심해의 깊이가 깊은 것과 같이 우리의 마음 역시 깊이가 깊어야 합니다. "학문이 깊다."라고 하는데 학문만 깊은 것이 아니라 우리의 신앙 역시 깊은 신앙이 되어야 합니다. 신앙심이 깊을 때 영적으로 큰일을 체험하게 되기 때문입니다. 오랫동안 신앙생활을 하였어도 신앙의 깊이가 없고 얕은 물가와 같이 깊이가 없다면 개인의 일은 물론이고 교회적으로 복음을 위하여 쓰일 수 없게 됩니다.

　사도 바울은 에베소교회에 전한 말씀에서 (엡 3:18-19)"능히 모든 성도와 함께 지식에 넘치는 그리스도의 사랑을 알고 그 너비와 길이와 높이와 깊이가 어떠함을 깨달아 하나님의 모든 충만하신 것으로 너희에게 충만하게 하시기를 구하노라" 하였습니다. 하나님께서 성령으로 말미암아 역사하시는 대로 깨닫고 습득하고 깊어야 합니다.

　본문은 베드로가 디베랴 바닷가에서 밤이 새도록 수고하며 고기를 잡았지만 한 마리도 잡지 못하였으나 예수님이 오셔서 깊은 데로 가서 그물을 내리라고 하심에 순종하여 그물을 내리게 될 때 두 배에 가득하게 채운 기적의 현장의 내용입니다. "깊은 데로 가서 그물을 내려 고기를 잡으라"(Put out into deep water, and let down the nets for a catch). 우리의 인생의 모습, 신앙의 모습을 보는 것 같은 말씀에서 은혜를 받게 됩니다.

1. 물속이 깊다는 것은 그물을 내리고 고기를 잡는데 위험과 수고가 더 따른다는 것을 생각해야 합니다.

얕은 물에서 발 담그고 송사리 잡는 일이 아닙니다. 깊은 물입니다. 큰 고기를 잡는 현장입니다.

1) 깊은 곳은 어려운 곳이기도 합니다.

그래서 깊은 바다라고 말합니다.

① 갈릴리는 원칙상 호수(lake)입니다. 그런데 성경에서 바다라고 하는 것은 넓기도 넓지만, 깊이가 바다처럼 깊기 때문이라고 하는 것입니다. 미국 미시간 주에 있는 미시간 호수는 한반도를 들어다 놓아도 남을 정도의 큰 호수이지만 바다라고 하지 않습니다. 갈릴리 호수만 바다라고 하였고 돌풍이 가끔씩 불어오는 곳이기도 합니다. (마 8:23)그곳에서 밤새도록 고기를 잡았지만, 빈손으로 철수할 수밖에 없듯이 우리 인생사가 그렇게 빈손이라면 큰 문제가 아닐 수 없을 것입니다.

② 신앙생활도 그러하지만 인생사가 그러함을 배우게 됩니다.

인생을 편안하고 쉽게 살려는 사람은 깊은 바다를 모릅니다. 깊은 곳을 싫어하게 되고 오히려 피하는 습관이 있습니다. 기독교 신앙 역시 십자가의 깊은 진리를 모른다면 문제가 됩니다. 십자가는 어렵지만 부활의 축복이 있습니다. 주의 일은 힘들고 어렵지만 축복이 있고 상급이 약속되었습니다. 그러므로 우리는 얕은 물가가 아니라 깊은 물에 그물을 던지는 역사가 있어야 할 것입니다.

2) 얕은 데서 힘쓰지 말아야 합니다.

얕은 곳은 고기가 없거니와 있다고 해도 작은 고기뿐입니다.

① 현대인들은 심리학적으로 볼 때 깊은 곳을 싫어하는 추세이고, 얕은 곳을 선호하는 현장을 보게 됩니다.

그러나 우리의 신앙생활은 얕은 곳이 아니라 깊은 데서 해야 합니다. 그 길은 십자가 지고 말씀을 따라가는 길이고, 사명적으로 살아가는 길입니다. 천국을 바라보며 나아가는 깊음의 길입니다.

② 우리는 영적인 내면세계가 깊어야 합니다.

하나님을 앙모하고 말씀을 따라가는 신앙적 세계가 깊어야 합니다. 베드로의 행위와 그의 인생 여정에서도 배우게 되는 교훈입니다. 결국 얕은 물이 아니라 예수님 말씀대로 깊은 데로 가서 그물을 내리게 될 때 큰 역사가 일어나게 되었습니다. 우리의 신앙생활이 이렇게 되어야 합니다.

2. 깊은 곳이라는 것은 내 의지나 힘대로가 아니라 물결에 의지함 때문에 나가는 것을 포기해야 하는 곳입니다.

1) 얕은 물에서는 뛰기도 하고 자기가 맘대로 움직이지만 깊은 물에서는 물결에 맡겨야 합니다.

① 성경에서 보겠습니다.

(겔 47:1-) 에스겔이 본 환상 가운데 성전 문지방에서 물이 조금씩 나오는데 천 척을 측량하고 또 측량해 보니 발목에서 무릎으로 - 무릎에서 허리까지 차게 되는데 그 후부터는 헤엄을 칠 수밖에 없는 큰물이 되었듯이, 우리의 신앙생활이 그러해야 할 것입니다. 그 물속에는 많은 종류의 물고기가 있어서 어부들이 그물을 내리고 강변에는 수많은 과일들이 열리게 되었습니다. 성령 충만함은 깊은 물속에 그물을 내려야 할 이유입니다.

② 얕은 물은 내 의지대로 움직일 수 있지만 깊은 물은 내 의지보다 물에 의지해야 합니다.

교회생활, 신앙생활의 전부가 내 의지가 아니라 성령의 인도 따라서 움직이는 생활이 되도록 해야 합니다. 찬송가 302장을 지은 심슨(A. B. Simpson, 1891)은 "내 주 하나님 넓고 큰 은혜는 저 큰 바다보다 깊다. 너 곧 닻줄을 끌러 깊은 데로 저 한가운데 가보라. 언덕을 떠나서 창파에 배 띄워 내 주 예수 은혜의 바다로 네 맘껏 저어가라." 하였습니다.

2) 깊은 바다 역시 내 의지가 아니듯이 삶의 현장 역시 주님께 맡겨야 합니다.

신앙생활도 예수 그리스도께 의탁하고 맡겨야 합니다.

① 하나님의 뜻을 바라는 것이 신앙생활이요 삶이 되어야 합니다.

다시 말하지만 내 뜻이나 내 의지가 아니라 주님의 뜻과 주님의 말씀에 맡기고 순종해야 합니다. 여기에 기적이 일어나서 두 배에 가득가득 채우는 물고기가 잡히는 현장을 보게 되었습니다.

② 깊은 물은 어렵지만, 수확물이 가득한 곳이기도 합니다.

우리의 신앙생활 역시 십자가 지고 깊은 데로 나아가야 합니다. 이제 얕은 물을 탈피하고 깊은 데로 가서 역사적 축복의 입장에 있어야 할 때입니다. 하나님의 교회사는 이런 사람들에 의해서 부흥되었습니다.

3. 깊은 곳으로 가는 것은 주님 말씀 앞에 전적으로 순종하는 것을 뜻합니다.

때때로 성경말씀을 접하게 될 때 내 뜻이나 생각과 반대되는 때도 있겠지만 그때에도 순종하며 따라야 합니다.

1) 베드로는 어쩌면 가망성이 없어 보이는 현장이었지만 순종하고 따르게 되었습니다.

① 가망성이 없어 보이고 비현실적인 것으로 생각되어도 말씀에 순종해야 합니다.

"말씀에 의지하여 내가 그물을 내리리이다"(But because you say so, I will let down the nets) 하였습니다. 상황적으로는 어렵지만 순종했습니다. 더욱이 밤새도록 수고하였고 힘을 소진했던 상황입니다. 그래도 말씀에 순종하였고 의지하여 그물을 내리게 되었습니다.

② 성경의 기적은 순종할 때 일어난 사건들입니다.

믿는 성도들만이 체험하는 기적의 현장이 됩니다. (요 2:1-)가나 혼인 잔치에서도 "너희에게 무슨 말씀을 하시든지 그대로 하라" 하였는데, 예수님 말씀에 적극적으로 이행할 때에 기적이 나타나서 맹물이 변해서 가장 좋은 포도주가 되었습니다. 이것을 체험하지만 이는 신앙적인 비밀에 속합니다.

2) 오늘날에도 신앙생활 중에 기적 같은 축복은 있는데, 말씀 순종하며 믿고 나아갈 때 나타나는 현상입니다.

① 성도 중에는 종종 시대에 맞지 않는다는 등 시대 탓을 하는 사람들도 있지만 그렇지 않습니다. (히 4:12)하나님의 말씀은 지금도 살아서 역사하는 말씀임을 잊지 말아야 합니다. (렘 23:29)불과 같고 방망이와 같은 말씀의 역사입니다.

② 기적과 능력이 필요하다면 적극적으로 말씀에 의지하고 순종해 보세요.

겸손히 말씀을 듣고 의지하며 순종해 나아갈 때 하나님은 지금도 때에 맞게 역사해 주실 줄로 믿어야 합니다. 제임스 와트(James Watt)는 주전자의 끓는 물을 보고 증기기관차를 발명하였고, 아이작 뉴턴(Isaac Newton)은 사과가 떨어지는 모습에서 '만유인력 법칙'을 발견했다면, 우리는 하나님 말씀의 기적 속에서 축복과 상급과 영생의 지름길을 터득하고 배우게 되시기를 예수님의 이름으로 축원합니다.

결론 : 신앙생활은 깊어야 합니다.

〈믿음, 순종〉

위기 때에 볼 수 있는 신앙과 불신앙

왕하 6:14-19

　기독교 신앙은 언제나 위기와 문제 앞에서 빛을 보게 됩니다. 기독교 2,000년의 역사 가운데 문제와 환난의 시간이 없던 때는 없었지만, 그때마다 모진 핍박과 문제를 이기면서 복음을 전하며 왔습니다. 한국교회 역시 1885년 이후 지금까지 온갖 문제 앞에서도 달려왔고, 이제는 세계 선교에 힘을 쓰는 나라로 가게 되었습니다. 사우어 에릭(Sauer Erich)이 지은 이른바《세계구속의 여명》(The Dawn of world Redemption)과 《십자가의 승리》(The Triumph of the crucified)라는 두 책에서도 밝히고 있지만, 예수 그리스도의 십자가 복음은 어두운 죄악의 세상을 복음으로 밝히고 십자가는 실패가 아니라 승리였음을 말하고 있습니다. 고난이 없어서가 아니라, 고난을 이기는 능력이 있다는 것입니다. 이것이 또한 지상 교회의 사명이요 힘입니다. 이는 철저하게 하나님을 신뢰하고 믿기 때문입니다(Faith & Trust). 그러나 하나님을 믿지 않고 신뢰하지 않는 자들은 광야에서 모두 멸망하게 되었습니다. (히 3:16-4:2) "그러므로 우리는 두려워할지니 그의 안식에 들어갈 약속이 남아 있을지라도 너희 중에 혹 이르지 못할 자가 있을까 함이라" 하였습니다. (눅 18:8) 또한 말세 때는 믿음이 약한 시대입니다.
　본문에서 보면 아람나라 왕이 엘리사를 잡으려고 도단 성을 군대로 포위했을 때에 있었던 일입니다. 믿음이 있는 엘리사와 그의 사환의 시각에서 보는 영적인 격차를 보면서, 우리는 믿음이 없는 자가 아니라 믿음에 견고한 자가 되어야 하겠습니다.

1. 어렵고 힘든 일 앞에서 게하시의 영적인 상태를 보여주고 있습니다.
사람이 살아가면서 평상시보다 문제가 있을 때 더 자세히 알 수 있습니다.
1) 영적으로 맹인된 사람이 있습니다.
영적 맹인(blind)은 하나님의 역사하심을 볼 수 없는 사람입니다.
① 그래서 염려와 근심이 충만한 불신앙적 사람이 되고 맙니다.
"아아, 내 주여 우리가 어찌하리이까"(Oh, my lord, what shall we do? the servant asked.) 하였습니다. '우리가'라는 복수형으로 질문하였습니다. 자신과 같이 엘리사도 그런 줄 알고 착각한 것입니다. 우리는 하나님을 신뢰하고 믿어야 합니다(단 3:17, 25; 출 14:10).
② 본문에서 엘리사의 사환인 게하시는 아람나라의 군대만을 보고 소리치게 된 것입니다.
불신앙은 믿지 못하는 것이 곧 불신앙이요 맹인이기 때문에 볼 수 없었고, 영적인 눈이 어두운 그는 불신앙자가 된 것입니다. 아람나라 군대만 보지 말고 하나님이 함께하심을 보았어야 했습니다. 우리는 성경으로 돌아가서 성경 속에서만 아니라 평상시에도 역사하시는 하나님을 믿고 보아야 합니다(잠 16:3, 16:9; 삼상 17:45). 그 하나님은 지금도 역사하심을 믿어야 합니다.
2) 우리는 게하시의 눈을 버리고 엘리사의 믿음의 눈을 가져야 합니다.
게하시의 눈으로는 세상을 이길 수 없습니다.
① 게하시의 눈은 나타나는 현상만 보고 낙심하는 눈입니다.
군사가 많고 적음이 문제가 아니라는 것을 알고, 나타나는 현상에서 낙심할 이유가 없습니다. 그렇지 않으면 우리도 현대 사회에 낙심하게 될 것입니다.
② 엘리사의 눈을 가져야 합니다.
엘리사의 눈은 가시적이고 육신적인 눈이 아니라 하나님께서 배후에 역사하심을 보고 믿는 눈입니다. 믿음으로 역사하였던 믿음의 용사들이 가지고 있었던 눈입니다(시 44:6; 대하 20:12, 15). 여호사밧은 기도하기를 "오직 주만 바라보나이다"(but our eyes are upon you) 하였습니다. 여호사밧은 군사들에게도 오직 하나님을 신뢰하고 믿으라고 하면서 찬송과 기도 가운데 나아가서 싸워 승리

한 여호사밧의 영적 세계를 보게 됩니다. 엘리사와 같은 영적 세계를 지닌 왕이었습니다. 우리가 지녀야 할 눈입니다.

2. 하나님의 사람들이 어려운 위기를 만났을 때 해야 할 일이 있습니다.

문제 앞에서 가만히 앉아 있거나 불신앙적으로 있을 것이 아닙니다.

1) 분명하고 확실한 신앙적 자세가 필요합니다.

그와 같은 신앙적 자세로 있을 때 하나님께서 역사하십니다.

① 엘리사는 기도하였습니다.

먼저 사환인 게하시의 눈을 뜨게 하였습니다. (왕하 6:17)"기도하여 이르되 여호와여 원하건대 그의 눈을 열어서 보게 하옵소서"(And Elisha prayed, O LORD, open his eyes so he may see). 엘리사의 기도가 끝나자 게하시의 영적인 눈이 뜨게 되었고 불 말과 불 병거의 천군 천사를 보게 되었습니다.

② 성도는 위기 때 기도의 무기를 사용할 수 있어야 합니다.

현대에 와서도 군사적으로 제아무리 좋은 무기가 있더라도 기도의 무기는 그 모든 것을 능가할 수 있습니다. 기도의 무기는 대단한 위력이 있어서 비가 오지 않게도, 오게도 하며 각종 질병이 치유되는 역사도 있게 합니다. (약 5:15-17) 이 무기를 사용해야 합니다.

2) 하나님의 역사는 성경 시대뿐 아니라 지금도 역사하고 함께하심을 믿어야 합니다.

성경 속에서만 역사하시는 하나님이 아니라는 사실입니다. 언제나 지금 현재가 중요합니다.

① 내가 하나님을 믿으며 하나님은 내 편에 계심을 믿어야 합니다.

내가 과연 언제나 하나님 편에 있는지를 확인해야 합니다. 그리고 믿음이 있는지도 확인해야 합니다(고후 13:5). 하나님은 언제나 나와 함께 계시고(마 28:20; 수 1:4-9), 소망의 하나님이 되십니다(롬 15:13-). 그 하나님을 굳게 믿고 바라보고 나아가야 할 때입니다.

② 기도할 때 하나님은 역사하십니다.

성경에서 전쟁에 승리했던 사람들은 모두 기도의 사람들이었습니다(출 17:8-; 시 3:1-). 1967년 중동 1차 전쟁은 6일 만에 이스라엘이 이기는데, 모세 다이안

장군의 일화는 유명합니다. 그는 방송국에서 시편 3편을 읽으며 기도하게 되는데, 그 많은 연합군을 이기고 대승리를 거두게 되었습니다. 그 위력의 기도는 지금도 유효하기 때문에 우리는 기도해야 합니다.

3. 하나님의 사람들이 영적으로 승리했을 때 그 후의 자세가 더 중요합니다.

우리가 이겼다 하면서 교만하거나 우쭐대면서 인간성을 드러낼 것이 아닙니다. 그들의 눈을 멀게 하셨고 한 상 차려서 먹게 한 이후에 자기들 고국으로 돌아가게 하는데, 이제부터는 그들이 다시는 쳐들어오지 못했습니다(왕하 6:23).

1) 영적 눈이 뜬 사람들은 겸손해야 합니다.

이스라엘 왕과 더불어 엘리사는 그들을 대접해 주었고 피 흘리지 아니하고 고스란히 돌아가게 해 주었습니다.

① 겸손의 모습을 보여주었습니다.

하나님께서 하신 일이지 내가 한 일이 아니라는 뜻입니다. 모든 역사는 하나님께서 해주셨습니다. 오직 감사와 겸손의 자세가 중요합니다. 성경은 우리에게 겸손을 강조해 주셨습니다(벧전 5:6; 약 4:6; 마 4:5). 겸손이 신앙의 최고 미덕이기 때문입니다(Augustin).

② 관용의 모습을 보여주셨습니다.

관용을 통해서 먼 미래까지 포석을 두게 되는데, 이후로는 그들이 다시는 침략해 오지 아니했다는 사실입니다. (빌 4:5)"너희 관용을 모든 사람에게 알게 하라 주께서 가까우시니라" 했습니다. (딤전 3:3)직분자를 세울 때도 관용한 자를 세우라고 하였습니다. (약 3:17)위로부터 온 은혜는 화평과 관용입니다.

2) 아람군대를 물리친 후에도 엘리사의 모습에서 배우게 되는 영적 모습이다.

우리의 모든 처세는 성경에서 배우게 됩니다.

① 신앙의 처세입니다.

이는 영적인 눈이 밝은 사람들이 가져야 하는 모습입니다. 겸손, 사랑, 관용, 용서, 접대입니다. (왕하 5:15)이스라엘 밖에는 참 신이 없다고 하는 고백이 군대장관 나아만의 입에서 고백된 이유이기도 합니다.

② 하나님의 손길은 지금도 우리와 함께하심을 볼 수 있어야 합니다.

시대는 변해도 변하지 않고 지금도 역사하심을 보는 눈이 떠지고, 부정적이 아니라 긍정적인 눈으로 역사하시는 성도들의 모습이 되시기를 예수님의 이름으로 축원합니다.

결론 : 하나님은 지금도 역사하십니다.

〈신앙생활〉

바벨탑을 멀리하라
창 11:1-9

이 세상에 존재하는 것 중에 영원한 것은 없습니다. 왜냐하면 결국 낙후되고 죽거나 무너질 때가 반드시 오기 때문입니다. 문제는 정말로 낙후되거나 낡아져서 무너지는 것이 아니라, 하나님의 무서운 심판으로 무너지기 때문에 거기에 가까이해서는 안 된다는 것입니다. 금 머리로 표현된(단 2:38) 고대 바벨론이나 철로 표현된 로마(단 2:40)도 무너지는데, 이들은 힘이 약해서 무너진 것이 아니라는 사실입니다. (계 18:2)마지막 세상으로 비유된 바벨론이 무너질 때 거기에 참여하지 말라고 강력히 말씀해 주고 있습니다. 큰 성 바벨론이 무너지듯이 로마 제국도 무너지게 되었고, 말세 때의 세상 역시 무너질 때가 온다는 말씀입니다. (단 2:44-)"뜨인 돌"(개역한글)이 신상을 무너지게 하였고, 그 뜨인 돌은 태산을 이루는 것이 성경이 말하는 역사요 미래입니다.

오늘 읽은 본문은 노아 홍수 이후에 하나님께서 당시는 홍수로 심판하시지 않겠다고 하시며 구름 사이에 무지개의 언약을 주셨는데(창 9:12), 그 인간은 하나님 말씀을 믿지 아니하고 함의 자손 니므롯이 통치하는 구스의 아들들을 중심으로 홍수의 심판을 면하자 하면서 바벨탑을 쌓아 올리다가 결국 하나님이 개입해서(언어 혼잡) 탑을 건설하지 못하였고, 한족속이 여러 족속으로 나뉘는 일이 벌어지게 되었습니다. 무지개 약속은 예수 그리스도의 구원의 약속인 바 마지막 시대에도 구원은 오직 예수 그리스도뿐인데, 사람들은 예수 믿는 일보다 탑을 쌓는 일에 정신없는 때를 맞이했습니다. 여기에서 몇 가지 은혜를 나누게 됩니다.

1. 말세 때에 바벨탑을 조심해야 합니다.

오늘의 세상은 하나님이 없는 '니므롯' 계통의 사람들이 가득합니다. 상징적으로 하나님을 떠나서 불신앙 가운데 있는 것을 말합니다.

1) 바벨탑을 쌓는다는 것은 무슨 뜻인지 알아야 합니다.

당시에 바벨탑을 쌓아 올리듯이 오늘날에도 바벨탑을 쌓는 세상으로 치솟는 현대인들의 세상입니다.

① 하나님 말씀을 신뢰하지 못하고 하나님을 떠나서 인본주의로 살아가는 사람들의 세상입니다.

하나님 외에 자기 세력을 확장 확보해 나아가는 잘못된 인본주의자들이라고 할 것입니다. 홍수 후에 약속해 주신 무지개의 약속을 불신하고 믿지 못하는 불신앙적 사람들입니다(창 9:12-).

② 무지개 약속은 예수 그리스도를 예표하는 것이요 그림자라고 할 것입니다.

말씀을 믿지 못하고 바벨탑을 쌓아 올리듯이, 오늘날에도 오셔서 구원해 주시는 예수님을 믿지 않고 심판을 자초하는 죄악 세상이 되었습니다. 하나님의 심판에서 구원받는 길은 오직 예수 그리스도의 십자가와 부활을 믿는 믿음이요 하나님을 신뢰하는 길밖에 없습니다.

(요 3:14-)모세의 놋 뱀과 같이 십자가에 높이 달리신 예수 그리스도를 믿는 일 외에는 다른 길이 전혀 없음을 알아야 합니다. 이것이 독생자를 주신 하나님의 사랑인데, 바벨탑을 쌓는 사람들은 하나님의 사랑을 믿지 않고 영접하지도 않습니다.

2) 바벨탑을 쌓는 사람들은 하나님이 없는 인본주의人本主義자들의 대표라고 할 것입니다.

하나님의 창조 시에는 하나님을 중심으로 해서 살도록 신본주의로 창조하셨고, 신앙 중심의 인간으로 지으셨습니다. (창 1:26)이른바 하나님의 형상대로입니다.

① 그러나 홍수 심판을 겪고 난 후에도 하나님의 은혜를 모르고 극단적인 이

기주의와 인본주의에서 하나님을 떠났습니다.

바벨탑 사건은 자기를 나타내고자 하는 자기 우상화의 견본이라고 할 것입니다. 표면적으로는 종교적이고 신앙적인 행세같이 보이지만 사실상은 인본주의적이며 하나님이 없는 행태였습니다. "하늘에 닿게 하여… 흩어짐을 면하자"라는 약속에는 하나님이 아닌 자기 자신이 깊게 깔려 있다고 할 것입니다. (계 17:15-)말세에 나타날 음녀요 가증한 것에 대한 상징이라 할 것입니다. 오직 하나님께만 경배하고 순종해 나가야 할 때입니다.

② 하나님께서 입혀 주시는(창 3:21; 롬 4:25) '의'가 아니라 인본주의의 자기가 만든 '의'라 할 것입니다.

일종의 공명주의요, 인본주의 중심 사상이 바벨탑 사건이라 할 것입니다. 한 시대의 모습도 그러하지만 개인마다 사상과 병폐가 마찬가지 현상으로 나타납니다. 개인적으로도 바벨탑을 쌓게 되면 곤란합니다.

2. 바벨탑이 아니라 구원의 십자가 탑을 쌓아야 합니다.

역사적으로 볼 때 바벨탑적인 것은 모두 무너지게 되었습니다. 바벨론, 로마, 헬라, 나치주의, 공산주의도 무너지게 되었고, 북한의 공산주의 우상 탑도 무너지게 될 것이 분명합니다.

1) 예수님을 믿는 사람은 오직 십자가 탑입니다.

모든 성도는 나를 구원해 주신 예수 그리스도의 십자가를 생각하고 모든 생애의 초점을 거기에 맞추어서 살아야 합니다.

① 천국 백성들의 생활이기 때문입니다.

(요 1:12)하나님의 자녀입니다. (롬 8:15)하나님을 아빠 아버지라 부릅니다. (빌 3:20)시민권이 하늘에 있습니다. (롬 8:16)성령께서 우리 영으로 더불어 우리가 하나님의 자녀인 것을 증언하십니다. 이것이 십자가 탑을 쌓는 성도들의 신상명세서입니다. 천국 백성의 신분증이기도 합니다.

② 따라서 이제는 우리 삶의 모습은 십자가 탑을 쌓아가는 생활이어야 합니다.

(고전 10:31-)성도의 모든 생활은 먹든지 마시든지 오직 하나님의 영광을 위한 생애가 되어야 합니다. 학업, 직장, 사업, 살아가는 모든 것이 하나님의 영광을 위한 목적이 되어야 합니다. 이것이 구원받은 십자가 탑을 쌓아가는 성도들의

삶의 모습이 되어야 합니다. 십자가에서 피 흘려 죽으시고 나를 구원해 주신 그리스도의 구속의 은혜 속에서 이루어지는 삶의 모습입니다. 이것이 또한 영적 생활입니다.

2) 그러나 바벨탑을 쌓는 일은 그렇지 않습니다.

매사에 구원과는 관계가 없고, 천국과는 관계가 없으며 예수 그리스도와는 전혀 무관합니다.

① 무슨 일을 하든지 자기 자신이 하는 일의 학적인 목적이 있습니다.

그래서 성도는 무슨 일을 하든지 자기 자신을 위한 탑을 조심해야 합니다. 심판을 면해보겠다고 탑을 쌓는 어리석음을 하지 말아야 합니다. 세상적인 바벨탑은 그런 것입니다. (삼상 15:12)사울 왕이 세웠던 자기를 위한 기념비 같은 것과도 비교됩니다. 결국 사울은 망했습니다.

② 자기 자신을 위한 바벨탑은 쌓지 말아야 합니다.

바벨탑을 쌓는 일은 하나님도 없고 구속의 주님도 없으며 성령님의 인도하심이나 내주해 계심도 없습니다(고전 3:16). 공부하고 출세하는 모든 것이 자기 자신을 위한 것입니다. (창 11:4)"우리 이름을 내고 온 지면에 흩어짐을 면하자"(we may make a name for ourselves)라고 했습니다. 참된 그리스도인들은 십자가밖에 자랑할 것이 없어야 합니다(갈 6:14, 고후 11:5).

3. 바벨탑을 쌓지 말아야 할 이유는 바벨탑은 무너질 것이기 때문입니다.

본문에 보면 "자 ~"라는 외마디 말이 몇 번 나옵니다. 그 외마디 '자 ~'라는 말 속에 불신앙이 담겨 있으며, 불신앙은 결국 무너지게 되어 있습니다. 이런 길로 가면 곤란합니다.

1) 첫 번째 나타나 있는 '자~'에는 타락된 인간의 본성이 그대로 나타나 있고 외침이라 할 것입니다.

불신앙적인 표현입니다.

① 인간이 인간에게 하나님의 뜻을 대적하고자 외치는 불신앙적 외침입니다.

타락된 인간의 본성을 그대로 담합해 보려는 모습입니다. 하나님은 분명히 홍수 이후에는 심판하지 아니하겠다고 "무지개 약속"(promise of rainbow)을 하셨는데, 이를 믿지 못하고 불신하는 불신앙의 표출이라 할 것입니다. 하나님은 예수 그리스도를 보내주시고 구원을 약속하셨는데(요 3:14-16), 믿지 못하는 인간의 타락성을 여실히 보게 됩니다.

② 불신앙적인 죄악의 단합된 무리에 합세하지 말아야 합니다.

'자 ~ 하자'는 무리가 많습니다. (출 14:10-)홍해 앞에서, (출 32:1-)시내산 밑에서, (민 14:3-)정탐꾼들의 말들에서 보게 됩니다. 자 우리가 새 도시를 세우고 애굽으로 다시 돌아가자는 행태와 불신앙적 동질성을 보게 됩니다. 오늘날 교회 안에서는 이런 불신앙적 형태가 없어야 할 것입니다.

2) 다음에 나타나는 '자 ~ 외침'은 하나님의 심판의 말씀이셨습니다.

또한 하나님이 부르시는(calling) 음성이기도 합니다.

① 하나님은 심판하시는데 바벨탑을 무너뜨리시겠다고 하신 것입니다.

인간의 기술력과 재주로 쌓아 올린 탑이 한순간에 무너지게 되는 심판의 하나님의 소리였습니다. 결국 탑은 무너지게 되었고 언어가 혼돈되어 흩어지게 되었습니다. (창 11:4)흩어짐을 면하자 했던 탑 때문에 결국 흩어지는 상황이 되었습니다.

② 바벨탑이 무너지기 전에 하나님께서 마지막 부르심(last calling)을 주십니다.

(계 18:4)내 백성아 거기서 나오라, (마 11:28)수고하고 무거운 짐 진 자들아 나오라, (사 1:18)우리가 서로 변론하자, (사 55:1)목마른 자들아 오라, 그 부르심에 순종하고 오면 새 예루살렘 성을 약속하셨습니다(계 3:12). 이 하나님의 부르심에 순종하게 되시기를 예수님의 이름으로 축복합니다.

결론 : 바벨탑이 아니라 구속의 은혜 속에 살아야 합니다.

〈신앙생활〉

신앙생활을 경쟁적으로 하라

고전 9:24-27

지구촌에 살아가는 모든 생명체는 그 생활 현장에서 모두 경쟁력으로 살아가는데 도전이 있으면 응전이 있습니다. 이는 석학 토인비(A. J. Toynbee, 1889~1975) 박사가 그의 책에서 역사 현장을 이야기한 말입니다. 우거진 숲의 생태계에도 조용한 것 같지만 그 속에서도 수많은 생명체가 이 우격다짐 속에 살아갑니다. 인간이 살아온 발자취 역시 도전과 응전 속에 발전시켜 왔습니다. 그래서 "일찍 일어나는 새가 벌레를 잡아먹는다."는 말도 생겼습니다.

현대 사회는 그 속도가 가속화되어 경쟁력이 심화된 상태로 나아갑니다. 그런데 육적인 생활뿐 아니라 예수 그리스도 안에서 영적 생활에도 이 원리(principle)가 적용됩니다. 그래서 수많은 마귀의 도전과 도발 앞에서 응전해야 이길 수 있음을 보게 됩니다. 목적지인 천국에 입성할 때까지는 이 싸움이 계속됩니다. (롬 12:11)"부지런하여 게으르지 말고 열심을 품고 주를 섬기라"고 하신 이유입니다. 주석학자 이상근 박사는 "태만은 범죄의 기회를 주고 근면은 많은 죄를 극복한다."고 하였습니다. "열심을 품다"라는 말은 헬라어로 '토 프뉴마티 제온테스'(τῷ πνεύματι ζέοντες)인데, '영이 뜨거워지고'라는 뜻입니다. 교부 중에 크리소스톰(Chrysostom)은 "성령과 사명이 양편에서 너를 뜨겁게 하는 동안 모든 일이 쉬워질 것이다."고 했습니다. (마 11:12)"천국은 침노를 당하나니 침노하는 자는 빼앗느니라" 했습니다. 빈센트(Vincent)는 "세례 요한 이후에 이방 세계에서 더욱 복음이 역사할 것을 말씀한 것"이라고 했습니다. 그 이후에 지금은 복음의 역사가 경쟁적으로 전파되는 시대입니다.

본문에서 바울은 우리의 신앙생활을 운동장에서 달리는 것으로 비유해서 전하였는데, 트랙을 달리는 선수를 생각하면서 우리의 신앙생활을 한층 더 올려놓는 시간이 되시기 바랍니다.

1. 신앙 경쟁 속에서 '열심'이 생겨납니다.

지금 세계를 말할 때 '무한 경쟁시대'라고 합니다. 세상일만이 아니라 영적인 일에도 경쟁 속에 달려갑니다.

1) 경기하는 사람이기 때문입니다.

(24절) "경기하는 자"라 하였는데, 이는 '고투하다', '애쓴다'는 뜻입니다. 옛날 로마시대에는 경기하는 것이 사회의 큰 관심사였습니다.

① 경기하는 종목도 많았습니다.

로마 시대에는 '경마 경주' 벤허라는 영화에서 보듯, 마차경주, 레슬링, 권투, 음악, 시 경연대회, 짐승과 싸우는 경기도 있었다고 합니다. 바울은 그 경기들을 보았을 것이고 신앙적으로 도입하여 전하였는데, 성경에서 몇 군데 보게 됩니다(빌 3:12-14; 딤후 4:7). 히브리서에도 읽게 됩니다(히 12:1-). 오늘날에도 4년마다 열리는 올림픽을 보게 됩니다.

② 본인에게 주어진 종목에 최선을 다해야 합니다.

선수들은 각자에게 주어진 종목에 따라서 최선을 다하는데, 여기에 따라서 메달의 색깔이 달라지기 때문입니다. 하나님의 교회에서 우리는 각자에게 주어진 특기와 은사와 달란트를 따라서 최선을 다해야 합니다(마 25:19-; 고전 12:4-). 상급이 약속되어 있습니다(마 16:27; 고전 9:24; 딤후 4:7-; 벧전 5:4; 계 2:10, 22:12). 메달리스트가 되시기 바랍니다.

2) 경기자로서 열심히 달려야 합니다.

어떤 종목이든 훈련이 있고, 훈련은 어렵습니다. 그래도 열심히 훈련합니다.

① 열심을 내지 아니하면 완주할 수 없습니다.

비행기에서 엔진과 프로펠러가 돌아가듯이 우리의 영적 상태가 뜨겁게 돌아가야 합니다. (히 2:1) "우리가 흘러 떠내려가지 않도록 함이 마땅하니라"(we do not drift away) 하였습니다. 항해하는 배의 규모가 클수록 프로펠러가 크게 부착되어 돌아가듯이 우리의 신앙 역시 그러합니다.

② 열심을 내지 아니하면 신앙생활이 무거워서 감당해 갈 수 없게 됩니다.

새들도 큰 새일수록 날개를 크게 휘젓게 됩니다. (히 12:12)"피곤한 손과 연약한 무릎을 일으켜 세우고"라고 했습니다. 그래야 천국 목적지까지 잘 달릴 수 있기 때문인바 은평교회 성도 모두 이렇게 경쟁하듯 달려가서 상급의 주인공들이 되시기를 축복합니다.

2. 신앙 경쟁 속에서 믿음 생활에 방해가 되는 것은 버려야 합니다.

신앙은 영적 싸움이요 경주이기 때문에 경건생활에 방해되는 것은 버려야 합니다. 방해되는 것 때문에 앞으로 진군하는 데 큰 방해가 되기 때문입니다.

1) 선수들은 최소한의 옷만 입고 뛰게 됩니다.

마라톤이나, 육상, 달리기 등의 모든 종목은 간편한 옷차림으로 뛰게 됩니다. 불편한 옷은 경기하는데 지장이 되기 때문입니다.

① 운동선수의 복장이 간편하듯이 성도의 영적 싸움도 간편해야 합니다.

선수들은 음식이나 습관 등 기록에 지장을 주는 것들은 고치고 버릴 것은 버립니다. 생활습관이며 말하는 것이며, 오락까지도 버립니다. 이것들은 영적 싸움에서 방해가 되기 때문입니다. (히 12:1)"모든 무거운 것과 얽매이기 쉬운 죄를 벗어 버리고"라고 했습니다. 특히 영적 경쟁에서는 이 자세가 중요합니다.

② 모세는 신발까지도 발에서 벗으라 하셨습니다.

(출 3:5)모세에게 사명을 주시며 하신 말씀인데, 발에 신은 신발까지도 벗어야 할 때가 있습니다. (수 5:15)여호수아에게도 신발을 벗으라 하셨습니다. (롬 13:12)모든 성도는 영적 경쟁을 위해서 세상적인 어둠의 일을 벗고 빛의 갑옷을 입어야 합니다. 분명하게 벗을 것이 있고 새롭게 입어야 할 것이 있는데 이것이 새롭게 시작하는 성도의 세상사는 지혜요, 생활 자세입니다.

2) 벗을 것을 벗지 아니하면 선수로서 뛸 수 없기 때문입니다.

각양각색의 종목들이 있지만 예컨대 달리기 선수들을 생각해 보면 쉽게 짐작이 가는 대목입니다.

① 매우 빠르게 뛰어야 하기 때문입니다.

이번에 1등을 했더라도 다음에 또 1등 한다고 보장할 수 없습니다. 또 다른 선수가 추월해서 새 기록을 세우기 때문입니다. 우리 신앙생활 역시 마음가짐이 중요한 경기와 같습니다. 그래서 두 손으로 지옥 가느니 한 손으로 천국 가는 것이 낫다는 마음으로 뛰어야 합니다(마 18:9-).

② 추월당하면 시험 거리입니다.

본인이 노력하지 아니해서 추월당하는 일들이 많기 때문인바 인생에서 본인은 생각하지 않고 시험 거리로 여기면 주변 사람들에게 덕을 세울 수 없습니다. 경기는 냉혹하듯이 신앙적 문제는 냉철해야 합니다. 천국에 들어갈 때까지는 이 신앙으로 승리해야 하는데 은평교회 성도들은 하나같이 이런 승리의 축복이 있기를 원합니다.

3. 신앙경쟁 속에서 목표가 분명해야 합니다.

목적이 없이 달리는 선수는 없듯이 신앙생활 역시 목적이 분명한데 천국이요 그 천국의 상급이 뚜렷합니다.

1) 신앙의 종점은 천국이요 천국에서의 상급이어야 합니다.

믿음의 경주에서 그렇게 경쟁 속에서 달려가는 이유입니다. 세상 썩어질 것이 목표가 아니라는 것입니다.

① 방향이 분명해야 합니다.

(26절)"향방 없는 것 같이"라는 것은 목표와 가는 길이 분명하지 않다는 뜻입니다. '향방 없다'는 말은 헬라어로 '아델로스'(ἀδήλως)인데, '인정되지 않는 것'이라는 의미입니다. 야구선수가 볼을 칠 때 '헛스윙'하는 것과 같은 것입니다. (빌 3:8-14)사도 바울은 "예수 그리스도의 나라를 위해서 달려간다"고 하였습니다. 복음성가 가운데 "당신은 지금 어디로 가나요 발걸음 무겁게"라는 찬양이 있는데, 수많은 인생이 지금 그러고 있습니다. 가는 방향도 모르고 달려가는 곳은 지옥입니다.

② 성도가 달려가는 곳은 한 곳입니다.

오직 신앙 안에서 말씀 따라가는 길입니다. 세상적 쾌락이나 세상의 길은 지옥으로 안내합니다. (고후 7:1-)"육과 영의 온갖 더러운 것에서 자신을 깨끗하게 하자" 하였고, (고전 2:14)"육에 속한 사람은 하나님의 성령의 일들을 받지 아니하나니" 했습니다. 그러나 우리의 방향은 분명한데 천국이요 예수 그리스도입니다.

2) 신앙 경쟁에서 승리하려면 자기와의 싸움에서 이겨야 합니다.

(26-27절)자기 자신을 이겨야 합니다.

① 정욕적이고 세상적인 것은 때려잡아야 합니다.

프랑스의 작가 빅토르 위고(Victor-Marie Hugo)는 낭만주의 소설가로《레미제라블》등 수많은 작품을 남겼는데, "사람이 제일 싸우기 힘든 상대는 전쟁도 아니고, 자연재해도 아니고, 자기 자신과의 싸움이다."라고 했습니다.

② 자기와의 싸움에서 이기지 못하면 신앙생활도 이길 수 없습니다.

(삿 16;16)삼손이 그랬습니다. (왕상 11:1-)솔로몬이 그랬습니다. (롬 8:13)"너희가 육신대로 살면 반드시 죽을 것이로되 영으로써 몸의 행실을 죽이면 살리니" 했습니다. 일반적으로도 지금은 '무한 경쟁 시대'라고 하는데, 천국 역시 경쟁 속에서 달려가는 것은 천국은 침노를 당하기 때문입니다. 은평교회 모든 성도가 이 영적 전투에서 승리하고 천국의 주인공들이 되시기를 예수님의 이름으로 축원합니다.

결론 : 우리의 이김은 확실합니다.

〈신앙생활〉

올바른 신앙생활의 지침

약 2:14-26

　세상의 모든 일에는 그 일에 대한 지침서가 있어서, 그 지침서대로 하는 것이 그 일을 올바르게 하는 길입니다. 군대에서 사격 연습하는 데도 지침서대로 해야 하고, 제반의 모든 훈련이 지침서대로 따르게 됩니다. 또한 운전하는 일에도 운전에 대한 지침서대로 하면 됩니다. 특별히 어렵고 힘든 일이더라도 지침서대로 할 때 무사히 하게 됩니다. 지침서대로 하지 않으면 무너지게 되는데, 성수대교가 무너지고 삼풍백화점이 무너지게 되었습니다.

　우리의 신앙생활인 영적인 일에도 하나님은 우리에게 성경을 지침서로 주셨고, 교회에는 헌법을 비롯한 교리서가 있고 어떻게 신앙생활을 해야 하는지를 분명하게 밝혀주시기 때문에 말씀을 따라가는 성도와 말씀이 없는 불신자와 인생의 가는 길은 영원히 목적지가 다르게 도착하게 됩니다(계 21:27, 20:15). 그러므로 누구든지 세상을 살면서 인생에 있어서 예수 믿는 지침서를 잊지 말아야 하고 예수 믿는 성도의 생활을 신앙의 지침서에 뭐라고 기록되었는지를 자세히 살펴서 올바른 신앙생활로 나아가야 합니다. 세상 사람들은 지위가 높고 물질이 많으면 인생을 성공했다고 하지만 인생의 지침서에서 벗어나 지옥 가는 목적지라면 절대로 성공한 인생이 아닙니다(눅 16:24).

　오늘 본문인 야고보서를 통해서 분명히 깨닫게 되는바 여기에서 은혜의 시간이 되시기를 바랍니다.

1. 올바른 신앙고백이 기준점이 되어야 합니다.

교회에 나와서 예배드리면서 분명한 것은 올바른 신앙고백입니다.

1) 사도들을 통하여 우리에게 말해주신 신앙의 중심을 우리는 고백하는 것입니다.

고백한다는 말은 믿고 따르는 결정입니다.

① 예수 그리스도를 올바르게 나의 구세주로 고백하고 믿습니다.

예수 그리스도가 누구냐고 하는 질문에 대한 답변은 예수님 당시뿐 아니라 지금도 여러 가지입니다(마 16:13-). 그러나 베드로를 비롯한 제자들이 달랐듯이 이 세대에도 예수님과 나의 관계를 분명한 믿음과 고백이 마음에서 나와야 합니다. 예수님께서 질문하셨습니다. "너희는 나를 누구라 하느냐"(But what about you? he asked. Who do you say I am?)입니다.

② 우리가 예배 시에 고백하는 사도신경 가운데 예수님께 관한 것뿐 아니라 우리의 신앙고백이 모두 함축되어 있습니다.

이 신앙의 지침서인 사도신경의 지침서대로만 믿고 따르고 행하게 되면 좋은 신앙입니다. 천지창조부터 시작하여 영원한 천국과 지옥에 관한 것까지 모두 농축된 고백서입니다. 신구약 성경의 축소판입니다. 사도신경은 예수님 당시에 만들어진 것은 아니고 주후 110~150년 사용하다가 주후 5세기경에 우리가 지금 사용하는 신앙고백이 완성되어 쓰였습니다. 라틴어로 크래도(Credo)라고 하는데 '그 뜻은 나는 믿습니다.'입니다. 믿으면 하나님의 자녀입니다(요 1:12; 롬 8:15; 빌 3:20).

2) 사도신경적 신앙이 다른 곳에는 없습니다.

성경 말씀을 믿는 기독교만이 유일하게 주신 축복의 고백입니다. 생명력 있고 살아 있는 성경을 믿기 때문입니다.

① 다른 곳에는 구원이 없습니다.

고백되는 것은 오직 성경 신앙고백뿐입니다. 진리요 사실이기 때문입니다. 다른 길은 없습니다(요 14:6; 행 4:12). 따라서 우리 믿음의 성도들은 성경을 요약한 사도신경이 말하는 고백 속에 살아가는 것이 신앙의 지침서가 됩니다.

② 다른 곳에는 구원이 없습니다.

이 점은 성경이 우리에게 분명히 명시해 주셨습니다. 성경이 말하는 신앙은 오직 예수 그리스도이십니다. 종교개혁자들인 마틴 루터나 요한 칼빈의 개혁 정신 역시 오직 성경으로, 오직 성령으로, 오직 믿음으로 부르짖게 되었습니다. 왜냐하면 열방의 우상은 사람들의 수공물이요 헛되기 때문입니다(시 115:4-). 이는 850명의 우상숭배자들과 엘리야의 영적 대결에서도 분명하게 판명되었음을 보게 됩니다(왕상 18:21-40).

2. 신앙생활에서 올바른 기도 생활이 이루어져야 합니다.

기도는 하나님께 자녀 된 성도가 현재 처한 현실적 입장의 일들을 가지고 대화하는 일에 비교됩니다. 기도는 하나님과 대화요 호흡과 같습니다.

1) 기도는 하나님과의 영적인 대화요 하나님과의 깊은 사귐입니다.

이것이 기도 생활에 비교됩니다.

① 하나님 아버지와 나 사이에 깊은 대화나 사귐이 반드시 있어야 합니다.

신앙생활의 기준점이 아버지 하나님과의 관계에 있기 때문입니다. 그래서 기도는 해도 되고 안 해도 되는 것이 아니라 반드시 해야 하는 영적인 일입니다. 자녀가 부모와 대화하듯이 해야 하는데 쉬지 말고 기도해야 합니다(pray continually, 살전 5:17).

② 기도하면 문제를 들어주시고 해결해주시겠다고 약속하셨습니다.

예수님도 기도하시면서 세상에 사는 제자들에게 기도의 본을 보여 주셨습니다. 또한 기도하라 하시며 응답을 약속하셨습니다. (마 7:7)구하면 주시겠다고 약속해 주신 것입니다. 기도 응답을 통해서 하나님의 손길을 보는 것은 신앙생활의 중요한 기준점이 되기도 하기 때문에 중요한 신앙적 행위가 기도입니다. 기도해서 응답받는 신앙과 그렇지 못한 신앙과 신앙 상태가 다른 것은 기독교는 체험의 종교이기 때문입니다.

2) 기도 중에 예수님이 가르쳐 주신 주기도문이 견본(sample)이 됩니다.

(마 6:9-)주기도문을 통해서 기도의 지표指標로 주셨습니다.

① 기도는 하나님 아버지의 영광이 그 우선에 있습니다.

기도의 모든 내용과 목적은 하나님의 영광에 있다는 것을 잊지 말아야 합니다. 죄 사함의 문제, 일용할 양식의 문제 등이 있는데, 모세를 통해서 주신 십계명에는 열거하지 않은 내용들이 주기도문 내용에 가득합니다.

② 기도생활은 영적 호흡과 같기 때문에 건강한 신앙생활의 표준이 됩니다.

건강하지 못한 자는 병원에서도 위급하게 산소호흡을 하고 있지만, 건강한 사람은 자연적으로 숨을 쉬듯이, 건강한 신앙은 늘 기도가 살아있습니다. 기도의 역사들을 보세요(창 21:14; 약 5:15; 눅 18:1-; 왕하 20:5). 은평교회 성도들에게 이런 축복이 풍성하게 있어야 하겠습니다.

3. 신앙생활에서 올바른 기준점은 성경을 토대로 한 실제 생활로 이어져야 합니다.

말씀을 읽고 듣고 공부하면서 기도 속에서 말씀대로 행하는 일이 필요합니다. 야고보는 지금 본문에서도 행하는 신앙을 강하게 전달해주고 있습니다. 행함이 없는 믿음은 죽었다고까지 강조했습니다(약 2:26).

1) 지금 행하라고 하였습니다.

행하는 믿음이 산 믿음이라고 강하게 전하고 있습니다.

① 듣고 행하게 될 때 복이 약속되었습니다.

구약에서도 행하라고 강조했습니다(신 28:1-14; 출 20:1-17). 신약에서도 행하게 될 때 복이 있다고 강조했습니다(계 1:3). 이 세대에 그리스도인들은 내가 어디에 있든지 예수 믿는 사람으로서 말씀을 행하는 신앙 가운데 살아야 하는 것이 명백합니다.

② 예수 믿고 구원받았습니다.

여러분이 분명히 구원받게 된 줄 믿습니다. 그렇다면 이제는 그 믿음을 가지고 성경의 지침대로 살아가는 것이 살아있는 신앙입니다. 그렇지 않으면 죽은 신앙이 될 것입니다. 이것이 우리가 가지고 있는 신앙의 지침입니다.

2) 성경의 내용을 생활 속에서 행할 때는 복이지만 행하지 아니할 때는 복이 아닙니다.

① 행하지 아니하면 불신앙이기 때문에 오히려 저주입니다.

말씀대로 인내하면서 행동이 따라야 합니다(살전 1:3-, 2:13). 데살로니가 교회들의 신앙 상태가 우리에게 중요하게 와 닿아야 할 때입니다. 이스라엘 백성들은 그렇지 못하여 광야에서 다 죽게 되었습니다(히 3:11-4:2).

② 듣고 행할 때 축복이요 영생과 상급이 약속되었습니다.

하나님 말씀은 확실합니다. 지금 야고보서를 통해서 우리에게 강조해 주시는 요점은 행하라는 것입니다. 제아무리 좋은 고백이라도 고백으로 끝나면 소용없습니다. 말씀 따라서 고백하였다면 행하게 될 때 축복이 옵니다(시 19:7; 딤후 4:16-). 신앙고백 된 대로 말씀을 따라서 행하므로 영적 생활과 육으로 사는 동안 복이 되시기를 예수님의 이름으로 축원합니다.

결론 : 고백 되었으면 행하여야 합니다.

〈신앙생활〉

성장하는 신앙의 길

요 9:13-25

모든 살아있는 생명체는 세상에 태어났으면 그때부터 성장하는 것이 기본 원칙이요 생명의 법칙입니다. 이 생명의 기본 원칙을 상실하고 성장하지 않고 있다면 큰 문제입니다. 성장하는 것이 순리인 것은 성장함으로써 개체의 본연의 사명을 다할 수 있기 때문입니다. 동물이든 식물이든 이 원칙하에 있기 때문에 성장은 중요한 관건입니다. 사람은 육체로만 구성되어 있는 것이 아니라 영혼의 세계가 있습니다. 일컬어서 영적 존재입니다. 그래서 빵으로만 사는 존재가 아니라 하나님의 말씀을 공급받고 살 때 건강하게 영과 육이 살아가게 됩니다(마 4:4).

사람은 태어나서부터 시작하여 유아기를 거치고 유소년기를 거쳐서 성장하는데, 이 시기에 성장과 발육이 잘되면 사회에 진출하여 사회인으로서 공헌하며 다음 세대에 무엇인가를 물려주는 물려줌의 단계를 가지게 됩니다. 식물은 열매로써 씨앗을 남기며 다음 세대를 예비하게 됩니다. 어디까지나 이것은 성장 과정에서 잘 되었을 때의 일입니다. 그리고 후에는 행복한 세대를 바라보고 떠나게 되는데 복된 마감입니다(계 14:13).

모든 생명체가 성장 과정이 있듯이 모든 그리스도인의 영적 세계에도 같은 원리하에 있습니다. 구원받은 확신과 함께 천국에 입성할 때의 과정이 중요합니다. 신앙 성장과 함께 복음을 위해 교회에서 일꾼으로 일하다가 천국에 입성하는 존재가 되어야 합니다. 본문에서 보듯이 나면서부터 보지 못하는 이 사람은 예수님을 만난 후부터 인생이 바뀌게 되었습니다. 예수님을 만난 후부터 몇 가지 단계가 중요한 일인바 성장과정에서 몇 가지 단계별로 살펴보면서 은혜의 시간이 되시기를 바랍니다.

1. 첫째 단계는 예수님을 만나는 것이 중요합니다.

교회에 출석한다고 해서 모두 성장하는 것은 절대 아닙니다. 인격적으로 예수님을 만나는 영적 체험이 반드시 있어야 합니다. 회개와 거듭남에서부터 시작합니다.

1) 나면서부터 맹인 된 이 사람은 예수님을 만나게 되었습니다.

길에서 예수님을 만났듯이 인생 걸어가는 길에서 예수님을 만나야 합니다.

① 이 맹인은 나면서부터 보지 못했습니다.

불쌍한 장애자들이 많이 있지만 시각장애자는 더욱 안타까운 장애자라 할 것입니다. 어느 한 곳을 정해 놓고서 구걸하는 입장이었는데, 예수님을 만나는 축복을 받은 것입니다. (막 10:46) 바디매오는 길가에 앉아 구걸하는 입장이었습니다. 벵겔(Bengel)이라는 신학자는 말하기를 "그가 다윗의 자손이라고 부르짖은 것은 그가 메시아 되시는 예수님을 믿었고 인정한 것이다."고 하였습니다. 가난하든 부하든지 간에 예수님을 인격적으로 만나는 단계가 반드시 필요합니다.

② 예수님을 만난 이 맹인은 누구의 죄 때문에 그런 것이 아니라 하나님이 하시는 뜻을 위해서였습니다.

세상적인 시각으로 봐서 인과응보적인 견해가 아니라는 것입니다. 다만 하나님 말씀을 믿고 따르고 순종해야 할 것입니다. 교부 이레네우스(Ireneus)는 "진흙으로 창조하실 때, (창 2:7)를 연관시켜서 창조주 주님이시기에 맹인을 고치는 일이 가능했다."고 하였습니다.

2) 예수님은 어둠에 사는 인생에게 빛으로 오셨습니다.

죄로 말미암아 영적인 암흑에 사는 인생들을 위해서 생명의 빛으로 오신 것입니다(요 1:4-).

① 우리는 영적인 시각장애인이 아닌지 확인해야 합니다.

이 사건 이후에 논쟁이 벌어지게 되었는데, 바리새인들이 "우리도 맹인인가?"(What? Are we blind too?. 요 9:40)라고 하자 주님은 차라리 "맹인이 되었더라면 죄가 없으려니와 본다고 하니 너희 죄가 그대로 있느니라"고 하셨습니다(41절). 라오디게아교회는 눈먼 맹인이라고 책망을 받게 되었습니다. 우리의 영적 모습을 깨닫는 성장이 필요합니다(계 3:17).

② 영적 성장의 중요한 단계가 영적 눈을 뜨는 단계인데, 예수님을 만날 때 가능한 일입니다.

예수님을 만나지 아니하면 기적은 그만두고라도 천국에 입성할 수 없습니다. 죄 된 생활을 버리고 예수님을 만나야 합니다. 세속에 끌려가게 되면 결국 문제가 됩니다. (수 7:1)아간이나, (왕하 5:27)게하시나, (행 1:18)가롯 유다가 되면 곤란합니다. 세속적으로 눈먼 사람들의 모습입니다. 영적 시각장애에서 눈을 뜨는 기적을 체험하며 승리하시기를 축복합니다.

2. 성장하는 신앙은 예수님을 만나서 변화된 삶에서부터 시작됩니다.

인격적으로 예수님을 만났으면 변화된 삶이 있어야 합니다.

1) 변화된 생활이 아니면 성장할 수 없습니다.

맹인은 첫 번째 변화의 모습이 보는 것이었습니다. 볼 수 없다가 이웃도, 부모도, 사물도 보고, 자신을 고쳐주신 예수님도 뵙게 되었습니다.

① 눈이 떠지면 보게 됩니다.

변화 중에 가장 큰 변화입니다. 귀로만 듣던 것이 눈으로 보게 되었습니다. 교회에 나와서 영적 눈이 떠지고 변화된 눈으로 볼 수 있게 되기를 축복합니다. 예수님을 만나기 전에는 우상 숭배자요, 주정꾼이요, 죄로 가득한 자들이 예수님 만나서 눈이 떠지면 모두 버리고 천국을 볼 수 있게 되는 것이 영적 성장의 최고 변화입니다.

② 변화되지 않는 신앙은 성장할 수 없기 때문입니다.

예수님은 변화를 주시는 분이십니다. (눅 19:1-)삭개오가 변화되었습니다. (몬 1:11)오네시모가 변해서 사랑받는 사람이 되었습니다(골 4:9). 그리고 변화된 후에는 성장된 삶의 현장으로 살아가게 되었습니다.

2) 성경은 우리에게 예수님을 만나고 변화되고 영적 성장을 살아간 사람들의 이야기를 보여줍니다.

① 성경에서 그 으뜸은 사울이 변해서 바울이 된 것입니다.

영적 맹인 된 자가 되어서 교회를 박해하고 여전히 위협과 살기가 등등했던 사울의 모습이었습니다(행 9:1). 그러다가 예수님을 만나게 되었습니다. 눈에서 비늘 같은 것이 벗겨지게 되었고(행 9:18), 새롭게 보는 사람이 되었습니다.

② 예수님은 빛으로 오셨기 때문에 생명의 빛을 만나면 시각장애자의 모습에서 해방되는 것을 성경이 분명하게 보여주고 있습니다.

(요 1:4-)예수님은 생명의 빛이 되십니다. (요 9:5)예수님은 세상의 빛이십니다. 세상 어둠을 향해 생명의 빛을 비추는 성장이 있기를 축복합니다.

3. 성장하는 신앙은 밝은 눈으로 살면서 사명적으로 살아가는 생활입니다.

"실로암 못에 가서 씻고 나서 이 맹인은(요 9:7) 밝은 눈으로 왔더라"(and came home seeing)고 하였습니다.

1) 이제 밝은 눈으로 왔기 때문에 생활이 달라졌습니다.

보이지 않아서 몰라서 행하였던 세상과는 달라진 생활입니다. 이제 생활이 성장해 가게 될 것입니다.

① 어둠의 옷을 벗고 빛의 갑옷을 입게 되었습니다.

성 어거스틴(St. Augustine)이 돌아올 때 조명된 유명한 말씀이라고 전해지는데, "어둠의 일을 벗고 빛의 갑옷을 입으라"(롬 13:11-)는 말씀과 같이 이 맹인은 이제 보게 되었고 생활이 성장하게 되었습니다. 빛이 되시는 예수님을 만나서 어둠의 일을 벗어버리게 되는 생활입니다.

② 우리는 교회 안에서뿐 아니라 교회 밖에 나가서도 맹인으로 사는 것이 아니라 영적으로 눈을 뜬 밝은 생활의 성장이 반드시 따라야 합니다.

성장하는 신앙은 영안을 떠서 밝게 사물을 보고 살아가는 생활입니다. 옛날 희랍의 철학자 중에 디오게네스(Diogenes)는 밝은 대낮에 등불을 켜 들고 다니며 "어찌 세상이 이렇게 어두운가. 나를 빛으로 인도해 달라." 하였다는데, 성도들은 예수님 만나서 영적인 눈을 뜨고 밝게 살아가는 성장된 모습으로 살아가야 합니다.

2) 이제는 예수님께 대하여 헌신하며 성장하는 모습을 보아야 합니다.

성장하는 신앙은 눈이 떠지고 헌신하게 될 때에 계속하여 성숙되게 됩니다.

① 맹인에서 눈이 뜨인 이 사람은 이제 더 이상 시각장애자가 아니라 예수님을 사람들에게 전하는 사람이 되었습니다.

헌신자입니다. 관원들과 지인들 앞에서 떳떳하게 예수님이 내 눈을 뜨게 해 주셨다고 증언 하는 성숙을 보였습니다. 부끄러워하지 아니하고 머뭇거리지도 아니하고 담대하게 전하는 헌신자가 되었습니다. 이제 더 이상 과거의 시각장애자의 모습이 아닙니다.

② 밝은 눈으로 사람들에게 우리가 기다리던 선지자라고 전하게 되었습니다.

우리가 예수님 때문에 영적 눈이 떠지고 믿음이 있다면 나를 구원해 주신 메시아 되시는 예수 그리스도가 우리의 구세주라고 전할 수 있어야 합니다. 이 신앙이 성장하는 신앙입니다. 십자가의 대속적 죽으심과 부활에 대하여 전하는 성숙한 그리스도인들이 모두 되시기를 예수님의 이름으로 축원합니다.

결론 : 이제는 시각장애자로 살면 곤란합니다.

〈신앙생활〉

포도나무로 비유된 성도의 생활

겔 15:1-8

　세상에 살아가는 성도들에게 세상에 있는 것들을 소재로 해서 비유된 것들이 많이 있는데, 그 소재 소재마다 모두 뜻이 있고 의미가 색다르게 나타납니다. 이스라엘 백성들이나 예수 그리스도 안에 살아가는 성도들에게 주는 비유입니다. 양, 소, 염소, 비둘기 등은 주로 하나님께 드려지는 제물용으로 나타나 있습니다. 무화과나무라든지 베어도 다시 움이 돋는 밤나무, 상수리나무에도 관심이 있습니다(사 6:13). 성전을 짓는 데 쓰인 백향목, 노아 방주를 짓는데 사용된 잣나무(고페르)에도 뜻이 있습니다. 물고기 가운데 붕어, 잉어 등 비늘이 있고 지느러미가 있는 물고기들도 뜻이 모두 있습니다(레 11:9-). 이른바 자연 세계를 통해서 하나님을 알 수 있도록 자연계시도 주셨는데(롬 1:19-), 나이 어린 유치부 어린이들이 보는 책 속에 동물 하나를 그려놓고 큰 글씨를 써놓고 국어 공부를 시키는 것과 같은 원리라 할 것입니다. 깨닫는 것이 어린아이와 같기 때문입니다(고전 13:11-).

　본문 말씀은 포도나무로써 교훈해주고 있습니다. 성경에 포도나무에 담겨진 교훈이 많습니다. (요 15:1-)예수님이 참 포도나무라고 하셨고, 너희는 가지라 하셨습니다(I am the true vine, and my Father is the gardener). 포도나무는 열매를 요구하는 것이요 재목이나 다른 용도는 아니라는 것이 오늘 말씀입니다. 열매가 없을 때는 화목용火木用으로밖에 쓸모가 없다고 하셨습니다. (사 5:1-)그래서 이스라엘 백성을 포도나무로 비유하시면서 열매가 없는 그들을 심판하시겠다고 경고하기도 하셨습니다. 여기에서 은혜의 시간이 되시기를 바랍니다.

1. 포도나무는 그 포도나무의 가치를 상실하지 말아야 합니다.

모든 나무는 그 나무대로의 가치가 있습니다. (시 92:12-)종려나무나 백향목도 그 가치가 있습니다.

1) 포도나무의 가치는 그 열매에 있습니다.

포도나무에 열매가 없다면 베어서 땔감으로 사용할 수밖에 없습니다.

① 포도나무의 가치는 외형적으로 수려함이나 모양에 있지 아니하고 열매에 있습니다.

하나님께서 이스라엘 백성들을 포도나무로 비유하시면서 열매 맺기를 요구하셨으나 그들은 하나님이 기뻐하시는 열매가 없으므로 책망을 받게 되었습니다. (사 5:1-)가치를 상실한 것입니다.

② 이스라엘 유다가 맺어야 할 열매가 있습니다.

포도 열매에서 그 열매는 사람들에게 유익을 주는 필수적인 열매요 이른바 공평과 공의였는데, 그 열매가 없었다고 책망을 받게 되었습니다. (사 5:7)가치를 상실한 것입니다. 결국 호세아 선지자를 통하여 외치기를 돌아오라고 기회를 주시기도 하였습니다(호 4:1-6:2, 10:12-). 에스겔 역시 본문에서 유다 백성들에게 같은 열매를 요구하고 계신 것입니다.

2) 포도나무가 열매를 맺기 위해서는 분명한 길이 있습니다.

신약에 와서 예수님을 포도나무라 하고 성도는 나무에 붙어있는 가지로 비유해 주신 것입니다.

① 예수 그리스도 안에 있어야 합니다.

가지가 원줄기에 붙어 있듯이 주님 안에 있어야 합니다. 구약시대에는 그들이 하나님 말씀 안에 있지 아니하고 말씀 밖에 있었고 죄에 빠지게 되었습니다. (요 15:5)"나를 떠나서는 너희가 아무것도 할 수 없음이라"(apart from me you can do nothing) 하였습니다.

② 교회 시대에 성도들이 열매 맺는 비결은 말씀 가운데 성령의 열매를 맺어야 합니다.

맺어야 할 열매들이 분명히 제시되었습니다. (갈 5:22-)성령의 열매들입니다. (히 13:15-)예수로 말미암아 찬미와 입술의 열매입니다. (마 3:8)회개의 열매입니다. (사 57:19)입술의 열매입니다. (고후 9:10; 빌 1:11)의의 열매입니다. (요 4:36)영생에 이르는 열매입니다. (엡 5:9)빛의 열매입니다. (약 3:15)긍휼과 선한 열매입니다. (히 12:11)의와 평강의 열매입니다. (딛 3:14)열매가 없으면 안 됩니다. 성도는 반드시 열매를 맺어야 합니다.

2. 포도나무의 가치성을 상실한 나무들은 베어 버릴 수밖에 없습니다.

포도나무에 열매가 없을 때 농부의 근심이 되듯이 성도들에게 열매가 없으면 하나님의 근심거리가 됩니다.

1) 베어 버릴 때에는 가차 없이 베어버립니다.

나무에 열매가 없기 때문입니다. 누가복음 13장 6절에서 예수님은 분명히 말씀하셨습니다.

① 열매가 없으면 땅을 묵힌 것이 되기 때문에 가차 없이 베어 버리게 되는 것입니다.

왜 그럴까요? 열매가 없기 때문에 가치성을 상실한 결과로 이어졌기 때문입니다. 우리가 주 안에서 열매를 맺어야 할 이유입니다.

② 열매가 없을 때 가차 없이 베어 버렸던 것은 역사적 사실이었습니다.

사사 시대에 사사들을 통해서 보여주셨습니다. 왕정시대에 왕들을 통해서 보여주셨고, 북쪽 이스라엘은 열왕기하 17장으로 끝이 나게 되었고, 남쪽 유다는 그나마 다윗과의 약속을 생각하셔서 주전 586년 바벨론 느부갓네살에 의해서 망하게 되었습니다. 예수님을 배척한 이스라엘은 주후 70년에 망했습니다. 베임을 받은 것입니다.

2) 하나님은 그의 백성들이 열매 맺기를 바라십니다.

불신자와 신자가 다른 것은, 신자는 그의 심령 속에 예수님의 생명이 있지만 불신자는 없다는 것입니다(요일 5:11-13).

① 예수 생명이 내 안에 있고 말씀 안에 있을 때 열매를 맺게 됩니다.

따라서 말씀을 따르는 것이 복이 있는 것입니다(계 1:3). 기도 가운데 내가 예수님 안에 열매가 있는가를 살펴야 합니다.

② 포도나무로서 가치성을 상실하고 열매가 없듯이 자기 자신의 위치를 상실하면 문제입니다.

예배의 자리, 봉사의 자리, 헌신의 자리, 각종 사명의 자리에서 열매를 맺어야 합니다. 열매가 없을 때 열매 없는 나무는 찍혀서 불에 던져졌습니다. 가치가 없기 때문에 찍어서 버리게 된다는 말씀입니다.

3. 포도나무의 가치성을 회복해야 사는 길입니다.

다시 포도나무로서 열매 맺도록 하기 위해서 하나님은 역사해 주시고 계신 것이 본문 말씀에 나타난 교훈입니다.

1) 포도나무의 기능을 상실한 곳에 그대로 멸망하도록 할 수는 없습니다.

다시 칭찬 듣고 축복받는 기능을 회복해야 합니다.

① 하나님 아버지의 긍휼하심만이 가능합니다.

늪에 빠진 사람은 자기 힘으로 나올 수 없고 누군가의 도움이 있어야 하는데, 하나님의 긍휼하심입니다. 하나님께 마음이 돌아오면 긍휼히 여기시는데 찢으셨으나 다시 낫게 해주십니다(호 6:1-). 진노 중에 긍휼을 잊지 아니하시는 하나님이십니다(합 3:2-).

② 하나님께서는 기회를 다시 주시고 회복해 주실 것이 분명합니다.

(호 2:14-15)다시 희망적인 말씀으로 약속해 주셨는데, 아골 골짜기(환난의 골짜기)를 소망의 골짜기로 만들어 주신다고 하셨습니다(will make the Valley of Achor a door of hope).

2) 희망이 없던 나무가 다시 회생되어서 소망이 있는 포도나무로 열매를 맺게 하시는 소망의 말씀입니다.

그슬린 나무와 같이 소망이 없게 하셨기 때문입니다.

① 희망이 없던 나무의 존재입니다(사 43:18).

(암 4:11)소돔과 고모라와 같이 불길이 지나간 그슬린 나무의 존재로 비유되었습니다(슥 3:2). 역시 마찬가지로 그슬린 나무로 비유된 것은 희망이 없음을 말씀해 주신 것입니다. 이런 나무에도 하나님은 소망을 주시게 된 것입니다.

② 조건은 하나님께 돌아올 때의 일입니다.

그래서 선지자들은 전파했습니다. 유다 백성이 바벨론에 포로 되었을 때에 선지자로서 그들의 불행을 모두 보면서 계시를 받아 전하였던 것입니다. 그슬린 나무지만 소망을 주시는데 돌아올 때 가능한 일입니다. (겔 37:1-)죽은 뼈들이 일어나는 환상에서 보여주셨습니다. (겔 47:1-)성전 문지방에서 흘러나온 물이 강수를 이루는 비유적 말씀에서도 보여주셨습니다. 하나님께 회개하고 돌아올 때의 축복입니다. 철저하게 하나님 말씀 안에 소망이 있게 되시기를 예수님의 이름으로 축복합니다.

결론 : 열매 맺는 생활을 해야 합니다.

〈신앙생활〉

올바른 신앙의 표준

골 3:12-17

세상에 모든 일에는 그 일에 대한 표준標準이 있기 때문에 그 표준에 따라서 일을 하게 됩니다. 집을 짓거나 물건을 만들 때도 거기에 따른 기본 설계도와 표준이 있어서 거기에 맞추어서 집을 짓고 물건을 만들어야 합니다. 설계도에서 벗어나게 되면 준공검사가 나올 수 없습니다. 성경에도 무엇을 짓거나 할 때 하나님이 주신 설계도가 있어서 그대로 할 때 복을 받았습니다. (창 6:22)노아가 방주를 지을 때도 그랬습니다. (출 39:42-)성막을 지을 때도 그렇게 하였습니다. 거기에 축복이 왔습니다(So Moses blessed them). 솔로몬 성전을 지을 때도 그랬습니다(왕상 6:2-). 이 모든 것은 신약시대에 와서 우리에게 그대로 교훈이 됩니다. 신앙생활은 자율적自律的이지만 그 가운데에는 분명한 표준이 있는데 말씀이 그 신앙의 표준입니다. 믿음으로 구원받았기 때문에 아무렇게나 신앙생활을 하는 것이 아니라 하나님 말씀이 분명한 신앙의 표준이 되어야 합니다. 로마서에서 예를 들면 1장부터 11장까지는 죄인이 구원받는 말씀이요, 12장부터는 구원받은 성도이기 때문에 어떻게 신앙생활 할 것을 주신 순서와 같습니다.

세계적인 역사학자인 에드워드 H. 카는 《역사란 무엇인가?》란 책에서 "역사는 하나님의 이야기다." 하였는데 박해자 로마가 기독교를 공인하게 되었고, 기독교 복음이 가는 곳마다 유대인 헬라인 야만인 할 것 없이 믿음으로 구원은 받습니다. 하지만 생활에는 표준이 있는데 그것이 하나님의 말씀입니다(롬 12:18). 기독교 복음은 평화의 복음이지만 거기에는 분명히 표준이 있어서 무질서하지 않습니다. 표준적 신앙생활을 말씀을 통해서 배우는 시간이 되시기 바랍니다.

1. 하나님 백성인 성도들은 겸허하고 겸손한 인격을 가지고 살기를 힘써야 합니다.

겸허하고 겸손한 신앙 인격이 성도가 지녀야 할 신앙 인격인데, 은혜를 받고 구원받은 확신과 함께 기도하며 헌신하는 사람들은 더욱 중요한 부분입니다.

1) 겸손이 없고 겸허하지 아니하면 문제가 됩니다.

자기 자신이 드러나기 때문에 사람들에게 주목 거리가 됩니다. 그래서 은혜 받고 일을 많이 하고 축복을 받을수록 겸손하라는 것이 성도에게 주시는 말씀입니다.

① 성령께서 주시는 인품입니다.

성도는 인품이 좋아야 합니다. 품성이요 인격입니다. 그렇지 않으면 냄새가 납니다. 예수님의 향기를 나타내는 인품이어야 합니다. (고후 2:14-)성도에게는 그리스도의 향기가 나도록 해야 합니다. "누가 이 일을 감당하리요" 하였습니다. 여기에서 '냄새'는 헬라어로 '오스멘'(ὀσμή)인데 '기쁘게 하는 것'을 뜻합니다. (엡 5:2)제물이나 (빌 4:18)헌금, (계 8:3)기도를 말할 때도 사용된 용어입니다. (골 3:12-)겸손이 바로 좋은 냄새입니다. 신학자 케네디(Kennedy)에 의하면 프라톤(Proton)이라는 이 낱말은 "우주적 신적 조직 앞에 순종하는 자존적 태도"라고 하였습니다.

② 기독교 신앙의 최고의 미덕은 겸손입니다.

성 어거스틴이 그의 제자들의 질문에 대답해 준 말로 유명합니다. 요한 칼빈도 '겸손'을 최고의 신앙 미덕으로 믿었습니다. (마 21:5; 빌 2:5-)예수님이 행하신 겸손의 길입니다.

2) 겸손의 미덕은 성도가 늘 입어야 하는 옷입니다.

겸손의 옷은 영광으로 돋보이게 됩니다.

① 하나님께서 높여주시기 때문입니다.

그것은 늘 겸손으로 허리에 띠를 삼는 일입니다. (잠 15:33, 18)겸손은 존귀한 길이지만 교만은 패망의 길입니다.

② 겸손한 신앙인품은 핍박도 받지만, 하나님이 싸워주시기 때문에 끝내는 이기고 승리합니다.

사울 왕과 다윗의 관계에서 보여주셨습니다. (삼상 24:14-)사울은 때만 되면 교만과 살기가 가득하여 다윗을 죽이려 하였으나 끝내는 쫓겨 다니던 다윗이 승리하였고 축복받게 되었습니다. 따라서 말씀 안에서 겸손한 것이 신앙생활의 표준임을 알고 겸손으로 나아가야 합니다. 이것이 성경 말씀이 성도들에게 보여주시는 신앙생활의 표준이요 길입니다. 우리는 이 길을 따라가야 하겠습니다.

2. 하나님 백성인 성도들은 용서할 줄 아는 인품이어야 합니다.

성경이 표준으로서 우리에게 분명히 전해준 말씀입니다. 이는 예수 믿고 구원받은 성도라면 누구나가 지니고 있어야 할 신앙 인격입니다.

1) 성경이 우리 신앙생활의 교과서(text book)입니다. 성경이 우리의 표준이기 때문에 성경을 따라가면서 살아가야 합니다.

① 성경은 오늘 본문에도 이렇게 전하였습니다.

"누가 누구에게 불만이 있거든 서로 용납하여 피차 용서하되 주께서 너희를 용서하신 것 같이 너희도 그리하고"라고 하였습니다. 영원히 원죄와 자범죄로 인하여 죽게 되었던 우리를 십자가에서 피 흘려 대신 죽으시고 부활하심으로 우리를 구원해 주셔서 하나님의 자녀로 살게 하셨습니다. (요 19:30)십자가에서 죽으실 때에 "다 이루었다"고 하셨는데 우리의 죄 문제, 구원문제 모두 이루시고 죽으셨으며 무덤에까지 내려가셨지만 다시 부활하심으로 우리에게 생명을 주셨습니다. 우리는 그 은혜로 살게 되는 축복 속에 있습니다.

② 이것은 하나님의 전적인 사랑이요 긍휼입니다.

(요 3:16)하나님의 사랑입니다. (롬 5:8)우리가 자격이 있어서가 아니고 아직 죄인 되었을 때입니다. (요일 4:19)우리가 먼저 하나님께 나아간 것이 아닙니다. 전적으로 하나님께서 우리에게 다가오셨고, 구원의 길을 주신 사랑입니다. 따라서 구원받은 일이 내 공로나 내 것은 하나도 없습니다. 전적인 하나님의 주권에 의해서 이루어진 일들입니다. 다만 감사 감격할 따름입니다. 그러므로 우리

는 말씀의 표준을 따라가야 합니다.
　2) 성경에서 밝혀주심 따라 우리는 성경 교과서를 따라서 살아가야 합니다.
　구약이든 신약이든 우리에게 신앙의 집약된 모습은 용서하는 신앙의 모습입니다. 우리가 용서받았기 때문입니다.
　① 예수님은 용서의 신앙을 강조해주셨습니다.
　예수님을 따라 살 때 우리도 용서하게 됩니다. 신앙의 중요한 덕목은 관용하고 용서하는 것입니다. 용서는 무조건 잊어버리고 상대하지 않는 것이 아니라 이해하는 것(Understanding)과 관계가 있습니다. (마 18:21-35)예수님께서 말씀하신 용서에 관한 교훈은 우리에게 나아갈 길을 주시는 신앙의 표준이 됩니다. 만 달란트와 백 데나리온의 말로 표현할 수 없는 차이입니다. 그리고 35절에 형제를 중심으로 용서하라고 교훈해 주신 것이 우리의 신앙이 되어야 합니다.
　② 역사 속의 진행된 사건에서 중요하게 교훈을 삼게 됩니다.
　하나는 아우슈비츠 수용소에 쓰인 글귀입니다. "우리는 저들을 용서하나 잊지는 않는다."는 말과, 맥아더 장군이 일본에게 항복받는 상황에서 주기도문을 외우면서 "우리가 우리를 용서하오니"라는 연설문에서와, 손양원 목사님이 자기 아들을 죽인 사람을 용서한 사건에서 배우게 됩니다. '용서'(forgive)와 '잊는다'(forget)는 중요합니다.

3. 하나님 백성 된 성도들은 감사하는 인품이 있어야 합니다.

　더욱이 신앙인이기 때문에 간직해야 하는 용어입니다. 하나님의 무한대의 사랑과 은혜와 축복을 받았기 때문입니다.
　1) 우리의 신앙의 품격이나 성장 수준은 감사에 달려 있습니다.
　신앙 성장의 수준은 감사하는 수준과 비례하게 됩니다. 감사가 없고 불평과 불만으로 가득한 신앙은 어린아이의 수준에 불과합니다.
　① 우리 신앙의 수준은 감사로 가득 차 있어야 합니다.
　현대사회의 구조는 3T가 없는 사회라고 합니다. '생각'(Thinking)이 없습니다. '부드러운 면'(Tender)이 없습니다. '감사'(Thank)가 빈약한 때입니다. 영화나 드라마를 찍더라도 포악하고 끔찍하게 찍어야 하는데 성도들은 그런 길을 본받지 말아야 합니다.

② 성경은 우리에게 감사를 중요하게 강조하였고 가르쳐주었습니다.

(골 4:2)기도하는 것도 감사 속에서 하라고 하셨습니다. 이것이 성숙한 신앙이요 신앙의 표준이 되기 때문입니다. 핍박으로 일관되고 순교까지 해야 하는 시대였지만 최고의 신앙은 감사하는 신앙입니다. 로마제국의 비두니아 지방의 총독인 플로니아가 로마 황제에게 보고하는 보고서 가운데 기독교인에 대해서 올린 글이 있는데, "기독교인들은 모이면 찬송하고 기도하며 꼭 감사하는 말을 잊지 않는다."는 것이었습니다. 오늘날 우리의 신앙과 너무나 대조되는 부분입니다.

2) 이제 우리는 본연의 신앙 노선을 회복해야 할 때입니다.

한국교회와 우리 모두가 신앙 덕목을 회복할 때 일본 식민지 36년과 한국전쟁 6.25의 잿더미에서 축복하신 하나님의 손길이 다시 한번 우리를 회복시켜주실 것입니다.

① 본연의 신앙회복이 무엇보다 중요한 일입니다.

지금 시대는 핍박도 없고 배고픈 시대도 아닙니다. 외면적 성장이 아니라 신앙적으로 내적인 면이 회복할 때입니다. 사랑과 겸손과 감사하는 영적 회복으로 성령 충만해야 합니다. (행 7:60)돌에 맞는 현장에서도 용서해달라고 기도하던 스데반 집사님의 신앙입니다.

② 지금은 말세 중에도 끝 부분을 살아가는 때입니다.

이제 예수님께서 언제 오실는지 아무도 모르지만 매우 가까운 것은 누가 봐도 알 수 있는 시대입니다. 우리는 신앙의 표준을 다시 한번 회복해야 합니다. 그리고 오실 예수님을 기쁨으로 맞이할 준비가 되어 있어야 합니다. 우리 모두 이 신앙이 회복되시기를 예수님의 이름으로 축원합니다.

결론 : 하나님 말씀만이 유일한 신앙 표준입니다.

〈신앙생활〉

아론의 싹 난 지팡이에서 주시는 교훈

민 17:1-13

　세상의 여러 가지 역사적 사건도 많은 교훈을 후세에 남기지만, 성경에 나타난 모든 사건과 일에는 반드시 하나님께서 인생에게 주시는 교훈이 크게 작용하고 있음을 봅니다. 그렇지 않은 맹목적인 것은 하나도 없음을 봅니다. 하나님께서는 어떠한 일과 사건을 통해서 하시고자 하는 뜻과 섭리가 있다는 것입니다. 그리고 그 일을 통해서 열매를 맺게 하십니다.
　(시 55:10-)비와 눈이 하늘에서 내려서 땅을 적시고 땅이 생명체들을 통해 열매를 맺게 하고 결실하는 것과 같은 것입니다. 따라서 하나님의 말씀은 반드시 이루어지기 때문에 우리는 언제나 말씀 따라서 살아가야 합니다. (신 10:13)여기에 행복이 약속되어 있습니다. (신 28:1-)말씀 속에 온갖 축복이 약속되어 있습니다. (시 19:10-)따라서 우리는 하나님의 말씀이 꿀과 꿀 송이보다 더 달게 마음에 다가와야 합니다. 깨닫게 될 때 셀 수 없는 축복이 약속되었습니다.
　성경은 비유나 상징적으로 많이 말씀해 주셨는데 깨닫게 하기 위해서입니다. 유치부 아이들의 책에는 글보다 큰 동물이나 사물이 그려져 있는 것과 같은 원리입니다.
　본문에 나오는 말씀은 이스라엘 12지파 지도자들의 지팡이를 거두어서 12개의 지팡이를 성전에 가져가 두었다가 하룻밤을 지내고 보니 다른 지팡이는 그냥 있는데 아론의 지팡이에서 살구 열매가 열린 사건에서 나타나는 하나님 말쏨의 교훈입니다. (민 16:1-)레위 지파 고라와 르우벤 지파 나단과 아비람과 온이 함께 당을 지어 모세와 아론을 대적하다가 땅이 갈라져 매장을 당하였고, (민 16:35)14,700명이 죽임당하는 사건 이후에 주신 교훈이기 때문에 아론의 싹 난 지팡이의 사건은 큰 교훈이 되는바 여기에서 은혜를 나누게 됩니다.

1. 마른 나무 지팡이와 같은 사람이지만 하나님께서 사용하신다는 뜻입니다.

다른 지팡이들은 그냥 있는데 유독 아론의 지팡이만 이렇게 살아난 이유입니다. 하나님이 사용하시는 사람은 무슨 자격이 있어서가 아니고 하나님의 주권 하에 쓰시는데 은혜로 쓰시는 것입니다.

1) 전적인 하나님의 은혜와 축복이요 하나님의 주권에 있습니다.

잘못 생각하면 내가 잘난 구석이나 똑똑해서 사용하시는 줄로 착각하지 말아야 합니다.

① 우리는 전적인 무능력자無能力者입니다.

칼빈의 5대 교리 중에 첫 번째가 '전적 무능력'(total inability)입니다. 구원을 받아서 하나님의 백성이 되는 일로 시작해서 우리는 전적 무능력자입니다. (엡 2:1-)완전히 죄로 죽었습니다(요 15:16-). 주님이 택하여 사용하신 것뿐입니다(롬 8:29).

② 따라서 우리는 하나님의 부르심에 순종해야 할 뿐입니다.

하나님의 부르심에 자기 생각대로가 아니요 은혜로 할 수 있다는 것입니다. 부족해도 아멘하고 순종하며 믿음으로 순종해야 합니다. 하나님 앞에 우리는 예만 있고 아니요 할 수 없다는 것입니다(고후 1:18-). 아브라함(창 12:1-), 모세(출 3:4), 예레미야(렘 1:4-), 아모스(암 7:14-), 베드로, 요한, 야고보, 안드레(마 4:18-)도, 박해자 사울(행 9:1-)도 그리했습니다. 구두방 직공으로 일하던 무디(D. L. Moody)가 그리했습니다. 어떤 이는 인간적으로 폐병을 비롯한 중병에서도 부르심받아 고침받고 쓰임을 받았습니다. 지팡이처럼 나약한 존재이지만 하나님이 사용하신다는 것입니다.

2) 패역한 시대에 패역한 사람들에게 보여주시는 기적입니다.

모세 시대에 그렇게 체험한 많은 기적 속에서도 불신앙과 원망뿐이었습니다.

①마른 지팡이라도 주님이 쓰시면 역사가 나타나게 됩니다.

마른 지팡이 자체가 능력이 아니라 하나님의 역사하심입니다. (삿 15:16-)삼손 손에 들려진 마른 나귀 턱뼈와 같은 존재입니다. 그저 겸손히 감사하면서 쓰임 받는 일꾼이 되어야 합니다.

②특히 직분 맡은 분들은 인간적인 생각, 불신앙적 계산을 버려야 합니다.

나는 못 한다고 하면서 이유를 들어보면 모두 인간적인 계산이 가득합니다. 하나님 말씀을 믿고 순종해 나가는 것뿐입니다. 목사, 장로, 안수집사, 권사, 교사, 성가대, 구역장의 직분 등 이 모두는 내가 하는 것이 아니고 하나님의 은혜로 하는 것입니다. 마른 나무와 같은 나를 사용해 주시는 하나님 앞에 순종하며 나가게 될 때 싹이 나고 꽃이 피고 열매가 열리게 될 줄 믿으시기 바랍니다. 나는 못 한다는 것은 인간적인 계산과 교만 때문인 줄 알고 겸손히 순종하는 신앙인이 되시기를 축복합니다.

2. 아론의 싹 난 지팡이는 이스라엘을 구원하시는 하나님만이 능력자이심을 보여주신 사건입니다.

이스라엘을 구원해주시려고 인도해 주시는 분은 전능하신 하나님이시며 사람의 능력이 아니라는 것을 깨닫게 해주시는 것입니다.

1) 누가 이스라엘의 구원자가 되시느냐는 말씀입니다.

애굽 땅에서 종이 되었던 그들을 능력의 팔로(출 6:1-) 인도해 주신 하나님이신데 10가지 재앙은 하나님의 역사였습니다. 모세의 손이 아니라는 것입니다.

①마치 죽은 것 같고 죽은 지 오래된 마른 나무 지팡이와 같은 존재였습니다.

그러나 하나님의 손에 붙들리고 함께 역사할 때 꽃이 피고 열매를 맺는 역사가 나타나게 됩니다. (겔 37:1-)마치 에스겔 골짜기에 마른 뼈들이 말씀이 외쳐질 때 다시 살아나서 거대한 군대가 되는 것과 같은 생명의 역사입니다. (출 4:3-)모세의 지팡이가 뱀이 되기도 하고 꼬리를 잡을 때 다시 지팡이가 되는 것과 같은 역사입니다. 하나님의 역사하심은 능치 못하심이 없음을 보여주셨습니다.

②생명의 주인 되시는 하나님께서 역사하시는 기적의 현장입니다.

지팡이를 내밀 때 모세의 지팡이는 평범한 지팡이와 같은 것이지만 하나님이 함께하시는 지팡이가 되어 10가지 재앙을 내렸고, 홍해가 갈라지게 되었고(출 14:16-), 반석에서 물이 나오게도 하는 역사를 일으켰습니다(민 20:11). 이 모두 하나님의 역사하심입니다.

2) 이 지팡이는 마른나무 지팡이입니다.

어디에서인가 씨가 떨어져 싹이 나고 자라서 열매를 맺다가 베임 받았고, 이제 마른 막대기로 땅을 짚고 다니는 지팡이에 불과한 소망이 없는 것이었습니다.

① 이 마른 나무가 능력의 하나님의 손에 쓰였습니다.

그래서 이 지팡이는 능력의 상징이 된 지팡이가 되었습니다. 예수 그리스도의 생명이 우리 안에 역사하실 때 죽은 생명이 살아있는 생명으로 바뀌게 됩니다. (요일 5:10-)하나님의 아들을 믿는 자는 생명이 있고 하나님의 아들을 믿지 아니하는 자는 생명이 없습니다. 하나님의 아들을 믿는 자에게만 영생이 있습니다.

② 따라서 죽은 지 오래된 우리이지만 하나님의 아들 예수 그리스도 안에서는 영원한 생명을 주셨는데, 이것이 성경이 말하는 복음의 능력이요 축복입니다. (요 15:4)포도나무 비유에서도 예수님은 분명히 말씀해 주셨습니다. "가지가 포도나무에 붙어 있지 아니하면 스스로 열매를 맺을 수 없음 같이 너희도 내 안에 있지 아니하면 그러하리라" 하셨습니다. 예수 그리스도 안에서 생명을 가진 자들이 모두 되시기를 축복합니다.

3. 아론의 싹 난 지팡이는 죽은 자가 부활하는 부활의 신앙을 분명히 보여주는 사건입니다.

하나님은 생명의 하나님이십니다. (마 22:32)"나는 아브라함의 하나님이요 이삭의 하나님이요 야곱의 하나님이로라" 이는 (출 3:6-)모세를 부르시면서 하신 말씀입니다.

1) 죽은 자는 아무 소망이 없어 보이지만 지팡이가 싹이 나듯이 하나님은 다시 살리시는 능력의 하나님이십니다. 하나님은 생명의 주인이시요 주권자가 되시기 때문입니다.

① 다시 살아나는 부활의 생명이 약속되어 있습니다.

예수님 안에서는 죽음이 큰 의미가 없음은 다시 부활이 약속되었기 때문입니다다. 그것을 보여주시기 위해서 죽은 자가 다시 살아나는 모습을 보여주셨습니다. (눅 7:14-)나인성 과부의 아들을 살리셨습니다. (요 11:44-)무덤 속에 있던 나사로를 살리셨습니다. (막 5:41-)회당장 야이로의 딸을 살리셨습니다. 이들은 죽어서 소망이 없었지만 다시 살게 하셨던 증거들입니다.

② 예수님이 부활을 보여주셨습니다.

아론은 대제사장으로서 예수님의 제사장의 모형입니다. 예수님은 다른 제물이 아니라 예수님 자신이 제물이 되시고 십자가에 죽으셨다가 다시 생명의 부활을 하시게 되었는데, 아론의 싹 난 지팡이는 이를 보여주는 사건으로 부활의 예표요 그림자입니다. 인간이 제일 무서워하는 죽음의 문제를 예수님이 해결해 주셨습니다. (고전 15:22)모든 사람이 아담 안에서 죽었듯이 예수님 안에서는 살아나게 되어 부활하게 됩니다. 축복의 약속입니다.

2) 이제 예수 그리스도를 믿고 예수 그리스도 안에 있는 성도들은 마른 지팡이와 같습니다. 예수님 안에 분명한 산 소망이 있기 때문입니다.

① 하나님은 소망의 하나님이십니다.

우리가 믿는 하나님은 죽은 지 오래되어서 소망이 없는 것이 아니라 살아나게 하시는 소망의 하나님이십니다. (롬 15:13)소망의 하나님이 되십니다. (빌 4:13)능치 못하심이 없습니다(I can do everything through him who gives me strength).

② 기독교는 희망과 평강의 종교입니다.

소망이 없는 사람들과 같이 원망과 불평과 불신앙 가운데서 부정적이다가 망하는 교회가 아닙니다. (요 11:24-)죽어도 살겠고 영원히 죽지 않는 소망의 기독교입니다. (롬 5:33)평강의 하나님이십니다. 따라서 불신앙적으로 살다가 광야에서 죽은 자들의 부정적인 길을 버리고 믿음으로 소망적으로 사는 참 기독교인들이 되어야 하겠습니다. 지금은 신앙인들이 너무나 불신앙적으로 사는 시대입니다. 불신앙적 틀(frame)에서 벗어나야 합니다. 정신 차리고 신앙적으로 살아계신 하나님의 능력 가운데 승리해 나가는 성도들이 모두 되시기를 예수님의 이름으로 축원합니다.

결론 : 우리는 영적 생명이 충만한 성도가 되어야 합니다.

〈신앙의 사람〉

믿음의 눈으로 보았던 모세

히 11:24-29

한 사람의 인물이나 역사를 말하게 될 때는 보는 측면과 각도에 따라서 여러 가지를 이야기하고 판단합니다. 그래서 마치 맹인이 코끼리 만지듯 하는 이야기들을 하는 때가 많다는 것입니다. 어떤 일이나 인물에 대한 부분이 아니라 전체를 볼 수 있는 시각적 자세가 중요합니다. 북한 사람들은 남한 청년들의 찢어진 바지나 옷을 입은 것만 사진으로 찍어서 방영하여 가난해서 저렇게 입고 다닌다고 선전해도 죽을 때까지 그대로 믿고 있다는 것입니다. 달동네나 판잣집 몇 군데 찍어서 남한의 실정이 전부인 양 선전해도 속는 사례와 같은 비유라 할 것입니다.

신앙적이고 영적인 일에도 우리가 하나님 말씀에 대하여 바르게 믿고 따르게 될 때 신앙이 성장하고 성공적인 믿음의 길로 나아가게 될 줄 믿습니다. 데살로니가교회 성도들이 그랬듯이(살전 2:13) 말씀에 대한 신뢰와 믿음에 따른 생활이 신앙을 성장하게 합니다. (엡 4:13-)이제는 이런 아이의 신앙이 아니라 성장된 신앙의 길로 나아가는데, 예수 그리스도의 믿음의 분량이 충만한 데까지 이르러야 합니다.

본문에서 이스라엘의 지도자로서 애굽에서 태어나 40년 세월 동안 애굽의 지식과 학문을 배우고 애굽의 왕의 자리까지 누릴 수 있음을 버리고 이스라엘 백성을 지도하는 지도자로 쓰임 받았던 모세에 대한 말씀은 한 세대를 살아가는 우리에게 영적 생활에서 대단히 중요한 말씀인바 여기에서 은혜의 시간이 되시기를 바랍니다.

1. 믿음의 눈을 가진 사람은 바른 선택을 하게 됩니다.

영적으로 볼 때 바른 선택이냐 그릇된 선택이냐는 믿음의 눈이 바르게 떠 있느냐 그렇지 않느냐에 따라서 달라집니다.

1) 모세는 믿음의 눈이 밝게 떠 있었습니다.

선택해야 할 것과 버려야 할 것을 분명히 볼 줄 알았습니다.

① 믿음의 눈을 떠서 밝히 알아야 합니다.

바울은 전했습니다. (엡 1:8)"너희 마음의 눈을 밝히사…"(eyes of your heart may be enlightened in order that…). (계 3:14)요한계시록 일곱 교회 중에 라오디게아교회는 눈먼 것을 깨닫지 못하였음을 책망받았습니다. (왕하 6:15-)엘리사의 심부름꾼 게하시는 영안이 어두워서 천군 천사의 호위를 볼 수 없었기에 걱정하며 엘리사에게 이야기했습니다.

② 어느 시대든지 영적인 눈이 떠 있는 사람과 영적인 눈을 감고 있는 사람이 있습니다. 영적인 눈이 바르게 떠 있는 사람이 주의 일을 바르게 하고 바른 신앙생활을 하게 됩니다. 특별히 교회 직분자들은 영적인 눈이 떠 있어야 합니다.

2) 모세는 믿음의 밝은 눈으로 버릴 것을 버리고 선택할 것을 선택하게 되었습니다.

이것이 또한 믿음입니다.

① 세상의 지위와 명예를 버렸습니다.

(출 2:1-)물에서 건져내어 바로의 공주의 아들 신분으로서 40년간 온갖 문명을 다 배우고 왕이 될 수도 있었는데 그 자리를 버리게 된 것입니다. 이것이냐 저것이냐 선택해야 할 때 세상 것을 버리게 되었습니다.

② 세상적으로 살아가는데 애굽은 대단한 자리였으나 그 육신적 즐거움을 모두 버린 것입니다.

③ 애굽에서의 그 찬란한 생활과 물질과 명예를 뒤로하고 하나님의 종의 길을 걷게 되는 선택이었습니다.

애굽의 보화를 버리고 하나님께 대한 영적 보화를 얻게 된 것입니다(마 13:44),

이것이 믿음입니다.

④ 애굽의 왕좌를 버리게 된 것입니다.

가만히 앉아서 기다리기만 해도 고대 이집트의 찬란한 왕좌가 기다리는데 그 자리를 버리게 된 것입니다. 잠깐의 세상적 권력이나 힘이 아니라 영원한 하나님의 나라를 바라보는 믿음의 눈이 있었기 때문입니다. 믿음이 아니면 할 수 없는 결단이었습니다. 그런데 문제는 말세 때는 믿음이 없어지고(눅 18:8), 사랑도 식어진다는 것입니다(마 24:12). 믿음을 확인해야 합니다(고후 13:5).

2. 모세는 믿음으로 버릴 것을 버릴 뿐만 아니라 취할 것을 취하는 훈련을 받았습니다.

사람은 누구나 육신의 눈에 보이는 것에 빠른 선택을 하려는 경향이 있습니다. 그러나 모세는 사람들이 생각하는 반대의 길을 선택하였습니다.

1) 하나님의 백성과 함께 고난받는 길을 선택하게 된 것입니다.

'십계'라는 영화에서 보듯이 그 길은 죽음을 각오하는 길이었습니다.

① 훈련과 연단의 길이었습니다.

옛날에 군대 생활을 회상해 보면 훈련은 어렵습니다. 모세 역시 미디안 광야 40년간 이드로의 양을 치는 일을 하며 장차 하나님께서 맡기실 지도자의 훈련을 자신도 모르게 받게 되었습니다. 그렇듯이 성도가 가는 길은 좁은 문이라는 사실을 잊지 말아야 하겠습니다(마 7:12).

② 이 훈련은 장차 또 40년간 이스라엘 백성들을 지도할 지도자의 훈련이었습니다.

당시에는 모세가 몰랐을지라도 하나님은 훈련을 시키셨습니다. 현재 고난은 장차 나타날 영광과 족히 비교할 수 없기 때문에 고난을 이기며 연단을 받아야 합니다(롬 8:18). 훈련에는 땀이 흐르고 어렵지만 그로 인하여 오는 영광은 비교할 수 없습니다.

2) 하나님은 훈련받은 사람을 쓰십니다.

어느 조직이든지 훈련이 있듯이 군대조직에도 특공부대는 특수훈련을 받아서 특공부대가 됩니다.

① 우리는 영적으로 특공부대의 병사라고 생각해야 합니다.

모세는 모든 것을 버리고 철저하게 훈련을 받았습니다. 믿음의 눈을 크게 뜨고 나아가는 훈련이었습니다. 이 믿음의 눈을 뜨고 있을 때 우리는 세상을 이기게 됩니다(요일 5:4-). 그 모든 박해 시대에도 믿고 이기게 될 때 영광을 약속했습니다(벧전 1:8-).

② 참 그리스도인이라면 십자가의 길, 고난의 길, 믿음의 길을 취할 줄을 알아야 합니다.

본문에서 "그리스도를 위하여 받는 수모를 애굽의 모든 보화보다 더 큰 재물로 여겼으니 이는 상 주심을 바라봄이라"고 했습니다. (마 16:24, 27)십자가의 길은 영광의 길입니다.

3. 우리는 모세의 신앙의 길에서 교회 일꾼의 행동 원리를 배우게 됩니다.

믿음의 성도가 가는 행동원리가 분명히 있습니다.

1) 애굽 생활이 아니라 하나님께 두는 생활을 해야 합니다.

모세는 애굽의 편한 생활이 아니라 광야의 어려운 길을 택하여 가게 되었습니다. 이것이 십자가의 길이요 좁은 길입니다(미 7:12-24).

① 성도의 생활 원리는 철저하게 하나님께 두어야 합니다.

세상 부귀영화는 잠시 잠깐이면 지나가지만(벧전 1:24-) 하나님 나라는 영원하기 때문입니다. 그런데 사람들은 풍요의 바알이냐, 하나님이냐를 놓고 방황합니다(왕상 18:21). 이제 빨리 바른 신앙 속으로 나아가야 합니다.

② 성도의 생활 원리는 철저하게 믿음으로 해야 합니다.

그렇다고 해서 직장, 사업, 가족 모두를 버리라고 하는 것이 아닙니다. 신앙 정신이 세속적이 아니라 하나님께 바르게 서서 해야 한다는 것을 말하는 것입니다. 신앙의 바른 원리를 찾아서 나아가야 합니다.

③ 결과적으로 인생을 결산하는 하나님께 서는 날이 반드시 올 것입니다.

(26절)상 주시는 하나님을 바라보아야 합니다. (히 11:6)상 주시는 이심을 믿어야 합니다.

2) 오늘날에도 반드시 세상에는 두 가지 길이 준비되어 있습니다.

모세 시대에만 있는 것이 아니라 지금도 두 가지 길이 있습니다.

① 믿음의 성도들은 바른 직분을 감당하여 결산대에서 칭찬을 받도록 해야

합니다.

(고전 15:58)"그러므로 내 사랑하는 형제들아 견실하며 흔들리지 말고 항상 주의 일에 더욱 힘쓰는 자들이 되라 이는 너희 수고가 주 안에서 헛되지 않은 줄 앎이라" 하였습니다. 부활을 믿는 사람들의 모습입니다.

② 상급 받는 주인공의 자리에서 일해야 합니다.

모세가 그렇게 한 것은 상 주시는 하나님을 믿고 바라보았기 때문입니다. 옛날 찬송가(합동찬송가)에 이런 구절이 있습니다. "볼지어다 저 영광의 그 빛난 광채를 저 영광에 비교할 것 온전히 없도다 이 세상의 임금들이 꽃으로 꾸며 쓴 그 황금의 면류관은 광채를 잃겠네." 신앙생활 하는 모든 분이 모세와 같이 영적인 눈을 밝히 떠서 모세의 뒤를 따라가는 성도가 되시기를 예수님의 이름으로 축원합니다.

결론 : 믿음의 눈으로 보아야 합니다.

⟨신앙의 사람⟩

요나를 통하여 배우는 성도의 자세

욘 1:1-10

사람은 어떤 상황이나 무슨 일이 있을 때 그 일을 통해서 배우고, 깨닫고, 교훈을 새롭게 얻게 됩니다. 선한 사람에게서는 선한 일을 배우고, 악한 사람에게서는 또한 거기에 대한 교훈을 얻게 됩니다. 그래서 좋은 일은 좋은 일대로, 나쁜 일은 나쁜 일대로 가르쳐야 교육적 효과가 있는 것입니다. 문제는 깨달음이 있어야 한다는 것입니다. (눅 24:13)부활하신 예수님께서 옆에서 함께 걸어가시는데도 엠마오로 가던 제자들은 자기들의 이야기 주제에 빠져서 예수님을 알지 못했습니다. 죽음만 생각하고 부활을 깨닫지 못했기 때문입니다. 예수님이 떠나신 후에야 예수님이심을 알게 되었는데, 예수님의 말씀으로 인하여 마음이 뜨거워지게 되었고 예루살렘으로 가게 됩니다. (시 49:20)"존귀하나 깨닫지 못하는 사람은 멸망하는 짐승 같다"고 하였습니다. 예수님은 천국 복음을 전파하시면서 깨달을 것을 강조해 주셨습니다(마 13:13, 19; 막 7:14, 18; 눅 18:34).

본문 말씀은 하나님 말씀에 불순종하여 물고기 뱃속까지 들어갔다 나온 후에야 비로소 선지자의 길을 가게 된 요나의 이야기입니다.

1. 믿음의 사람은 증오심을 버려야 함을 깨닫게 합니다.

인생이 세상을 살아가면서 마음에 증오심이 있을 수 있겠지만, 그 증오憎惡가 마음에 깊이 뿌리내려서 머물게 되면 곤란합니다. (엡 4:26-)"분을 내어도 죄를 짓지 말며 해가 지도록 분을 품지 말고 마귀에게 틈을 주지 말라" 하였습니다.

1) 믿음의 사람이기 때문에 분을 품고 있는 증오심을 버려야 합니다.

일반인이 아닌 믿음의 사람들이요 영원한 죄에서 구원받았기 때문입니다.

① 십자가 사랑에서 잊지 말아야 합니다.

어둠 속에 때로는 원통함이 있을지라도 속히 해소시키는 소화 능력을 가져야 합니다. (딤후 3:3-)말세 때에 고통의 원인 중의 하나가 무정하고 원통함을 풀지 아니하기 때문이라고 하였습니다. (벧전 4:8)말세 때는 사랑으로 덮는 것입니다. 요나의 마음과 같이 분을 내면 문제가 생기게 됩니다. 일본에 대하여도 더 깊고 넓게 생각해야 할 때입니다.

② 요나는 적국인 니느웨로 가기 싫어했습니다.

적대국이요 이스라엘을 침략한 나라였기 때문입니다. 요나는 노골적으로 그 불편한 심사를 표출하게 될 때 하나님께서 다시 교훈해 주시게 됨을 봅니다(욘 4:1, 3-4).

2) 하나님의 생각과 사람의 생각은 다르다는 것을 깨우쳐 주셨습니다.

요나의 생각은 좁은 생각이었습니다.

① 요나는 자기 민족의 우월주의 때문에 하나님의 참뜻을 몰랐습니다.

자기 민족의 우월주의라든지 선민의식에 빠져서 선지자의 길을 망각한 것입니다. 유대인의 선민사상과 우월주의는 자기밖에 모르는 고립주의에 빠지게 했는데, 우리는 예수님 안에서 탈피해야 합니다. 하나님의 뜻은 분명히 다르기 때문입니다(사 55:8; 고전 1:25). 우리는 하나님의 사람으로 살아가는 것이 중요합니다.

② 하나님의 구원 역사는 전 우주적입니다.

요나는 자기 생각 속에 갇혀서 하나님의 뜻을 잃어버렸습니다. '클리버'는 "다른 사람을 증오하는 대가는 자기 자신을 적게 사랑하는 것이다."라고 하였습니다. 열려 있어야 하지 닫혀있으면 요나처럼 좁은 마음으로 굳어져서 문제가 생기게 됩니다.

2. 믿음의 사람의 자세는 먼저 자기 자신을 볼 수 있어야 합니다.

믿음의 사람은 다른 국가를 보기 전에 나부터 보고 내 나라부터 봐야 합니다.

요나는 더욱이 하나님의 선지자였습니다.

 1) 선지자는 사사로이 자기 생각이나 자기 뜻보다 하나님의 뜻과 공적인 일에 힘써야 하는 사람입니다.

 ① 요나는 하나님의 뜻이 무언인가 보다 자기의 생각과 감정을 앞세워 나가게 되었습니다.

 선지자로 합당하지 않은 일입니다. 하나님의 사람들은 언제든지 하나님의 뜻을 묻고 생각해야 합니다. (마 31:46-)하나님의 사람들이 누구인가를 예수님은 분명하게 말씀해 주셨습니다. (마 26:39)예수님도 하나님의 뜻을 먼저 구하시게 되었습니다. 이것이 우리의 신앙입니다.

 ② 요나는 풍랑이 자기 탓에 일어난 줄 알았습니다.

 그리고 자기가 물속에 들어가게 될 때 풍랑이 그칠 것을 알게 되었습니다. 불순종하였지만 선지자였기 때문에 깨달았습니다. 우리도 깨닫고 회개함이 언제나 따르는 그리스도인이 되어야 합니다. 이것이 오늘날 국가와 백성들 앞에 우리가 가져야 할 교회와 성도의 자세입니다.

 2) 회개는 내가 죽고 내 뜻을 포기하는 일입니다.

 그릇된 생각과 행동들이 바뀌게 되는 것입니다. 이것이 회개입니다.

 ① 요나는 물고기 뱃속에 들어가게 되었습니다.

 죽은 목숨이나 다름없습니다. 죽음이요 사망이나 다름없는 상태입니다. 우리는 날마다 회개하며 죽어야 합니다(고전 15:31). 예수님께서 "회개하라 천국이 가까이 왔느니라"(Repent, for the kingdom of heaven is near.)고 하셨습니다(마 4:17).

 ② 그릇된 죄에 대하여 죽고 의에 대하여 사는 일입니다.

 (욘 2:1-)요나는 물고기 뱃속에서 사망선고를 받았으나 회개할 때 다시 살게 되었습니다. (롬 6:4)세례 받을 때 옛것은 이미 죽고 예수로 산 것입니다. (마 16:4-)이것이 예수님이 말씀하신 요나의 표적입니다. 우리는 예수 그리스도 안에서 죽고 예수님 안에서 살게 됩니다.

3. 믿음의 사람의 자세는 날마다 감사하는 생활입니다.

 그 감사는 내면에서 흘러나와 겉에서 표현되는 것입니다. 어려울 때도 감사하는 생활입니다.

1) 요나는 물고기 뱃속에서 감사하였습니다.

죽은 것이나 다름이 없는 곳에서 감사했습니다. 그 물고기 뱃속에서 기도하였고, 회개하였고, 감사하였습니다.

① 상황을 뛰어넘는 감사요 기도였습니다.

이것이 우리의 믿음이 되어야 합니다. (욘 2:9)"나는 감사하는 목소리로 주께 제사를 드리며 나의 서원을 주께 갚겠나이다 구원은 여호와께 속하였나이다"(I, with a song of thanksgiving) 했습니다. 이것이 신앙이요 믿음입니다.

② 그릇된 길을 계속 가지 않게 하시려고 물고기 뱃속에까지 가게 하신 후 깨닫게 하셨습니다.

물고기 뱃속에 가지 않았으면 깨닫지 못했을 것이나 그곳에 들어가서야 비로소 깨닫게 됩니다. 따라서 환난도 은혜요 축복의 방편이 됩니다(시 119:67, 71). 고난당한 이후에 깨닫게 되는 진리를 주셨습니다.

2) 물고기 뱃속에서 나와 다시 활동하는 요나에게서 배우게 됩니다.

드디어 하나님의 뜻이 이루어지는데, 니느웨 왕부터 시작해서 모두가 금식하고 회개하여 재앙을 만나지 않게 하신 사건입니다. 이것이 선지자의 사명이요, 교회의 일입니다.

① 회개할 때 살리시고 사용하시는 하나님의 사랑입니다.

요나는 이런 자비를 받게 되었고 니느웨 성 역시 그 은혜를 받게 된 것입니다. 이 사랑은 측량할 수 없습니다. 레이만(F. M. Lehman)은 찬송하였습니다(찬송가 304장).

② 문제는 또다시 변심되는 요나의 모습에서 인간성을 보게 됩니다.

그때 하나님은 박 넝쿨을 통해서 요나를 깨우쳐 주셨습니다. 하나님은 사건이나 일을 통해서 우리를 깨우쳐 주십니다. 이때 우리는 빨리 깨닫고 바른 정도의 길을 찾는 것이 바른 성도의 자세입니다. 이런 바른 자세를 유지하는 성도들이 다 되시기를 예수님의 이름으로 축원합니다.

결론 : 우리는 신앙의 바른 자세로 서야 합니다.

〈신앙의 사람〉

다니엘의 신앙적 결심

단 1:8-21

　세상을 살아가면서 어떤 일에 대한 결심은 중대한 성공과 실패의 요인이 될 때가 많음을 봅니다. 마음은 있는데 결심이 약해서 중대한 일을 놓치거나 그르치는 일들이 많다는 것입니다. 삼국을 통일한 김유신 장군은 결심을 위해서 타고 다니던 애마의 목까지 베어버리는 결단을 발휘하여 학문과 무예를 연마하고 삼국 통일에 큰 힘이 되었다는 이야기는 유명합니다. 학생은 공부에, 사업가는 사업에, 사람마다 결심해야 할 일들이 많겠지만 신앙의 결단 역시 천국에 갈 때까지 중대한 결심이 중요합니다.

　그런데 신앙 문제는 영적인 일이기 때문에 성령의 능력이 내게 임하시게 될 때 비로소 능력적으로 실행하게 됩니다. 성령을 받기 전의 베드로와(마 26:33, 69-75) 오순절 성령강림 이후의 베드로의 모습은 분명하게 다른 모습이었습니다(행 4:19-). 유다 민족이 하만에 의해 멸족당할 수밖에 없는 상황에서 "죽으면 죽으리이다"(And if I perish, I perish)라는 에스더의 신앙 결단은 개인뿐 아니라 민족을 위기에서 건지는 계기가 되었습니다(에 4:16). 신앙적이고 영적인 결심은 실천하고 행하게 될 때 놀라운 역사가 일어납니다.

　본문은 유다인들이 바벨론에 포로되어 잡혀갔을 때 하나님께서 금하신 음식을 놓고 그것을 먹지 않으려고 다니엘과 세 친구들이 결단한 내용입니다. 포로 중에 굶지 않는 것도 중요하지만 자기들의 신앙을 굳게 지키며 결심했던 모습에서 은혜를 받게 됩니다.

1. 다니엘은 하나님의 뜻대로 살기를 결심했습니다.

비록 하나님을 잘못 섬겨 죄로 인하여 바벨론에 70년간 포로 중에 있었지만, 그 주권이 하나님께 있음을 보여주는 신앙적 결단이었습니다.

1) 어떤 상황에 있든지 세상을 살아가는 모든 주권은 하나님께 있습니다.

그래서 다니엘과 세 친구들은 신앙으로 결단을 내렸습니다.

① 다니엘과 그 친구들은 청소년기 시절이었습니다.

다 성숙한 장년기가 아니라 덜 성숙한 청소년기였던 나이였지만, 이와 같은 신앙적 결단을 내리는 모습에서 더욱 빛을 발하게 됩니다. (창 37:39-)청소년기의 요셉에서 이런 모습을 보게 됩니다. 16, 17세의 요셉의 나이에 그는 애굽에서 함부로 살지 아니하고 신앙적 결단의 모습을 보였더니 귀하게 쓰임 받게 되었습니다. (시 119:9)청년기에 가져야 할 신앙의 모습들입니다. 우리는 이 시대에 동질적인 신앙으로 결심해야 할 때입니다.

② 상황은 신앙을 지키기에 매우 어려운 조건에 있었습니다.

요셉 역시 종으로 팔려 간 사람이요 나이도 어릴 때이고 애굽이라는 타 문화권에서 신앙 지키는 것은 매우 힘들었던 상황이었습니다. 다니엘과 세 친구들의 모습 역시 힘들었던 상황이었습니다. 먹는 문제뿐 아니라 (단 3:17-)우상 앞에 절하지 아니하면 풀무불에 던져지는 상황인데도 그들은 죽음까지도 결심하여 이겼습니다. 이 시대에 이런 신앙이 요구됩니다.

2) 죄와 타협하는 것은 하나님의 뜻이 절대 아닙니다.

불신앙과 싸울지언정 타협하는 것은 영적으로 패배를 뜻합니다.

① 구별되고 거룩하게 산다는 것은 어렵지만 그 길을 선택해야 합니다.

(레 11:1-44)먹을 수 있는 것과 먹지 못할 것을 구분해 주시면서 거룩을 지키라고 하셨습니다. 이 말씀은 신약에 계승되어 말씀해 주셨습니다(레 11:44; 벧전 1:16; 살전 4:3; 롬 12:2). 하나님의 뜻은 거룩입니다(It is God's will that you should be sanctified).

② 구별되게 사는 것은 오직 말씀 순종밖에 없습니다.

어떤 상황에 처할 때마다 하나님의 말씀을 확인하고 말씀에 따라서 순종해 나가는 것입니다. (빌 1:29)은혜를 받는 것뿐 아니라 거기에 따른 삶의 현장에서 고난도 따르기 마련입니다. (롬 8:17)자녀이기 때문에 또한 고난도 함께 따라오게 됩니다. 다니엘의 세 친구는 이 고난의 현장을 하나님의 도우심 속에서 잘 이기고 승리하는 결단의 사람들이었듯이 우리도 그렇게 살아야 합니다.

2. 다니엘은 우상의 제물과 더러운 음식으로 몸과 마음을 더럽히지 않겠다는 결단을 하였습니다.

당시에 음식은 많은 부분이 우상의 제물이며, (레 11장)금지한 음식들이었습니다.

1) 다니엘과 친구들은 신앙의 동질성을 가진 영적 동지였습니다.

이런 신앙의 동지가 필요한 시대입니다.

① 우리는 신앙의 동질성을 가진 영적 동지가 많아야 합니다.

직장에서나 사업장에서나 학교 교실에서나 어디에서든지 이 동지가 절실히 필요합니다. 특히 군대 같은 조직 사회에서는 신앙적 동지가 필요합니다. 직장의 회식 자리에서도 술의 유혹이나 그릇된 문화에서 이길 수 있어야 합니다. 그렇지 아니하고 한번 그릇되면 끊기가 힘듭니다.

② 다니엘과 친구들은 범죄하지 않기로 결심하게 되었습니다.

지금 시대는 죄악으로 얼룩지고 타락한 시대이기 때문에 문화라는 미명하에 죄들이 침투하기 쉽습니다. 성령의 능력으로 이겨야 합니다. (단 5:14)다니엘의 마음에는 하나님의 영, 성령께서 역사하셨습니다. 성령의 능력만이 세상을 이기는 능력을 주시며 힘을 주십니다. 성령과 말씀으로 무장하여 세상을 이겨야 하겠습니다.

2) 그리스도인은 왜 거룩함을 유지해야 하는지를 반드시 알아야 합니다.

주어진 환경에서 대충 살면 되는 것이지 왜 그렇게 어렵게 살아야 하는 것인가라는 질문입니다.

① 성경은 분명히 말씀해 주었습니다(Bible say).

왜 그렇게 구별하며 살아야 하는지를 말씀해 줍니다(벧전 1:14-16; 엡 2:28; 요 8:39; 벧전 3:1; 레 11:44). 왜냐하면 우리 하나님이 거룩하신 분이시기 때문입니다. 그분의 자녀들이 거룩을 닮아가야 하는 일입니다.

② 비록 포로 중에 구차한 환경이었지만 거룩하게 살려고 구별된 모습이었습니다.

이것은 구원받은 성도들이 하나님의 자녀요(요 1:12), 하나님을 아버지라고 부르며(롬 8:15), 천국의 시민권자(빌 3:20)이기 때문에 세상에 존재하지만 천국 백성이기 때문입니다. (마 25:41; 계 21:27)지옥 가는 백성과는 다릅니다.

3. 성경은 우리에게 거룩되고 구별된 생활의 방도를 주셨습니다.

어떻게 하면 거룩되고 구별된 생활을 유지할 것인가에 대한 신앙을 가진 사람이라면 누구나 있을 것인데 여기에 대한 영적 길입니다. (고후 7:10-)사도 바울은 하나님의 뜻대로 하는 근심은 후회할 것이 없는 구원에 이르는 결론을 말씀했습니다.

1) 거룩한 생활의 방법은 성경 말씀을 늘 읽고 상고하며 따라갈 때 구별된 생활이 생기게 됩니다.

신앙생활은 하나님 말씀을 붙들고 나가는 길밖에 없습니다.

① 말씀을 붙드세요.

(요 17:17)"그들을 진리로 거룩하게 하옵소서 아버지의 말씀은 진리니이다"(Sanctify them by the truth; your word is truth) 했습니다. 예수님께서 제자들을 위한 기도를 하시는 중에 주신 말씀인데 거룩에 대한 기도였습니다. 말씀으로 거룩하게 해달라는 기도였습니다.

② 말씀을 듣고 기도 생활이 중요합니다.

비록 생활이 어려워도 감사 속에 기도하는 생활입니다. (골 4:2)"기도를 계속하고 기도에 감사함으로 깨어 있으라" 하였습니다. 다니엘은 사자 굴에 들어갈 줄 알면서 기도를 쉬지 아니했습니다(단 2:16, 19, 6:10). 어려운 세상이지만 늘 기도생활로 구별되어야 합니다.

③ 하나님께서 주시는 영적 지혜를 얻어야 합니다.

어려울 때일수록 지혜가 필요합니다(겔 28:3). 지혜롭게 나아갈 때 이기게 됩니다(약 1:5-).

2) 거룩하게 구별되어야 할 이유는 하나님께 영광 돌리기 위해서입니다.

우리의 삶의 목적이 하나님께 영광을 돌리기 위함이기 때문입니다.

① 먹든지 마시든지 무엇을 하든지 하나님의 영광입니다.

(고전 10:31)먹는 문제로 범죄치 말라고 힘썼던 이유입니다. (고전 8:13)바울은 고기를 먹는 문제로 형제가 실족하면 영원히 고기를 먹지 않겠다고 결심하였습니다.

② 말세 때 성도는 구별된 생활을 하여야 합니다.

(계 18:3-5)죄악의 세상 바벨론이 무너지듯이 무너지게 될 것인데 "내 백성아, 거기서 나와라"(Come out of her, my people)라고 외치고 있습니다. 말세를 사는 성도들에게 다니엘과 세 친구의 신앙적 결단이 나의 신앙 결단이 되어 세상을 이기게 되시기를 예수님의 이름으로 축원합니다.

결론 : 지금은 영적으로 결단을 할 때입니다.

〈신앙의 사람〉

야곱아! 이스라엘아! 부르시는 하나님
창 46:1-7

사람이 세상을 살다 보면 예고 없이 갑자기 변화되고 요동치는 일을 만날 때가 있습니다. 식물도 새로운 곳으로 옮겨 심으면 뿌리가 땅에 내릴 때까지 몸살을 하게 되고, 동물들도 살던 곳에서 타지로 옮기면 새로운 환경에 적응할 때까지 시간이 필요할 것입니다. 지금은 세대가 계속 변화무쌍한 시기를 살고 있다고 할 수 있습니다. 믿음으로 시대를 잘 적응해야 할 때가 되었습니다.

(빌 4:11-)사도 바울의 고백은 유명합니다. "내가 궁핍하므로 말하는 것이 아니라 어떠한 형편에든지 나는 자족하기를 배웠노니…." 오늘날 미국은 초창기에 그들의 조상들이 유럽을 떠나 신앙의 자유만을 위해 대서양을 건너와서 환경을 이기고 극복하며 세운 나라입니다. 구한 말 조선 사람들을 억지로 끌어다가 중앙아시아 여러 군데 황무지 땅에 흩어 놓았는데, 그들은 황무지를 개간하여 살기 좋은 옥토로 만들어 놓았습니다. 그들이 오늘날 고려인들이라 불리는 우리의 동포들입니다. 하물며 우리는 환경에 지배를 받는 신앙이 아니요 환경을 이기고 지배하는 신앙이 되어야 합니다.

사도 바울은 십자가와 부활의 복음을 전하기 위해서 날마다 죽어야 하는데(고전 15:31), 반대로 (고전 15:57)"우리 주 예수 그리스도로 말미암아 우리에게 승리를 주시는 하나님께 감사하노니" 하였습니다. 하나님께서는 중대한 변화가 요구될 때마다 시대를 막론하고 그의 종들을 부르셨고 역사하셨습니다. (창

12:1, 22:1)아브라함을 부르심에서 봅니다. (출 3:5)모세의 경우에서도 봅니다. (창 37:18-)요셉 역시 새로운 환경에서 시작되었습니다.

오늘 본문은 야곱 가족들이 그들의 역사 속에서 힘들고 어려울 때 야곱의 이름을 부르시어 그 환경을 이기고 극복하게 되는데 이유는 하나님께서 함께하셨기 때문이라고 하셨는바, 여기에서 은혜의 시간이 되시기를 바랍니다.

1. 야곱은 갑자기 변한 환경 앞에서 두려워하여 떨고 있었습니다.

생각해 보면 너무나 급박한 상황이요 갑자기 변한 상황이었습니다. 죽었다던 요셉이 살아있고, 그 당시에 최대국인 애굽의 총리가 되어, 풍요와 가뭄을 대비하는 이야기는 충격이었습니다. 또한 애굽으로 이사 가야 한다는 환경적 변화입니다.

1) 그 모든 변화와 배경에는 하나님이 역사의 주관자이셨습니다.

하루아침의 이야기가 아니라 오랫동안 하나님 섭리의 작용이 계셨습니다.

① 그 역사적 배경을 모르는 야곱은 두려워서 떨 수밖에 없었습니다.

(창 46:3-)"하나님이 이르시되 나는 하나님이라 네 아버지의 하나님이니 애굽으로 내려가기를 두려워하지 말라"(Do not be afraid to go down to Egypt) 하셨습니다. 전혀 다른 환경이요 상황이 급변하여 갈 수밖에 없는 때였습니다. 할아버지 아브라함 때부터 시작해서 3대가 살던 곳을 떠나야 했습니다. (삿 20:1; 삼상 3:20)브엘세바는 역사적으로 이스라엘의 국경 지역이었습니다.

② 야곱에게 함께 하시겠다고 약속하셨습니다.

성경에 야곱, 이스라엘이 어렵고 힘들 때 이스라엘이라 부르시면서 함께 하시겠다고 약속하셨습니다. 이스라엘이 앗수르나 바벨론의 지배하에 어렵게 되었을 때도 부르셨습니다(사 40:27, 41:18-, 43:1-). 오늘 본문에서는 야곱이 애굽으로 가게 되었을 때 갈등 속에 있는 야곱을 부르시는 현장을 볼 수 있습니다.

2) 야곱이 내려가는 애굽 땅은 죄악으로 가득한데 더욱이 하나님이 아닌 다른 우상으로 가득한 땅이었습니다.

우상의 땅이었습니다.

① 죄 중에 무서운 죄, 우상이 가득한 곳이었습니다.

성도가 살아가는 세상이 애굽과 같은 곳입니다. 매일 출근해서 살아가는 현장의 일터에서 사업터에서 살아가는 환경들은 어려운 곳입니다. 문화가 전혀 다른 문화에서 활동해야 하는 곳입니다. 이와 같이 교회가 아닌 세상 문화 속에서도 하나님은 같이 계심을 의심치 말아야 합니다.

② 야곱으로서는 늙은 나이 때였습니다.

130세 나이에 살던 곳에서 안연하게 살아야 하는데, 미지의 세계로 나아가야 하는 어려움이 있었습니다. (창 47:9)130년 사는 동안, 험악한 세월을 살아왔기 때문입니다. 우리도 어려울 때 하나님의 음성을 들어야 합니다. 야곱아! 이스라엘아! 부르시던 그 음성이 매일 생활 가운데 ㅇㅇㅇ야(자기 이름) 부르시는 주님의 음성으로 들려지게 되시기를 바라고 축복합니다.

2. 어렵고 힘든 발걸음으로 출발했지만 야곱은 희생 제사(예배)를 드렸습니다.

예배하는 것은 '희생제사', 희생제물을 드리는 것으로 말씀했습니다. 예배는 언제나 희생이 필요한 일이기 때문입니다.

1) 야곱의 생애가 이번만 어려웠던 것은 결코 아니었습니다.

과거로 거슬러 올라가 보면 수없이 많은 일이 있었습니다.

① 야곱의 생애는 험악한 세월 속에 오게 되었습니다.

(창 25:21)태에서부터 싸우게 되었습니다. (창 25:33)팥죽으로 장자권을 매수했습니다. (창 27:27-)별미로 이삭에게 축복을 받게 되었습니다. (창 28:10)루스 광야에서 꿈에 하나님의 약속을 받았습니다. (창 31:1-)품삯을 10번이나 변경되는 일들을 당했습니다. (창 32:28)얍복 나루에서 홀로 있다가 천사와 씨름했습니다. (창 33:1-)형 에서가 400명 군사를 거느리고 20년 한을 갚으려고 찾아오기도 했습니다. 그야말로 험악한 일들이었습니다.

② 그러나 분명한 것은 어려울 때마다 하나님이 함께하셨다는 것입니다.

특히 (창 28:10)도망가는 길에서도 하나님은 꿈에서 사닥다리로 보여주셨습니다. 실로 험난한 길이었지만 그때마다 하나님께서 야곱과 함께 계셨기 때문에 이길 수 있었습니다. 우리가 잘 부르는 복음성가 중에 '오 신실하신 주'라는 찬양은 의미가 깊습니다.

"하나님 한 번도 나를 실망시킨 적 없으시고

언제나 공평과 은혜로 나를 지키셨네.

오 신실하신 주 오 신실하신 주 내 너를 떠나지도 않으리라

내 너를 버리지도 않으리라 약속하셨던 주님

그 약속을 지키사 이후로도 영원토록 나를 지키시리라 확신하네."

2) 미래의 불확실한 길이지만 "두려워하지 말라"고 하셨습니다.

미래를 알 수 없기 때문에 불확실하게 보이지만 두려워하지 말라고 하시는 것입니다.

① 애굽으로 내려가는 그 길은 하나님께서 함께하시는데 아브라함과의 약속이 있었던 것입니다. 그 약속을 이루시기 위해서 요셉을 애굽에 팔리게 하셨고, 야곱까지 이제는 애굽으로 가게 하시는 길입니다. (창 15:12-)아브라함과 약속하셨음을 다시 한번 생각하게 하셨습니다. 4대 만에 돌아오게 하시는 하나님의 구원의 역사요 섭리 중에 이루어지는 사건들이었습니다.

② 야곱은 두려워하는 마음으로 출발하지만 기도하였고 희생예배를 드리게 되었습니다.

기도 가운데 출발하겠다는 뜻입니다. 성도는 언제나 예배 속에 기도가 살아 있어야 합니다. 예배 속에 기도는 마치 아이가 엄마 뱃속에서 탯줄에 의지해서 살아가는 것과 비교됩니다. (창 32:32)얍복강 나루에서 기도했듯이 늘 기도가 있어야 합니다.

3. 하나님을 향한 약속 때문에 믿음이 약해지지 않은 야곱이었습니다.

무슨 일인가 하고 두렵고 떨리는 기도 가운데서 미지의 세계를 향하여 출발하지만, 하나님을 향한 믿음은 약해지지 아니했습니다.

1) "야곱이 이르되 내가 여기 있나이다" 하였습니다.

출발하기 전날 밤에 하나님의 부르심에 대한 야곱의 대답입니다. "내가 여기 있나이다."

① 야곱은 하나님의 부르심에 대답하는 믿음이 있었습니다.

하나님이 부르실 때 믿음이 있는 사람은 즐겁고 기쁜 마음으로 대답하게 됩니다. 하나님을 향한 믿음이 분명하기 때문입니다. 원망이나 불평, 불만족스럽게 대답한 것이 아닙니다. (창 3:7)아담을 부르실 때 모습이나, (창 4:9-)동생을 죽

인 가인의 대답과는 전혀 다른 대답입니다. "내가 내 아우를 지키는 자니이까?"

② 야곱은 하나님을 믿는 믿음이 있었기에 두려운 곳이지만 출발하였습니다.

이와 같이 야곱을 하나님은 사랑하셨고 계속 축복의 사람이 되게 하셨습니다. (말 1:2; 롬 9:13)하나님이 사랑하시는 야곱이었습니다("Jacob I loved, but Esau I hated."). 하나님이 사랑하시는 성도들의 견고한 믿음이 되시기를 축복합니다.

2) 야곱은 하나님을 믿고 순종하며 애굽으로 내려가게 되었습니다.

믿음과 순종은 동반되는 영적인 일입니다. 믿음이 없이는 순종도 따르지 않습니다.

① 믿음의 3대가 모두 순종의 사람들이었습니다.

할아버지 아브라함의 순종(창 12:1, 25:14-, 22:1-), 이삭 역시 순종하여 제물이 되었고(창 22:10), 야곱 역시 순종의 사람이 되었기 때문에 애굽으로 내려가게 되었습니다.

② 순종과 믿음은 고통이 따르지만, 계산할 수 없는 축복과 기적이 따라옵니다.

고통이 아니라 기적과 기쁨으로 바뀌어 오게 되었습니다. 성도들이여! 하나님을 믿는 믿음 가운데서 믿는 대로 순종해 나가십시오. 거기에는 계산할 수 없는 일들이 벌어지게 될 줄 믿습니다. 야곱을 부르시던 위대하신 하나님의 음성이 이 시간에 들려지게 되시기를 예수님의 이름으로 축복합니다.

결론 : 야곱을 부르시듯 우리를 부르시는 하나님이십니다.

〈영적 전쟁〉

영적 전쟁의 전사들

딤전 6:11-18

　이 세상에 만물들은 존재하는 동안 전쟁 속에 살아가는 것이 현실이라 할 것입니다. 분야에 따라서 조금씩은 다르겠지만 살아가는 생태계의 모든 환경과 구조가 전쟁의 현장으로 살아가고 있습니다. 인간 역시 태어날 때부터 계속 전투 가운데 성공과 실패의 사이에서 싸우는 생애입니다. 더욱이 성도의 생애는 영적 전쟁인데, 개혁자 요한 칼빈(John Calvin)은 "지상 교회는 전투적 교회"라고 일컬었습니다. 그래서 교회는 복음의 승리 생활을 해야 하기 때문에 사도 바울은 본문에서 교회론적인 측면에서 승리하기 위한 말씀을 강하게 전하고 있습니다. 예수님께서 재림하실 종말 때를 즈음해서 주의 교회는 치열한 영적 전투가 있으리라 예고되었는데(벧전 5:8; 계 12:12), 천국은 이기는 자(계 2:7, to the one who ie victorious)의 것임을 분명히 말씀해 주셨습니다. 각종 스포츠에서도 이겨야 하고 국가와 국가 사이의 전쟁도 이겨야 하지만 성도의 영적 전쟁은 반드시 이겨야 합니다.

　본문에서 "믿음의 선한 싸움을 싸우라 영생을 취하라"(Fight the good fight of the faith)고 하였는바 대적 사탄의 정체를 바르게 알고 싸워 이기기 위해 본문에서 은혜를 받게 됩니다.

1. 우리의 신앙은 영적 전쟁입니다.

세상에서 매사에 이겨야 하듯이 영적 전쟁에서도 이겨야 합니다. 성경 시대에서 역사적으로 볼 때에 전쟁에서 지면 모든 것을 빼앗기게 되듯이 마귀에게 패하면 영원한 생명을 강탈당하게 됩니다.

1) 영적 전쟁에서 지면 모든 것을 상실합니다.

그래서 지는 전쟁을 하지 말아야 합니다.

① 하나님께서 우리에게 예수 그리스도 안에서 이김을 주셨습니다.

예수님은 십자가에서 대속적 죽임을 당하시고 무덤 속에서 3일 만에 부활하셔서 십자가로 승리하셨습니다(골 2:15-; 고전 15:57). 이김을 주셨습니다. 예수님의 예표요, 그림자 격인 다윗은 어디에서나 이겼다고 하였는데(대상 18:6, 13), 예수님의 제자들인 성도들은 날마다 이기는 생활을 해야 합니다.

② 전쟁에서 이기기 위해서는 사령관의 명령에 잘 순종해야 합니다.

전쟁은 영원히 사느냐, 죽느냐의 갈림길에 있기 때문입니다. 우리의 사령관은 예수 그리스도가 되십니다. 주의 종이라는 용어用語 중에 '수종자'라는 말이 있는데, 헬라어로 '휘페레테스'(ὑπηρέτης)라 합니다. 이는 '휘포'(ὑπο, 아래에서)와 '레테스'(ρέτης, 뱃사공)의 합성어로 영어성경에서는(NIV, servant) 헌신자로 번역했습니다(마 26:58; 막 14:54; 요 18:36 등). '벤허'라는 영화에서 보면, 배를 타고 전투할 때에 사령관의 명령에 따라서 북을 치고 북소리에 따라서 노 젓는 사람을 볼 수 있습니다. (수 7:1-)가나안을 점령하면서 아간의 불순종이 큰 낭패를 가져왔던 것은 우리에게 영적으로 큰 교훈이라 할 것입니다.

2) 하나님의 사람들은 세상을 이기는 능력을 주십니다.

구원받은 성도로서 싸워야 하기 때문입니다.

① 이 사람들은 하나님께로부터 난 믿음의 사람들입니다.

(요일 5:4-)믿음이 아니면 세상을 이길 수 없습니다. (고전 3:16)성령께서 우리 안에 성전 삼으시고 계시면서 세상을 이기도록 힘을 더해 주심을 믿어야 합니다.

② 마귀에게 속한 사람들은 마귀를 따라가다가 영원히 지옥에 가게 됩니다(마 25:41).

본문에서 "믿음의 선한 싸움을 싸우라"고 하였습니다. 세상의 속성은 악하기 때문에 영적 전투가 있게 됩니다. "영생을 취하라"는 헬라어로 '에필라

부'(ἐπιλαβου)라 하는데, 성도 개인의 인간적 노력도 기울여야 함을 강조해 주는 것입니다. 그렇지 아니하면 세상에서 패할 수밖에 없기 때문에 정신을 차리고 근신하여 깨어 기도하는 가운데 승리해야 하겠습니다.

2. 우리가 하는 전쟁은 믿음의 싸움이요 신앙적 전투입니다.

무슨 싸움이든지 세상에서의 전투는 생존을 위한 것이지만 영적 싸움은 영원한 생명을 위한 전쟁이기 때문에 중요한 싸움입니다.

1) 그리스도의 '좋은 병사'라고 하였습니다.

문제만 일으키는 문제적 군사가 아니라 "그리스도의 좋은 병사"(like a good soldier of Christ Jesus)입니다.

① 그리스도의 좋은 군사로 다녀야 합니다.

(딤후 2:3-4)"너는 그리스도 예수의 좋은 병사로 나와 함께 고난을 받으라 병사로 복무하는 자는 자기 생활에 얽매이는 자가 하나도 없나니 이는 병사로 모집한 자를 기쁘게 하려 함이라" 하였습니다. 그러므로 그리스도의 병사로서 잘 싸우고 칭찬 듣는 성도들이 되시기 바랍니다.

② 군사는 사령관의 뜻을 이해해야 하듯이, 사령관 되시는 예수 그리스도의 뜻에 이해하는 모습이 중요합니다.

(롬 12:2)이 세대를 본받지 말고 주님의 뜻을 이해해야 합니다. (엡 5:17)그러므로 어리석은 자가 되지 말고 오직 주님의 뜻이 무엇인지 이해하라고 했습니다 (…but understand what the Lord's will is). 주님의 뜻을 이해하고 깨닫고 싸워나가게 될 때 이기게 될 줄 믿습니다.

2) 믿음의 싸움에서 이기기 위해서는 몇 가지 기억해야 할 것이 있습니다.

이 싸움은 세상적인 싸움이 아니라 영적 싸움이라는 것입니다.

① 깨어 기도하는 기도의 영력靈力이 반드시 따라야 합니다.

기도의 역사 없이는 할 수 없습니다(막 9:29). 예수님도 기도로 본을 보여 주신 십자가의 길이었습니다(마 26:39; 눅 22:44).

② 반드시 그리스도 예수 안에서 사랑 가운데 있어야 합니다.

예수를 믿고 사랑하는 그 사랑 안에서 역사해야 합니다. 예수 그리스도 밖에서는 아무것도 할 수 없기 때문입니다.

③ 성령 충만 가운데 살기로 힘써야 합니다.

인간의 나약함은 이미 증명되었거니와 성령의 능력을 받게 될 때 힘이 있습니다. (행 1:8)성령의 능력입니다. (엡 5:18-)성령 충만입니다. 여기에서 말씀으로 충만한 자는 싸움에서 이기게 됩니다(엡 6:17).

3. 우리가 하는 전쟁은 선한 싸움의 현장입니다.

세상의 육신적 전쟁도 아니요 영적이고 신령한 전쟁인데, 이는 선한 싸움의 현장입니다. (딤후 4:7-)사도 바울도 이 싸움을 싸웠고, 승리를 고백하였습니다. 의의 면류관을 얻을 때까지 싸워서 이겨야 합니다.

1) 왜 선한 싸움인가를 알아야 합니다.

전쟁이면 전쟁이지 무슨 선한 전쟁이냐는 것입니다.

① 이 전쟁의 총사령관은 예수 그리스도이십니다.

예수님이 총대장 되셔서 모든 믿는 그리스도인의 사령관으로 지휘하고 계십니다. 이 예수님을 따라가게 될 때 10가지 재앙은 사라지고 해방이 되기도 하고, 홍해가 갈라집니다(출 14:14). 그래서 "여호와께서 너희를 위하여 싸우시리니…" 하셨습니다. (수 3:1-)요단강도 갈라지고, (수 6:16)여리고 성도 무너지게 됩니다. (삼상 17:44-)골리앗을 이기게 하셨습니다.

② 보혜사 성령께서 반드시 도와주십니다.

인간의 힘으로 싸워서 이기는 것이 아니라 보혜사(παράκλητος) 즉 도와주시는 성령(Heller)님이 하십니다. 주후 313년 로마의 콘스탄티누스 황제는 실제 적진에서 싸우면서 하나님의 손길을 체험하고 기독교를 공인하게 되었습니다. 기도하게 될 때 일어날 승리의 현장입니다.

2) 함께 하시겠다고 약속하신 약속을 믿기 때문입니다.

구약에서도 신약에서도 하나님은 함께 하심을 약속해 주셨습니다(시 121:1-8; 사 43:1-; 마 28:20).

① 구약의 현장을 확인합니다.

(수 1:4-9)모세에게만 아니라 여호수아에게도 약속해 주셨습니다. (수 5:14)여호수아에게 군대 장관을 보내셔서 약속하셨고 도와주셨습니다.

② 신약에서도 보게 됩니다.

지금도 하늘 보좌에서 우리를 위하여 기도하고 계십니다(롬 8:26, 34). 주님의 약속은 지금도 유효합니다. 우리는 이 약속을 굳게 믿고 영적 싸움에서 이기는 생활을 해야 하겠습니다. 은평교회 모든 성도는 이 영적 싸움에서 승리하는 자리에 있게 되시기를 예수님의 이름으로 축원합니다.

결론: 우리는 영적 전사들입니다.

〈영적 전쟁〉

빈 영혼은 더 큰 위험이 있습니다
마 12:43-45

사람의 마음속에는 무엇인가를 늘 채워져 있기 마련인데, 빈 공간 속에는 좋은 공기이든 나쁜 공기이든 늘 채워져 있듯이 사람의 마음의 공간에는 무엇이 채워져 있느냐가 중요한 관건입니다. 영적으로 좋은 것이 채워져 있는가 하면 나쁜 마귀적인 것으로 채워져 있는 사람도 있습니다(갈 6:7-). 그래서 성령을 위해서 심고 성령을 통해서 거두는 사람이 될지언정 육체로 심고 육체로부터 썩을 것을 거두면 곤란합니다. (마 15:1-20)속에 무엇이 들어 있느냐에 따라서 입에서 나오는 것이 달라지기 때문에 더러운 것이 나오지 않도록 힘써야 합니다. (고전 3:16)우리는 성령님을 모신 성령님의 전이기 때문입니다. (잠 15:29)악인을 멀리하시고 의인의 기도를 들으신다고 하셨습니다.

(마 24:37; 눅 17:28)지금은 시대적으로 노아의 때와 같고 소돔과 고모라시대를 방불케 하는 때가 되었습니다. 문제는 사람들이 깨닫지 못한다는 것입니다. (마 24:37-)"깨닫지 못하였으니"(and they knew nothing). 주석학자들은 주석하기를 "돌이킬 수 없는 최후의 순간까지 심판을 깨닫지 못하였다. 그리스도의 재림 시에도 모든 불신자는 그들의 심판을 깨닫지 못할 것이다."하였습니다. 그렇기 때문에 깨닫는 신앙이 복이 있습니다.

오늘 본문에서, 예수가 없고 말씀이 없는 공허한 상태의 심령들을 보게 됩니다. 마음이 깨끗하게 청소는 되었는데 그 속에 말씀을 상징하는 물이 없기 때문에 사탄 귀신의 역사가 전보다 일곱 배나 더 악해지는 영적으로 안타까운 현장을 보게 됩니다. 이를 통해 우리 마음의 빈 공간에 날마다 말씀으로 채워야 함을 교훈 삼게 됩니다.

1. 모든 사탄의 역사는 물이 없는 곳을 찾아다닙니다.

물이 없는 곳이 있습니다. 사막은 물이 없기 때문에 고통스러운 곳입니다. 또한 지옥에도 물이 없기 때문에 부자의 고통스러운 모습을 보게 됩니다(눅 16:24). 따라서 절대로 지옥에 갈 것이 아닙니다.

1) 모든 인생은 아담 이후에 마음속에 사탄 귀신이 역사합니다.

본인이 부인하든 시인하든 영적인 사실이요 진실입니다. 마귀 사탄의 영, 귀신, 악령, 잡신들입니다. (마 25:41-)"마귀와 그 사자들"(for the devil and his angels)이라 하였습니다.

① 에덴동산에서부터 시작되었습니다.

그때부터 마귀 사탄은 인간의 마음속에 드나들면서 죄를 짓게 하였고 그 죄값으로 지옥에 끌려가게 되었습니다. 그리고 그 마음속에 그릇된 것들로 가득하게 심었는데, 거짓, 증오, 절망, 불신 등 온갖 악성, 죄성, 바이러스(virus)를 집어넣었습니다. 이것이 타락 원천인(벧후 2:4; 유 1:6) 즉 마귀가 하는 일들입니다. 그리고 결국은 지옥으로 끌고 갑니다(마 25:41).

② 악한 사탄은 인간의 마음에 악한 짓을 하도록 속삭입니다.

이때 마귀의 생각과 속삭임을 이기는 길은 예수님의 이름이요 말씀입니다. (요일 3:8; 창 3:5; 히 2:14; 약 4:7)예수님은 마귀의 하는 일을 멸하시기 위하여 오셨습니다. (벧전 5:7-)말씀에 순종하며 마귀를 대적해야 하는데 예수님의 이름 밖에는 다른 길이 없습니다.

2) 마귀를 따르다가 영원히 낭패를 보는 사람이 되지 말아야 합니다.

대적하고 물리쳐야 하는 대상이지 순종하고 따를 대상이 절대로 아닙니다.

① 마귀 말에 순종하면 망하게 되는데, 망한 사람들의 이야기를 성경에서 보게 됩니다.

(요 13:2)가룟 유다의 마음에 사탄이 예수님을 팔 생각을 넣었는데 그대로 순종해서 망했습니다. (창 4:8)가인은 동생 아벨을 죽여 최초의 살인자가 되었습니

다. (삼상 16:14)하나님께서 부리는 악령이 사울에게 들어가서 큰 문제가 생겼습니다.

② 마귀들을 세상 임금이라고 하였습니다.

(엡 2:2)공중 권세 잡은 자들입니다. (계 12:7-12)쫓겨나게 되고 이 세상을 어지럽게 하는 못된 용 마귀라고 했습니다. (시 66:18)"내가 나의 마음에 죄악을 품었더라면 주께서 듣지 아니하시리라" 하였는데, 개혁자 마틴 루터는 "우리가 수염을 깎으면 또 자라듯이 살아 있는 동안에 매일 악한 것과 싸우는 일이다." 하였습니다. 물 없는 심령이 되지 말고 말씀과 성령으로 충만하여 마귀 사탄을 이겨야 할 줄 믿습니다.

2. 비워 놓기만 한 마음도 위험합니다.

어떤 일이 있을 때 사람들은 흔히 말하기를 "나는 마음을 비웠어"라고 합니다. 영적 생태는 마음을 비우면 위험합니다. 비우지 말고 말씀으로 가득 채워져야 하고 (엡 5:18)성령으로 충만해야 합니다. 그래야 위험하지 않습니다.

1) 악한 것을 버렸으면 그 자리에 영적이고 신령한 것으로 대신 채워야 합니다. 비우기만 하고 채우지 아니하면 위험합니다.

① 내 마음의 빈자리를 성령님이 내주하시는 전이 되게 해야 합니다.

(고전 3:16-)성령님이여 내 마음에 좌정하여 계시옵소서 하고 성령님이 계시는 마음의 성전이 되도록 힘쓰며, 하나님의 거룩하신 말씀으로 가득하게 채우기를 힘써야 합니다. 성령이 마음에 충만한 사람은 성령님의 인도하심에 따라가며 성령님이 시키는 일을 합니다(행 13:4-). 빌립 집사도 성령의 인도하심 따라서 전도하게 되었습니다(행 8:26-).

② 내 마음의 빈자리에 하나님의 말씀으로 가득하게 채워야 합니다.

하나님 진리의 말씀으로 가득 채워질 때 사탄을 이길 수 있습니다. (엡 5:26)물은 곧 말씀을 의미하기도 합니다. 물과 성령으로 거듭나라고 할 때 물은 곧 말씀을 뜻합니다(요 3:5-). 마귀 사탄이 제일 싫어하고 무서워하는 것이 있는데, 그중 하나가 영적인 무기와 같은 하나님의 말씀입니다. 영적인 것이요 무기이기 때문입니다. (엡 6:17)"구원의 투구와 성령의 검 곧 하나님의 말씀을 가지라"고 했습니다. (마 4:1-11)예수님도 시험 중에 말씀으로 사탄을 이기셨습니다.

2) 마음을 비워두지 않고 성령과 말씀으로 충만한 생활을 하기 위해서 기억해야 할 일이 있습니다. 빈 공간은 공허하고 허전하기 때문에 범죄로 가기 쉽습니다.

① 늘 회개의 역사가 있어야 합니다.

하루 한시도 빼놓지 말고 회개 생활이 동반되어야 합니다. 예수님 이름으로 회개와 기도가 동반되어야 합니다. (요일 1:8-9)고백하는 곳에 용서가 약속되었습니다. (시 51:1-)다윗도 회개하여 큰 축복 가운데로 나아가게 되었습니다. (욘 2:1-)요나 선지자도 회개할 때 다시 역사하게 되었습니다.

② 회개할 때 성령님께서 다른 선물까지 안겨다 주십니다.

(행 2:38-)말씀을 듣고 어찌할꼬 할 때 사도들은 회개를 강조하였고 선물이 약속되었습니다. 말세 때에는 빈 마음으로 있으면 곤란합니다. 성령의 영적인 역사로 채워져야 합니다. 결국 예수님으로 충만한 것입니다.

3. 빈 마음에는 좋은 것으로 채워야 합니다.

채우기는 채우는데 무엇으로 채워야 하는지 알아야 합니다. 영원히 내가 흥하고 사는 것으로 채워야 합니다. 망할 것으로 채우면 큰일 납니다. 영적인 아름다운 것으로 채워야 합니다.

1) 내가 영원히 사는 길은 예수 그리스도밖에 없음을 잊지 말아야 합니다.

예수 그리스도가 내 삶에 풍성하고 충만하게 할 때입니다. 그 길만이 내가 영원히 살고 잘되는 길이기 때문입니다.

① 눈에 보이는 가시적인 것은 임시적이고 한계적인 일밖에 되지 않습니다.

세상에서 출세하고 성공했다는 경제력, 권력, 명예, 지위 등을 중요하게 여기고 따라가게 되지만 그것은 안개 같고 이슬처럼 사라질 것입니다. 예수님 안에서 사는 알뜰한 신앙적인 충만한 일이 되게 해야 합니다. (요 14:6; 행 4:12)오직 예수 이름밖에는 나를 구원할 이름이 없습니다.

② 하나님이 우리를 지으실 때 영적으로 충만하게 살도록 지으셨습니다.

어거스틴(Augustine)은 "하나님께 돌아올 때만이 인간 마음에 빈 공간(hall)이 채워지게 된다."고 하였는데, 하나님께서 주시는 것, 영적인 것이 가득하도록 해야 합니다. (요 4:14)수가성 여인에게서 보게 되는데, 그 수가성 여인에게 예수님은 생수와 신령한 예배를 말씀해 주셨습니다. 지금 이 세대에 우리 마음에 무엇으로 가득 채워져 있는지를 확인하고 영적인 것으로 가득하도록 힘써야 할 때입니다.

2) 예수님이 마음에 가득하면 세상 모든 것을 이겨 나갈 수 있게 됩니다.

십자가로 이기신 예수님이 내 안에 계시기 때문입니다(골 2:15).

① 굳세다고 하는 자기 의지와 자제력 가지고는 이겨 나갈 수 없습니다.

베드로는 결심은 좋았지만 예수님을 세 번씩이나 부인하게 되었고, 성령 받은 이후에 담대해지게 되었습니다(행 4:19). 사탄 마귀는 베드로뿐만 아니라 지금도 찾아와서 성도들을 유혹하고 무섭게 달려드는데, 이를 이길 능력은 영적인 말씀의 능력밖에 없습니다. 따라서 성령과 말씀으로 충만해야 합니다.

② 예수님으로 충만한 사람은 생활이 다릅니다.

늘 쉬지 않는 기도 중에 감사가 따라오게 되고 그것이 이기는 길이기 때문에 (눅 18:1-)항상 기도하며 살아야 합니다. (골 4:2)감사하며 살아야 합니다. (살전 5:16)쉬지 않고 기도해야 합니다. (히 13:15)입술의 열매인 찬송으로 승리합니다. 빈 마음, 빈 공간은 위험합니다. 그 빈 공간에 귀신이 더 역사할 수 있기 때문입니다. 따라서 빈 공간의 마음이 아니라 날마다 말씀과 성령으로 예수님의 이름이 마음에 가득하게 되시기를 예수님의 이름으로 축원합니다.

결론 : 마귀의 일을 물리쳐야 합니다.

〈제자의 길〉

예수님을 따르는 제자의 길

눅 14:25-35

　제자들(Disciples)이라는 말은 누구를 따르며 무엇을 이어받아서 따라가는 '후계자'라는 뜻이 됩니다. 학문이나 학설의 길, 장인의 기술을 전수받는 일, 사상적인 문제 등을 받아서 다음 세대에 단절되지 않도록 이어가는 사람들을 말합니다. 예수님께서 직접 부르시고 수많은 기적을 나타내 보이시면서 천국 복음을 듣게 하신 제자들은 열두 명이었습니다. (마 10:1-)"예수께서 그의 열두 제자를 부르사 더러운 귀신을 쫓아내며 모든 병과 모든 약한 것을 고치는 권능을 주시니라" 하셨는데, 그 열두 제자 중에 가룟 유다는 떨어져 나가게 되었고 그 자리를 맛디아가 채웠습니다(행 1:26). 예수님께서 구속을 완성하시고 승천하신 이후에 사도使徒라 부르게 되었는데, 이는 헬라어 '아포스톨로스'(ἀπόστολος)로 그 뜻은 '보내심을 받은 자'이며 이들에 의해서 기독교 역사는 기초(foundation)를 놓게 되었습니다. 그래서 제자라는 말의 의미가 매우 중요합니다. 제자의 길은 어렵고 힘든 길일 수 있습니다. 그래서 초대교회 사도들과 많은 성도가 순교로 이 길을 걸어왔습니다. 오늘날에는 그 제자의 정신이 약화된 시대입니다.
　세계 2차 대전 때에 독일 신학자 본훼퍼(Dietrich Bonhoeffer, 1906~1945)는 우리 신학과는 거리가 있지만, 이런 말을 했습니다. 나치 정권과 싸우면서 남긴 말입니다. "오늘날 크리스천들은 가벼이 대가를 지불하려 하지 않는다."고 했습니다. 제자의 길은 순교와 고난의 길이었습니다. (행 7:59-)스데반 집사의 순교,

(행 12:1-)요한의 형제 야고보가 헤롯에 의한 참수형의 극한적 상황부터 1885년 한국에 복음이 들어온 이후에 수많은 사람이 순교로 제자의 길을 지켜왔습니다. 전도신학자傳道神學者(The theology of Evangelism)의 제자인 어틀리(C. E. Autrey) 박사는 "전도는 교회가 그리스도의 복음을 전하여 사람들을 하나님께 대한 불신앙의 죄를 회개하고 그리스도를 자신의 구세주로 믿음으로 개인적으로 주님께 위임하게 하는 역사이다."라고 했습니다.

본문 말씀은 예수님의 제자로서의 초청 잔치의 비유인데, 예수님은 여기에서 제자의 길을 보여주신바 은혜의 시간이 되시기를 바랍니다.

1. 제자는 삶의 우선순위가 분명해야 합니다.

살다 보면 삶의 복잡한 관계에서 무엇을 우선으로 두고 살아가느냐 하는 문제입니다. 참 제자의 길은 어렵기 때문입니다.

1) 주님의 제자라면 전적으로 주님만 따라가야 합니다.

제자의 길을 간다면서 다른 길로 가면 곤란합니다.

① 오직 한 길(One way)만 가는 것입니다.

사업도 여러 가지가 아니라 오직 한 우물만 파야 하듯이 제자의 길도 그러합니다. (눅 9:59)예수님은 어떤 사람이 예수님을 따르려고 할 때 제자의 길이 어렵다는 것을 깨우쳐주셨습니다. 손에 쟁기를 잡고 뒤를 돌아보는 자는 하나님 나라에 합당하지 않다고 하셨습니다. 프리니(Pliny)는 그렇게 되면 밭이랑이 굽게 된다고 하였습니다. 예수님을 따르는 길은 모든 것을 버리는 것도 감수해야 따를 수 있는 길입니다.

② 오직 하나님 우선이요 제일주의로 나가는 길입니다.

(마 19:16-)예수님은 한 부자의 이야기에서도 제자의 길이 어려운 길임을 말씀해주셨습니다. 그 사람은 재물이 많은 부자였습니다. (창 22:12)아브라함은 자식까지도 버릴 수 있었습니다. (왕상 19:21)엘리야의 후계자 엘리사는 모든 것을 버리고 엘리야를 따라갔습니다.

2) 하나님보다 그 무엇을 더 사랑하면 제자의 길이라 할 수 없습니다.

그것이 우상이 되기 때문입니다.

① 우선순위가 바르게 세워져 있지 않으면 우상의 함정에 빠지기 쉽습니다.

현대적 우상에 빠지지 않기 위해서입니다. 영성가로 알려진 리처드 포스터(Richard Foster)는 "현대인의 우상은 돈, 권력, 성적 범죄들이다."라고 했는데, 잠재함에 숨어있는 우상들이 많습니다. 오직 하나님 사랑과 주님 제자의 길에 서야 합니다.

② 참 주님의 제자들은 가치관이 바르게 정립定立되어 있어야 합니다.

영적이고 신령한 면에서의 올바른 가치관이 요구되는 시대입니다. 오직 하나님, 오직 천국에 목표가 세워지고 십자가와 부활을 믿는 믿음 안에 있는 자세가 중요합니다. (히 11:24-)모세와 같은 자세요, (마 13:44)전 재산을 팔아서라도 밭을 사는 마음입니다.

2. 제자의 길은 진지하게 따라가는 생활입니다.

쉽게 결정하고 가볍게 따라가는 생활이 아니라는 것입니다. 진지하게 생각하고 끝까지 따라가는 길이 제자가 가는 길입니다. 코미디나 개그맨의 생활이 아닙니다.

1) 쉽게 결정했다가 마음에 안 들면 쉽게 포기하는 길이 절대 아닙니다.

생활용품(옷, 구두, 가방 등)처럼 쉽게 샀다가 또 가서 바꿀 수 있는 가벼운 길이 아닙니다. 잘 생각해서 끝까지 따라가는 것이 예수님을 따라가는 제자의 길입니다.

① 마치 망대를 짓듯이 신중해야 할 필요가 있다는 것입니다.

망대를 지으려면 필요성부터 시작해서 설계와 비용과 사용하는 일까지 모두 종합적으로 신중히 처리하듯이 우리가 주님을 따르는 길은 쉽게 가는 길이 아니라는 사실입니다. 주님의 제자는 헌신자의 길이기 때문입니다. 전쟁에 나가는 병사가 전쟁을 준비하는 마음 자세로 가는 길이 바로 제자가 주님을 따르는 길이 됩니다. 여기에 승패의 갈림길이 있기 때문입니다.

② 즉흥적인 자세로는 올바른 제자의 길을 갈 수 없습니다.

치밀함과 결사적인 각오까지 되어 있을 때 주님의 길을 따라가는 제자라고 할 수 있을 것입니다. 지금은 시간이 지나갈수록 죄악이 많고 우리의 믿음은 점차 약화 되는 때이기 때문입니다(눅 18:8). 참새 한 마리도 하나님의 손에 있다는 굳건한 믿음이 중요합니다(마 10:29-). 주님의 제자가 늘 생각해야 하는 부분입니다.

2) 모든 염려는 하나님께 맡기고 제자의 길을 충성스럽게 가는 것입니다.

제자의 길은 그리스도 군사의 길이라 할 수 있는데 염려와 걱정거리가 있는 자는 올바로 갈 수 없습니다. 그리스도의 군사는 두려워 떨면 갈 수 없습니다 (삿 7:3).

① 오직 제자의 길이나 군사의 일에만 전념專念해야 합니다.

"두려워 떠는 자"(Anyone who trembles with fear)는 주님의 일을 할 수 없습니다. 그래서 기드온에게도 300명만 차출해서 승리를 얻게 했습니다. 주님의 제자, 주님의 군사는 전념 정신專念精神으로 해야 합니다.

② 본문에서도 전쟁에 나가기 위해서는 어느 임금에 비유했습니다.

무슨 말씀이겠습니까? 군사작전이나 제자의 길이라는 것은 유사점이 많은데 그 일에 전념하면서 이겨야 하는 길입니다. (딤후 2:3)"너는 그리스도 예수의 좋은 병사로 나와 함께 고난을 받으라 병사로 복무하는 자는 자기 생활에 얽매이는 자가 하나도 없나니"라고 하였습니다. 우리는 주님의 제자요 영적인 군사들입니다.

3. 제자의 길은 모든 것을 버리고 헌신과 충성하는 길입니다.

제자는 내 길을 걷는 것이 아니라 주님의 길을 따라서 가는 길입니다. 여기에 헌신과 충성이 따라오는 것이 제자의 가는 길입니다.

1) 내 것도 버릴 줄 아는 길이 진짜 제자의 길이요 헌신의 일입니다.

우리는 세속적이고 타락된 관념을 버리고 주님을 따라야 합니다.

① 예수님의 제자들은 다 버리고 주님을 따라갔습니다.

(마 4:18)갈릴리에서 고기 잡던 베드로, 요한, 야고보, 안드레를 보면 모든 것을 버리고 예수님을 따르게 되었습니다. (눅 9:50)아버지의 장례식까지도 돌보지 못한 채 예수님을 따르게 되었던 것이 예수님 말씀하시는 제자의 길입니다. 선교사들은 선교사로 외국에 있다 보면 부모님의 장례식도 불참하는 경우들이 있습니다. 이것이 제자의 길이기도 합니다. 우리가 걸어가는 길입니다.

② 내 것을 포기하지 않고는 바른 제자가 될 수 없습니다.

버릴 것은 과감하게 버릴 줄 알아야 합니다. 군사는 사생활에서와 같이 자기 멋대로 사는 것이 아니고 군대의 통제 아래 있듯이, 제자는 주님이 가신 길을 걸어가야 하므로 어려운 길입니다. 예를 들면 하고 싶다고 해서 술과 담배와 미신, 우상주의 등 세속주의로 가는 것은 결코 주님의 제자의 길이라 할 수 없습니다.

2) 제자의 길은 충성뿐입니다.

(고전 4:1-)"사람이 마땅히 우리를 그리스도의 일꾼이요 하나님의 비밀을 맡은 자로 여길지어다 그리고 맡은 자들에게 구할 것은 충성이니라" 하였습니다.

① 제자든 군사든 공통점은 충성입니다.

(시 101:6)충성된 사람을 하나님이 찾고 계십니다. (잠 25:13)하나님의 마음을 시원케 해 드립니다. (계 2:10)생명의 면류관이 약속되어 있는 길입니다. (고전 15:58)헛되지 않는 길이 부활의 주님께로부터 약속되었습니다.

② 참 제자요 군인은 성령님께서 도와주시는 길입니다.

내 힘으로 하는 것이 아닙니다. '보혜사' 성령님께서 도와주십니다. (행 1:4)그래서 그분이 오실 때까지 기다리라고 하셨던 것입니다. (행 2:1-)그분이 오심으로 제자들이 제자의 길을 순교적 신앙으로 걸어감으로써 교회사의 기초가 되었습니다. 지금도 그 성령님은 우리가 주의 제자나 군사의 길을 걷도록 도와주시는 능력의 성령님이십니다. 걷기 힘들다던 제자의 길을 성령의 인도하심 따라서 잘 성공적으로 끝까지 달려가는 성도들이 되시기를 예수님의 이름으로 축원합니다.

결론 : 우리는 주님의 제자요 십자가 군인들입니다.

〈제자의 길〉

예수님을 따르는 제자들의 생활

눅 14:25-35

　세상에는 어떤 일을 하든지 그 일에 대한 기본적인 자세가 있는데, 예수 믿는 믿음에도 생활의 자세가 중요합니다. 자세가 좋지 못하면 결과가 아름다울 수 없습니다. 운동에도 종목마다 운동선수의 기본자세가 되어있을 때 좋은 성적을 거둘 수 있습니다. 군대에서 사격을 하게 되는데, 그냥 하는 것이 아니라 사격하기 전에 기본 훈련을 충분히 받은 후에 사격을 하게 됩니다. 예수 믿는 사람들이 생활하는 현장에서 좋은 결과를 얻기 위해서는 신앙의 기본적인 자세가 갖추어져야 합니다. 우리는 성경에서 믿는 성도들의 기본적인 것을 분명히 배우게 되거니와 신앙의 선배들을 통해서 또는 교회사에서 있었던 성도들을 통해서 기본과 자세들을 배우게 됩니다. 자세가 올바르게 익숙해 있지 아니하면 좋은 결과도 낼 수 없습니다.
　오늘 본문에서 보듯이 우리는 예수님의 제자들이라고 믿습니다. '제자들'(disciples)이라고 하는 것은 선생님의 말씀을 바로 따라갈 때 참된 제자라고 할 수 있을 것입니다. 신약 성경에 '제자'라고 하는 말이 성경학자들에 의하면 명사형으로 264번, 동사형으로 25번 사용되었다고 합니다. 주님을 믿고 따르는 자세가 그만큼 중요함을 강조해 주고 있는 것을 보며 이 시간 우리는 말씀을 통하여 다시 한번 제자들의 바른 자세를 배워야 하겠습니다.

1. 주님의 제자로 부르심을 받은 뜻을 깨달아야 합니다.

구세주 되시는 예수님의 제자로 부르심 받아서 살게 하시는 것은 우연한 일이 아니라 하나님의 분명한 뜻이 있다는 것입니다.

1) 사제(師弟)관계입니다.

선생과 제자의 관계입니다. 사 복음서에서 우리에게 주시는 교훈은 예수님이 열두 제자를 부르시고 처음으로 확증해 주셨습니다(마 10:1-). 제자들이 택한 것이 아닙니다(요 15:16; 요일 4:19).

① 이들이 부르심 받기 전의 모습은 각자의 직업이 있었습니다.

열두 제자 중에 중요 인물들 모두 갈릴리 바다에서 고기를 잡는 어부였습니다. (마 4:18-)당시에 어부는 못 배우고, 미천한 사람들의 직업이었습니다. 하지만 이들은 제자의 길을 끝까지 따르게 되었는데, 신학자 벵겔(Bengel)은 "처음으로 부름을 받은 베드로는 끝까지 수제자로 따라갔다." 하였습니다. 제자들의 수칙은 끝까지 따라가는 것입니다. (마 16:24)십자가를 지고 따라가는 길이 제자들의 길이었습니다.

② 제자로 따라가는 것은 내가 주님을 택한 것이 아니요 전적으로 주님이 부르셨다는 것입니다.

세상의 일은 자기가 좋아서 하기도 하고 하기 싫으면 하지 않습니다. 그러나 제자의 길은 그 주권이 전적으로 주님께 있다는 사실을 잊지 말아야 합니다. (창 3:7)범죄하고 숨어 있는 아담을 부르신 분은 하나님이셨습니다. 주님의 절대 주권에 있음을 잊지 말아야 합니다.

2) 예수님의 제자가 된다는 것은 그 뜻을 알아야 합니다.

단순하게 교육적으로 배우고 그 학문과 사상을 배우고 취득하는 것으로 끝이 아니라는 것입니다.

① 생활 중에서 주님의 뜻과 교훈을 실천해 나가야 합니다.

부족해도 그 일에 힘써 나아가야 하는 길이 제자의 길입니다. 배우고 끝나는 것이 아니라 예수님의 인격 앞에 무릎을 꿇고 순종하며 헌신해 나가는 것입니다. 몸으로 실천하는데 (롬 12:1-)몸으로 산 제사부터 시작해서, (창 22:1-)제물이 되기까지 할 수 있어야 합니다.

② 제자로 따라가며 헌신하게 될 때 희생이 따르게 됩니다.

제자들은 배와 그물과 아버지까지 버리고 주님을 따르게 되었습니다. 내 것을 희생하지 않고는 올바른 제자의 길을 갈 수 없습니다. (마 4:22)"그들이 곧 배와 아버지를 버려두고 예수를 따르니라"(and immediately they left the boat and their father and followed him) 하였습니다. (왕상 19:19)엘리사 역시 엘리야를 따를 때 모든 것을 뒤로하고 엘리사를 따라갔습니다. 이것이 제자의 길입니다.

2. 제자의 생활이 어떤 것인가를 알고 행하여야 합니다.

제자의 생활은 분명해야 합니다. 사상을 배우고 알고 끝나는 것이 아니라 실천으로 옮겨야 제자입니다.

1) 때로는 제일 가까운 것까지도 버릴 수 있어야 합니다.

본문에서 예수님은 부모와 처자와 형제와 및 자기 목숨까지도 버려야 할 때는 버려야 한다고 하셨습니다.

① 모든 것을 하나님께 우선순위를 두어야 합니다.

세상에 그 어떤 것보다 하나님을 우선순위에 두지 아니하면 자칫 그것이 우상이 될 수 있기 때문입니다. 하나님 제일주의가 되어야 합니다. 그렇지 아니하면 세속주의에 빠지기 쉽기 때문입니다. (창 22:12)아브라함이 이삭을 드리는 사건 이후에 하나님은 아브라함에게 "내가 이제야 네가 나를 경외하는 줄을 아노라"고 하셨습니다. 아브라함은 자칫 하나님보다 이삭을 더 사랑할 위험에 있었기 때문입니다.

② 따라서 여기에 따르는 것이 십자가입니다.

꼭 십자가의 형틀에서 죽는 것만이 십자가가 아니라 생활 중에 제자의 길을 가는 동안 어려운 문제들이 곧 십자가입니다. 십자가는 세속적인 것을 끊어 버리는 것도 제자로서 지고 가는 십자가라고 생각해야 합니다. 현재 그리스도인들이 명심해야 할 부분입니다. 그래서 십자가는 어렵고 힘든 일입니다.

2) 그래서 제자의 길은 어렵지만 겸손하게 주님의 길을 따라가는 것입니다.

이것이 명심해야 할 부분입니다.

① 제자는 겸손하게 주님을 섬기는 일입니다.

자세가 겸손하지 아니하면 갈 수 없는 길입니다. 교회 안에서 주님을 섬기듯 서로 섬기며 겸손하게 주님의 교훈에 충실해야 하겠습니다. (요 13:13)예수님은 본보기로서 제자들의 발을 씻겨 주시면서 "섬기는 자가 되라"고 하셨습니다. 이것이 제자의 도리요 가는 길입니다.
② 주님의 제자의 모습은 주님 말씀에 복종하며 따르는 길입니다.

주님의 뜻이 진리이기 때문입니다. 비록 고난의 길이라도 주님이 가신 길을 가는 제자라면 주님 말씀에 귀를 기울여 경청해야 합니다. (요 20:35-)부활한 예수님을 의심했던 도마는 부활하신 예수님을 만난 후 깨닫고 인도(India)까지 내려가서 복음을 전하다가 순교했습니다. 날마다 순교적 신앙으로 주님의 길을 따라가는 것이 참된 제자의 길입니다. 베드로는 거꾸로 십자가에 달려서 순교했고, 바울은 목 베임을 당하였고, 야고보는 헤롯에 의해서 죽임을 당했습니다(행 12:1-).

3. 제자의 길은 힘들지만 빛나는 길입니다.

세상에는 어느 것 하나 쉬운 일이 없겠지만, 제자가 스승의 뒤를 따라서 살아가는 것 역시 인간적으로는 쉬운 일이 아닙니다. 그런데 뒤를 따르는 일은 영광이요, 빛나는 길이 됩니다.

1) 선생님의 일들을 나타내야 합니다.

온 천하에 다니며 '증인'이 되라고 하셨습니다.

① 이제는 이렇게 전했습니다.

(마 28:18-)17절에는 의심하는 자들도 있었습니다. 예수님께서 권세를 주셨으니 온 천하를 다니며 천국 복음을 전하라는 것이고 예수님이 끝까지 함께 하시겠다고 약속해 주셨습니다. 그 명령과 약속은 지금까지 계속 유효하게 우리에게 하달되었습니다. 이제 그 길을 가는 것이 제자입니다.

② 선생님이 하신 것이 제자들에 의해서 퍼져 나가기 때문입니다.

예수님이 하신 일을 전파하기 위해서 성령님께서 오셨고, 성령님이 지시하는 일을 위해서 교회들을 세워가며 복음을 전했습니다(행 13:2). 십자가의 죽으심과 부활의 복음을 온 세상에 전파하는 일이 주님의 빛을 행하는 일입니다. 철학의 세계에도 계보가 있듯이 주님의 복음의 길에도 주님께로부터 내려진 제자의 길이 분명합니다. 예수 그리스도 - 제자들(사도 바울) - 어거스틴, 루터나 칼빈, 그리고 현대에 이르기까지 유명한 신학자들이 이 일을 신학적으로 이어

왔습니다.

2) 제자가 되기 위해서는 훈련이 따라야 합니다.

제자로서 충분하게 그 길을 따르기 위해서입니다. 세상에도 훈련이 없는 것은 없습니다.

① 어렵지만 빛이 납니다.

예수님이 부르시고 일하게 했던 제자들은 어려웠던 길이었으나 그 이름이 지금까지 전해지고 빛나고 있습니다. 천국에서도 그 이름이 빛날 것입니다. (마 19:28; 고전 5:2; 계 2:26-27)예수님과 함께 온 세상을 심판하는 권세가 약속되었습니다. 주님을 따르는 제자들이 앞으로 받을 축복이요, 영광의 모습입니다.

② "예수님을 믿습니까?", "예수님의 말씀을 믿습니까?" 이제 주님의 제자가 된 것을 믿고 따라야 합니다. 소설이지만 성춘향이 이도령을 믿고 기다리며 정절을 지키고 수절 끝에 승리하는 이야기도 있는데, 우리는 소설이 아니라 사실이요 역사 선상에서 이루어졌고, 또 이루어질 말씀을 믿고 따라가는 것이 제자의 길인 줄 확신합니다. 우리 교회 성도는 끝까지 승리하는 주님의 제자들이 모두 되시기를 예수님의 이름으로 축원합니다.

결론 : 우리는 예수님의 제자들입니다.

〈교만, 겸손〉

지식인의 교만된 함정을 주의하라

눅 18:9-14

　세상을 살아가면서 타인보다 무엇 하나라도 특출하다는 것은 축복이요, 남다른 삶을 산다는 증표요 증거라고 할 것입니다. 따라서 옛날이나 오늘이나 타인보다 무엇 하나라도 특수하게 살아가려고 몸부림치며, 발버둥 치며, 연구하며 공부를 합니다. 그런데 문제는 그 모든 것이 내 힘으로 얻어지는 것이 아니라 하나님의 전적인 은혜와 축복이라는 사실을 잊지 말아야 합니다. 그 주권이 하나님께 있음을 성경은 밝혀 주셨거니와(잠 16:1, 9, 20; 시 127:1-) 신학자 어거스틴(Augustine)은 하나님의 절대 주권을 강조했습니다.

　사람이 살아가면서 자력으로 하는 것 같이 보이지만 사람이 할 수 있는 일은 궁극적으로 아무것도 없다는 사실을 잊지 말아야 합니다. (시 18:1-)그 유명한 다윗도 "하나님은 나의 힘이시라"고 강력하게 고백하였습니다. (시 23:1-)하나님을 목자로 삼고 본인은 양이라고 하였습니다. 다윗의 신앙적 자세를 볼 수 있습니다. 하나님께서는 창조 때부터 축복을 말씀해 주셨는데(창 1:28), 사람들은 그 축복을 잃어버리고 살기 때문에 문제가 됩니다.

　본문에서 예수님은 누가복음의 특징에서도 볼 수 있듯이 기도에 대하여 말씀하시면서, 바리새인과 세리에 관한 기도의 교훈을 말씀해 주셨습니다. 그 기도에 대한 자세에서 바리새인의 중심 자세를 보게 됩니다. 기도의 전통적 자세(삼상 1:26; 왕상 8:22; 마 6:5; 막 11:25 등)는 서서 기도하는 것이 있지만, 바리새인은 그 중심이 아니었습니다. 그리고 그는 자신의 현상에 만족하고 있으며(Plummer), 스스로 자축하는 것이 습관이 되었습니다(Godet). 자기 자신이 특권층에 있음을 교만스럽게 내뱉는 자세였던 그런 기도 모습에서 우리는 자신을 돌아보는 시간이 되어야 합니다.

1. 타인보다 조금 더 안다고 해서 그것이 의로운 척도인 줄 알고 교만하게 되면 곤란합니다.

바리새인들은 분명히 당시의 사회적 풍토와 잣대로 보았을 때는 세리에 비하여 비교적 의롭게 보였고 지적으로 보였습니다.

1) 타인보다 좀 뛰어나다고 해서 그것이 교만이 되면 독이 됩니다.

당시의 바리새인들은 이 독에 중독되어 있었습니다. 당시의 에세네파나 사두개파도 있었지만 유독 바리새파가 책망을 받게 된 이유입니다. 율법을 앞세워서 사회를 이끌어 가는 계층이었습니다.

① 율법적(律法的) 종교신앙도 앞서게 되었고, 학문 역시 사회적 지위에 앞서 있는 무리였습니다.

율법을 앞세운 그들은 생활 전체를 이끄는 무리가 되었다는 것입니다. 사 복음서에 나타난 그들의 생활상입니다. 그런데 예수님은 그들을 호되게 책망하셨습니다(마 23장 전체에서 볼 수 있습니다).

② 어느 시대든지 남보다 좀 배우거나 특권층이라고 생각하면 그런 지적인 교만에 빠지기 쉽습니다.

오늘 본문에서 바리새인들은 기도하는 자세에서도 그와 같은 책망을 받을 수밖에 없는 교만에 빠져 있었습니다. (눅 18:11)그들의 기도는 의로운 기도가 아니었습니다(Farrar). 하나님의 교회 안에서 교만은 절대 금물임을 분명히 교훈하여 주셨습니다.

2) 문제는 조금 뛰어나고 안다고 하는 것 때문에 교만에 빠지면 절대 안 된다는 것입니다.

빈 깡통과 같이 시끄러운 소리를 내는 존재가 되지 말아야 합니다.

① 매사에 교만이 아니라 겸손입니다.

안다는 것이 중요하지만 실천과 겸손이 더 중요합니다. 벼 이삭이 익으면 익을수록 고개를 숙이는 현상과 같아야 합니다. 익을수록 겸손입니다. (약 4:6)교만은 망하는 길입니다.

② 성경에서 교만한 왕들은 단명했음을 보게 됩니다.

(출 7:13-14)바로 왕이 교만했습니다. (대하 26:16)웃시야 왕은 교만하여 월권을 행하다가 나병에 걸리게 되었습니다. (에 4:34)하만은 교만하다가 자기가 판 함정에 자신이 빠지게 되었습니다. (단 4:34)느부갓네살 왕이 교만하다가 7년간을 짐승처럼 살게 되었습니다. (단 5:1-)벨사살 왕이 교만하다가 망했습니다. (행 12:23) 헤롯 왕이 교만하다가 충이 먹어 죽었습니다. (삼상 15:23)사울 왕도 교만하다가 망하였습니다. (잠 16:18)교만은 패망의 선봉이라 하였으니, 겸손을 배워 행하는 신앙인이 되시기를 축복합니다.

2. 언제든지 중심을 보시는 하나님 아버지 앞에 서 있다는 인식을 해야 합니다.

왜 교만하게 되고 우쭐하게 되는 것일까요? 하나님 앞에서 있다는 인식이 부족하기 때문입니다.

1) 본문에 나오는 바리새인 역시 지금 성전에서 기도하는데 교만합니다.

그 자리가 하나님께서 지켜보신다는 인식이 결여되어 있었습니다.

① 기도는 하나님 앞에 하는 것이지 사람에게 하는 것이 아닙니다. 그래서 기도의 자세는 자동적으로 납작 엎드려서 기도하게 되는 것입니다. 본문에 나오는 세리는 납작 엎드려서 감히 얼굴을 들지 못한 채 기도하였는데 마음까지 엎드려진 것으로 보입니다.

② 세리의 기도는 가슴을 치는 기도였습니다.

자세만 엎드려진 것이 아니라 마음까지도 엎드렸습니다. 그것이 가슴을 치는 기도였는데, 이것이 회개하는 기도요, 애통하는 기도의 모습입니다. "하나님이여 불쌍히 여기소서 나는 죄인이로소이다." 벵겔(Bengel)은 "그는 감히 하나님과 나를 바로 연결시키지 못하였다." 하였습니다. 죄인이기 때문에 가슴을 치면서 겸손하게 엎드린 기도였습니다.

2) 바리새인들은 당시의 사람들에게 선망의 대상이었으나 하나님은 그 기도를 물리치시고 받지 않으셨습니다. 그 기도는 불합격이었습니다.

① 하나님께서 들으시는 기도는 사람의 생각과는 다릅니다.
(시 51:17)다윗도 중범죄를 범하였으나 상하고 통회하는 마음으로 기도할 때 들으심을 얻게 됩니다. (잠 15:8, 29)악인의 기도는 받지 아니하십니다. (시 145:8)진실한 기도를 가까이하십니다.
② 바리새인의 기도가 하나님께 거부되고 세리의 기도가 들으심을 받게 된 사건은 충격적일 수 있습니다.
바리새인은 지적이고 사회의 지도층이요, 사람들의 선망의 대상이었기 때문입니다. (계 1:14)"그의 눈은 불꽃 같고" 하셨는데, 사람들이 보는 시각과 다름을 보여주십니다. (삼상 16:7)하나님은 중심을 보시기 때문입니다. 우리 모두 이 영적 수준에 오르게 되시기를 축복합니다.

3. 하나님은 지식의 하나님이시기 때문에 행동을 달아보십니다.
(잠 1:7)"여호와를 경외하는 것이 지식의 근본이거늘" 하였습니다.
1) 하나님을 바르게 아는 믿음이 있는 사람은 자기 교만에서 벗어나게 됩니다.
세상에서 보세요. 무엇 좀 한다 싶으면 교만한 지식으로 가득합니다.
① 그것이 자기를 나타내는 의(義)가 되기 때문입니다.
본문에서 바리새인은 그 아는 것과 종교성이 자기의 의가 되었습니다. 예수님 보혈의 피로 죄 씻음 받고 얻게 된 의밖에는 하나님 앞에 내세울 수 있는 것이 아무것도 없음을 알아야 하겠습니다. 찬송가 252장 4절에 "나의 의는 이것뿐 예수의 피 밖에 없네"(R. Lowry)라고 하였습니다. 예수님의 십자가와 부활을 통한 의입니다(롬 4:25).
② 세리는 자기가 내세울 것이 없음을 깨닫고 하나님의 사랑과 자비하심을 내다보았습니다.
우리의 믿음의 의는 이것뿐입니다. 세상에서 내 공로는 아무것도 없습니다. 지식, 경제, 명예, 그 어떤 자리에 있다 해도 그것이 나를 의롭게 할 수는 없습니다. 여전히 죄인 된 신분임을 깨달아야 합니다. 오직 예수님의 이름뿐입니다.
2) 하나님을 바르게 알고 믿는 믿음에 있어야 하겠습니다.
이것이 하나님께 대한 바른 신지식(神知識)입니다.
① 바리새인의 어리석음은 자기 지식의 굴레에서 벗어날 수 없어서 주님의

책망의 대상이 되었습니다.

　자기 교만에서 벗어나서 겸손을 배워야 하겠습니다. (요 8:32)진리는 우리를 자유롭게 하며 천국 백성이 되게 하십니다.

　② 우리는 하나님의 은혜를 힘입어 사는 성도이기 때문입니다.

　하나님의 은혜가 아니면 살 수 없는 존재입니다. 바울은 약한 것이 자랑이었고(고후 11:5), 십자가 밖에는 자랑거리가 없다(갈 6:14)고 하였습니다. (고전 15:9)사도 바울은 "내가 나 된 것은 하나님의 은혜로 된 것이다"고 간증하였습니다. 그러므로 우리는 바리새인의 어리석은 기도의 내용을 답습하는 어리석음을 버리고, 겸손히 하나님을 기쁘게 해드리는 성도들이 다 되시기를 예수님의 이름으로 축원합니다.

결론 : 기도하는 일도 겸손해야 합니다.

〈승리〉

승리하는 능력의 비결

빌 4:12-14

　태어날 때부터 시작해서 세상을 다 살고 마칠 때까지 어쩌면 싸움 속에서 살아가는 것이 인생 여정인바, 싸움은 반드시 이겨야 하는 숙제를 안고 있습니다. 이기는 원리를 알아야 하는데, 승리의 원리가 반드시 있습니다. 군사가 많다고 이기는 것이 아니라는 것입니다. (전 9:11; 삼상 17:47-; 시 27:3-)더욱이 영적인 전쟁은 영적으로 이기는 비결이 있습니다. (요 5:11-)예수 그리스도 생명의 역사가 내 안에 역사할 때 믿음의 사람들은 이기게 됩니다.

　신앙생활은 영적인 일로서 마귀와 싸우고 악한 대적과 싸워나가는 일인바, 불안과 공포가 아니라 믿음과 평강 가운데 싸워서 이기게 됩니다. (딤전 6:12)"믿음의 선한 싸움을 싸우라 영생을 취하라"(Fight the good fight of the faith. Take hold of the eternal life) 했습니다. (딤후 4:7-)사도 바울은 "내가 선한 싸움을 싸웠다"고 간증하였습니다. 신학자 룩(Lock)은 해석하기를 "이는 그리스도가 주신 능력으로 참된 성취를 이룩한 데서 오는 참된 자랑이다"라고 했습니다. 신학자 기어리(Geary)는 "그것은 원거리 경주였고 또 장애물 경기였다"라고 하였는데, 바울이 그랬듯이 성도가 영적인 싸움하는 곳에는 장애물이 많지만 이기면 상급이 약속되었습니다(약 1:12; 계 2:10, 22:12; 고전 9:25; 벧전 5:4- 살전 2:19-; 딤후 4:7). "나를 능하게 하신 그리스도 예수 우리 주께 내가 감사함은 나를 충성되이 여겨 내게 직분을 맡기심이니"라고 했습니다.

본문에서 사도 바울은 이기고 승리하는 모습을 보여주고 있는데, 여기서 승리하고 이기는 비결을 배우게 됩니다.

1. 이기는 능력은 예수님에게서 온 것입니다.

승리의 비결의 출처는 예수 그리스도입니다.

1) 능력 주시는 자 안에서 이길 수 있습니다.

"능력 주시는 자"라는 헬라어 표현은 '엔두나문티'(ενδυναμοῦπ)인데, 교제, 연결, 하나 되는 결과로써 나오는 능력이라 할 것입니다. '엔'(εν)은 '안에서'(ιν)의 뜻으로 예수님 안에서라는 사실을 강조합니다.

① 예수님과 하나 되면 말씀의 능력이 나타나게 됩니다.

예수님은 곧 말씀 '로고스'(λόγος)가 되시기 때문입니다(요 1:1, 14; 행 2:38; 히 4:12; 렘 23:29; 행 20:32). 말씀의 능력이 역사합니다.

② 이 말씀은 어떤 잘못된 사상이나 생각을 이기게 하는 능력이 있습니다.

그릇된 사상이나 공산주의 사상도 하나님 말씀밖에는 이길 것이 없습니다. 허무주의나 공허주의 사상도 말씀으로 이기게 됩니다. (요일 2:14)"하나님의 말씀이 너희 안에 거하시며 너희가 흉악한 자를 이기었음이라"고 하였습니다. "강하고"라는 말은 헬라어 '이스쿠스'(ισχυσ)인데, 원래 체력이 강한 것을 뜻하지만(마 12:29; 계 10:1-), 신학자 벵겔(Bengel)이 말했듯이 기독 청년들은 체력이 강함뿐 아니라 신앙이 강해야 합니다. (마 12:43; 엡 5:26)말씀이 곧 세상을 이기는 능력이 되기 때문입니다.

2) 이 능력은 십자가와 부활의 능력입니다.

십자가는 실패가 아니라 이김이요 승리입니다(골 2:15). 마귀의 말은 십자가를 지지 말라고 합니다. 그러나 기독교는 십자가를 지고 이기는 것입니다.

① 십자가는 승리요 자랑거리이기도 합니다.

(골 2;15)예수님이 이기신 십자가입니다. (갈 6:14)사도 바울은 십자가밖에는 자랑할 것이 없다고 하였습니다. (고전 1:18-)멸망할 자에게는 미련한 것이지만 구원 얻는 자들에게는 지혜요 축복입니다. (마 16:24)예수님도 십자가를 지고 따라와야 한다고 하였습니다.

② 십자가를 지게 될 때 모든 시험과 문제를 이기게 됩니다.

나를 시험하는 모든 문제는 십자가를 지게 될 때 해결됩니다. (요 16:33)담대하라고 하셨습니다. 십자가를 지는 것은 이기고 승리하는 길입니다.

2. 이 능력이 내게 있도록 힘써야 할 일이 있습니다.

그냥 자동적으로 오는 것이 아닙니다. 반드시 해야 할 일은 해야 오는 능력입니다.

1) 기도의 능력을 얻어야 합니다.

기도 없이는 이런 능력을 내가 체험할 수 없기 때문입니다. 그래서 성경은 우리에게 기도 할 것을 강조하고 있습니다.

① 모두 기도의 선구자들입니다.

성경에서 기도의 사람들을 보세요(마 4:11-). 예수님은 공생애를 시작하면서 40일 금식기도를 하셨고, (막 1:35; 마 14:23)기도생활을 하셨습니다. (갈 1:17)사울이 바울로 바뀔 때 바울은 아라비아 사막에서 기도했습니다. (계 1:10)사도 요한은 밧모섬에 유배되어서 주일날 기도하다가 요한계시록을 받았습니다. (왕하 2:9)엘리사는 엘리야보다 갑절의 능력을 받게 되었습니다. (왕하 20:5)죽은 병사가 엘리사의 시신에 닿게 되자 살아나는 일이 있었는데 엘리사는 기도의 사람임을 보여주고 있습니다. (왕상 18:44)엘리사의 스승 엘리야는 불로 응답을 받게 되었고, (왕상 17:1-; 약 5:15-17)비가 오게도 하고 아니 오게도 하였습니다. (왕하 19:15-20:5)히스기야 왕은 나라도, 본인의 질병에서도 구원을 받게 되었습니다.

② 기도 외에는 다른 길이 없습니다.

(막 9:29)귀신이 나가게 된 것도 기도 때문입니다. (약 5:15)병든 자가 일어나는 것도 믿음의 기도 때문이었습니다. 그래서 기도는 능력인바 바울은 늘 기도하는 사도였습니다. 기도하는 사람에게 하나님은 능력을 주시고 세상을 이기게 합니다. 기도의 능력을 받아서 체험이 많게 되기를 바랍니다.

2) 기도의 능력을 받은 사람들은 영적 싸움에서 이기게 됩니다.

영적 싸움은 기도의 싸움이요 죄악과의 싸움이기 때문입니다.

① 싸움에서 피곤하지 않게 하는 능력입니다.

육신적인 방법으로만 싸운다면 피곤에 지쳐서 실패할 수밖에 없을 것이 분명합니다. 인간은 제한적이고 한계가 있기 때문입니다. 그러나 기도 가운데서 영력을 얻으면 힘이 나게 됩니다. (사 40:31-)"여호와를 앙망하는 자는 새 힘을 얻으리니 독수리가 날개 치며 올라감 같을 것이요" 하였습니다. 설교가였던 스펄전 목사님은 "기도는 하늘 생명 양식이다" 하였는데, 그래서 기도는 능력이 있게 됩니다.

② 기도는 세속주의를 이기는 능력이 있습니다.

1950년대에 하비 콕스(Harvey Cox)는 《세속주의》라는 책을 썼습니다. 지금 21세기에 와서 보면 동성연애를 비롯해서 온갖 비성경적이고 죄악이 가득해서 세상 종말을 알리고 있는데, 이를 이길 방법은 기도밖에 없습니다. (마 24:37)노아 때와 같고 소돔과 고모라 시대와 같은 세상입니다. (왕상 17-18장)이런 때에 엘리야의 기도가 필요합니다.

3. 하나님이 나를 사랑하시는 사랑의 능력입니다.

인간은 타락해서 자체적인 능력을 모두 잃어버렸습니다. 칼빈주의 5대 교리 중에 첫 번째가 '전적 무능력'(Total Inability)인데, 인간 스스로는 죄를 이길 수 없고 구원의 길이 없습니다. 자력으로는 가는 길이 없습니다.

1) 하나님의 사랑의 능력만이 나를 가능하게 만듭니다.

죄와 허물로 죽었던 나를 살리시고 소망(hope)이 있게 하십니다.

① 사도 바울이 외친 신학적 중심사상은 예수 그리스도 안에서인데, 전적인 하나님의 사랑입니다.

(롬 5:8)우리가 아직 죄인 되었을 때 대속적 죽음을 죽으신 예수 그리스도입니다. (요 3:16)하나님이 세상을 이처럼 사랑하신 사랑입니다. (요일 4:8, 16)하나님은 사랑이 되십니다. 이 큰 사랑에 의해서 우리가 이기게 됩니다.

② 영원한 죄에서 구원해주신 십자가의 사랑입니다.

(창 1:26)하나님의 형상대로 지으심을 입은 것의 회복이 하나님의 사랑이요 예수 그리스도 안에서의 일입니다. (엡 2:3-)본질상 진노의 자식이었으나 구원받게 하신 예수 그리스도의 십자가 사랑입니다. (엡 2:14)소망이 없던 자에게 소망이 있게 해 주신, (롬 15:13)소망의 하나님의 사랑입니다. 하나님의 사랑의 결과입니다.

2) 이제 우리는 그 사랑을 배워서 세상을 이겨야 합니다.

하나님의 사랑을 배우고 실천해 나아가는데 거기에 능력이 나타나게 됩니다. 사도 바울의 생애가 그 생애였습니다.

① 사랑할 때 세상을 이기게 됩니다.

변함없이 하나님을 사랑하고 이웃을 사랑해야 합니다. (엡 6:24)변함 없이 사랑하는 자에게 주의 은혜가 있습니다. 주석가 알버트 반즈(Albert Barnes)는 "기도의 능력 받아 주님께 헌신하며 사랑할 때 오는 능력이라"고 했습니다. 지금은 중상모략이 온 세상에 가득한 때입니다.

② 나 같은 죄인 사랑하신 하나님의 사랑을 본받아 우리도 사랑해야 합니다.

(요일 2:7-)새 계명을 쓰노니, 사랑해야 하는데, 빛 가운데 있다 하며 미워하는 자는 아직도 어둠에 행하는 자라고 하였습니다. 바울의 생애가 하나님 사랑, 영혼 사랑이었듯이, 우리모두 사랑으로써 세상을 이기게 되시기를 예수님의 이름으로 축원합니다.

결론 : 우리는 이기는 자가 되어야 합니다.

〈승리〉

승리의 길로 가는 비결

약 4:7-10

동서고금(東西古今)을 막론하고 사람들은 누구나 살아가면서 어떤 일에 대한 성취와 성공을 목적으로 달려가는데, 여기에 따른 성공도 있고 실패도 있기 때문에 싸우는 전쟁의 삶이 계속되는 세상이 되었습니다. 문제는 인생의 모든 주권이 창조주 하나님께 있다는 사실인데, 이것을 성경에서 분명히 밝혀 주고 있습니다(창 16:9, 20:24; 시 127:1). 그래서 성 어거스틴(St. Augustine)은 '하나님의 절대 주권적 신학'을 분명하게 표명하였습니다. 더욱이 그리스도인들은 하나님이 주신 신앙으로 영적 싸움을 해야 하는 십자가의 군사들로서 언제나 영적인 전쟁 중에 있다는 사실을 잊지 말아야 합니다. 영적 전쟁이요 마귀와의 싸움입니다.

(대상 18:6, 13)다윗은 언제나 싸움에서 이겼습니다(The LORD gave David victory everywhere he went). (삼상 17:45)다윗이 그 유명한 골리앗과의 전투에서 이긴 사실은 너무나 유명한 말씀이거니와 사도 바울은 승리의 부활장에서 사망을 이기게 하시는 하나님께 감사한다고 고백하며 전하였습니다(고전 15:54). 예수님이 이기셨습니다(골 2:15). 요한은 우리가 세상을 이기는 것은 믿음이라고 분명히 전하였습니다(요일 5:4-). 야고보는 본문에서 이 세상을 이기는 영적 비결을 분명하게 전하여 주신바 여기에서 은혜의 시간이 되시기를 바랍니다.

1. 하나님께는 철저히 순종하고 악한 마귀는 대적해야 합니다.

마귀가 주는 것은 대적하고 물리쳐야지 마귀가 주는 것을 어서 오라고 덥석 받아들이면 큰일 납니다.

1) 하나님께는 전적으로 순종해야 합니다.

성도가 하나님 백성으로 사는 길이 여기에 있습니다.

① 성경은 성도들이 하나님께 순종하는 삶을 분명하게 강조하였습니다.

예수님도 세상에 계실 때 순종하시는 본이 되셨습니다. (히 5:8-)"그가 아들이시면서도 받으신 고난으로 순종함을 배워서 온전하게 되셨은즉 자기에게 순종하는 모든 자에게 영원한 구원의 근원이 되시고 하나님께 멜기세덱의 반차를 따른 대제사장이라 칭하심을 받으셨느니라" 하였는데, (마 26:39, 눅 22:43)십자가를 앞에 놓으신 예수님의 기도에서도 분명히 보게 됩니다.

② 이렇게 예수님과 같이 하나님께 전적으로 순종하는 사람에게는 마귀가 어찌할 수 없습니다.

결과적으로 마귀에게 이기는 길을 걷게 됩니다. (약 1:22)"너희는 말씀을 행하는 자가 되고 듣기만하여 자신을 속이는 자가 되지 말라" 하였습니다. (약 1:25)"… 이 사람은 그 행하는 일에 복을 받으리라" 하였습니다. 결국 마귀를 이기는 승리는 말씀 순종하는 데 있습니다.

2) 성경 말씀을 실제 생활 속에서 순종하는 것입니다.

마귀를 대적하여 이기는 절대적 조건의 길이 순종입니다. (엡 6:17)이것이 성령의 검 곧 하나님의 말씀을 가지고 나가는 길입니다.

① 순종생활에서 일어나는 승리의 일들입니다.

이론적(理論的)이고 이념적(理念的), 관념적(觀念的)인 순종이 아닙니다. 실제생활에서 나타나는 역사들입니다. 성령께서 감동하시고 역사하심에 따라서 믿고 순종하는 생활의 현장이 되게 해야 합니다.

② 이렇게 순종할 때에 이기게 되고 축복으로 이어집니다.

이른바 영성에 따라서 순종하게 될 때 복을 받게 됩니다. 아브라함의 예를 보게 됩니다. (창 12:1-, 21:14-, 22:1-)아브라함은 세 가지 사건 모두 힘든 일이었지만 믿고 순종하게 될 때 승리하였고, 복을 받게 되었습니다. (갈 3:9)믿음이 있는 사람이 받는 복과 승리가 여기에 있습니다. 그래서 우리는 아브라함의 믿음을 그대로 본받되 그 순종적 행함을 배우고 그 복 가운데서 살아야 할 것입니다.
초대교회 성도들은 많은 환난 가운데 있을 때마다 기도하였습니다. 우리 믿음의 선조들이 승리했던 길들이 우리가 가야 하는 길입니다. 하나님을 가까이하고 마귀의 길은 대적하며 기도로 물리쳐 나아가야 합니다.

2. 하나님을 가까이하고 마귀는 멀리해야 합니다.

하나님을 가까이하는 일은 하나님이 기뻐하시는 일에 가까이하는 일입니다. 마귀를 멀리하는 일은 마귀가 좋아하는 일을 뿌리치는 일입니다.

1) 하나님을 가까이하는 일에 힘써야 합니다.

하나님이 기뻐하시는 일이 무엇인가를 살펴서 그 길에서 생활하는 것이 무엇보다 중요한 일입니다.

① 세상을 본받지 않는 일입니다.

세상에서 살아가지만, 세상을 가까이하지 않습니다. (롬 12:2)세상에 대한 성도들의 생활입니다. "너희는 이 세대를 본받지 말고 오직 마음을 새롭게 함으로 변화를 받아 하나님의 선하시고 기뻐하시고 온전하신 뜻이 무엇인지 분별하도록 하라"고 하였습니다. 세상은 죄의 소굴이 되었기 때문입니다. (계 18:4)망하는 바벨론 세상에서 나오라고 외치고 있습니다. 신학자 스웨트(Sweat)는 '히브리 역사를 통해서 울며 나온 음성으로 이스라엘이 이방인의 불신앙에서 구별되고 그들의 멸망에 동참하지 말 것을 전하는 것이라'고 하였습니다(창 12;1, 19:12; 민 16:23; 사 48:20; 렘 51:6).

② 말씀의 순종자들이 되시기 바랍니다.

신앙생활은 말씀에 대한 관계성關階性입니다. 하나님과의 관계요, 사람에 대한 관계에서 이겨야 하는데 말씀을 가까이해야 하는 신앙입니다. (약 4:7)마귀는 대적하면 피하게 됩니다. 성도가 세상을 살아가면서 생활하는 생활의 방식이 중요합니다.

2) 하나님을 가까이 하는 생활은 손을 깨끗하게 해야 합니다.

그리스도 안에서의 생활이 마귀를 이겨낼 수 있습니다. 교회를 지체로 주셨고 우리 모두는 그리스도의 지체들이기 때문입니다.

① 하나님을 가까이하는 생활은 늘 청결 유지로 살아가는 것입니다.

몸의 여러 지체 중에 손은 유력한 지체인데 늘 손이 깨끗해야 합니다. 더러운 행동에는 마귀의 역사가 따르기 때문에 조심해야 합니다. (창 35:1-)야곱이 벧엘에 올라 갈 때의 모습에서 배우게 됩니다. (시 91:13-)젊은 사자와 뱀을 발로 누르고 하나님을 가까이해야 합니다.

② 마음을 성결케 하고 시대적 문제 앞에서 기도해야 합니다.

초대교회 성도들은 많은 환난 가운데 있을 때마다 기도하였습니다. 우리 믿음의 선조들이 승리했던 길들이 우리가 가야 하는 길입니다. 하나님을 가까이하고 마귀의 길은 대적하며 기도로 물리쳐 나아가야 합니다.

3. 최후 승리가 보장된 그리스도인은 겸손한 신앙입니다.

세상을 살아가면서 신앙생활을 하게 되는데 신앙생활의 으뜸이 되는 미덕은 겸손입니다. 어거스틴(St. Augustine)이 제자들에게 교훈했다고 알려지는 겸손의 신앙은 신앙의 으뜸입니다.

1) 성경은 우리에게 겸손을 분명히 전하고 있습니다.

마귀가 득실거리는 세상에서 겸손한 신앙이 세상을 이기고 승리로 이끌어 갑니다.

① 마귀는 그 발상이 교만입니다.

따라서 세상에서 신앙의 승리는 겸손이요, 교만을 물리치는 데 있습니다. (사 14:12-)이사야 선지자나 (겔 28:1-)에스겔 선지자가 전하는 아침의 계명성이나 두로 왕은 천사가 타락할 때의 교만했던 모습을 보여주는 역사적 사실로서 우리에게 교훈해 주고 있습니다. 교만은 멸망의 선봉이지만, 겸손은 하나님의 은혜를 더해주는 지름길입니다.

② 교만은 하나님께서 물리치시고 대적하시는 대상입니다.

신학적으로 천사장 루시퍼의 타락(Pall of the Lucifer)은 결국 마귀의 시조가 되었고, 그것은 교만이요, 하나님보다 높아지려는 술책에서 시작되었다는 것이 지금까지 우리가 믿는 신학적 배경입니다.

2) 승리와 축복의 길은 겸손입니다.

이 길에는 마귀도 어찌할 수 없이 성도가 승리하게 됩니다. 예수님이 겸손으로 이기셨기 때문입니다(마 21:5). 여기에 또한 축복이 있습니다.

① 마귀는 떠나가고 승리가 왔습니다.

(마 4:11)세 가지나 시험했던 마귀의 자취는 없어지고 천사들이 와서 예수님께 수종들게 되었습니다. 창세기 39장에서 요셉이 시험을 이기고 결국 총리 자리에까지 올라가는데, 하나님의 섭리로 빗대어서 보게 됩니다. 결국 축복이요 이김이었습니다.

② 성도의 생활은 마귀를 대적하여 물리치고 반드시 승리해야 합니다.

이 세대의 모든 그리스도인이 마음에 꼭 품고 나아가야 하는 축복의 약속입니다. 개인적으로 세상을 떠나거나 자체적으로 예수님이 재림하시기 전까지는 날마다 전투적 교회로서(J. Calvin) 나가야 하는바, 겸손의 허리띠를 띠고서 날마다 승리의 복된 길로 달려가게 되시기를 예수님의 이름으로 축복합니다.

결론 : 예수님이 승리하셨듯이 성도는 승리합니다. 할렐루야!

〈승리〉

하나님의 승리에 함께하라

요일 5:1-12

　우리가 믿는 기독교 신앙은 성부, 성자, 성령 삼위일체 하나님이신데, 성경의 역사를 믿는 성도에게 보여주는 메시지는 결국 하나님은 이기시고 승리하신다는 사실입니다. (계 5:1-5)다윗의 뿌리로 표현된 예수님은 승리의 주님으로 계시되었습니다. 유다 지파의 사자는 (창 49:8, 12)다윗의 뿌리요, 이새의 줄기(사 11:1-)에서 한 싹이 나온다고 했는데, 승리하시는 예수 그리스도에 관한 예언입니다. 그리고 십자가로 승리하셨습니다(골 2:15). 타락한 세상은 창조주 하나님을 대항하게 되고 반기를 드는 죄악들이 판을 치지만 결국 끝내는 패망하게 될 것입니다(시 37:1-). 악인은 결국 바람에 날아가는 겨와 같을 것이요 하나님 앞에 설 수가 없다는 것이 성경이 우리에게 보여주시는 진리입니다.

　그러나 믿음의 성도에게는 예수님이 세상을 이기셨으니 예수님께 속한 사람들은 이기고 또 이기는 것이 보장되어 있습니다. 따라서 하나님 앞에 있는 우리 믿음의 성도들은 끝까지 믿음을 가지고 굳게 서서 죄와 불의의 손을 향하여 이기는 신앙을 가지게 되는데, 본문에서 은혜를 받고 이기고 승리하시기를 바랍니다.

1. 확실한 믿음 위에 서 있는 사람이 승리의 자리에 참여합니다.

무슨 일에든지 확실하게 믿음 위에 서 있지 아니하면 승리할 수 없기 때문입니다.

1) 믿음이 세상을 이긴다고 했습니다.

"무릇 하나님께로부터 난 자마다 세상을 이기느니라 세상을 이기는 승리는 이것이니 우리의 믿음이니라 예수께서 하나님의 아들이심을 믿는 자가 아니면 세상을 이기는 자가 누구냐"(Who is it that overcomes the world? Only he who believes that Jesus is the Son of God) 하였습니다(요일 5:4, 5).

① 확실하게 믿음이 있어야 합니다.

그냥 들어서 아는 것이 아니라 내 믿음으로 믿는 것입니다. (요 1:12)영접하고 믿는 믿음입니다. 대속적 죽으심을 당하시고 부활하시어 하늘 보좌에 앉아계시며, 지금도 우리를 위하여 기도하고 계시고, 멀지 않아 다시 재림하실 예수 그리스도(행 1:11; 계 1:7; 롬 8:34)이시며, 세상을 심판하실 분이십니다(계 2:26-). 세상을 이기는 믿음입니다.

② 예수 그리스도가 하나님의 아들이심을 믿는 믿음입니다.

"이는 물과 피로 임하신 이시니 곧 예수 그리스도시라 물로만 아니요 물과 피로 임하셨고 증언하는 이는 성령이시니 성령은 진리니라 증언하는 이가 셋이니 성령과 물과 피라 또한 이 셋은 합하여 하나이니라" 하였습니다. 벵겔(Bengel)이 말하듯이 예수님은 세례 요한의 물세례(dia)와 십자가의 피투성이 속에서(ejn) 구속신앙을 인치신 분이요 승리를 보여주셨습니다. 멀지 않아서 재림하실 것이요 심판주로 오실 것입니다.

2) 이 예수 그리스도의 역사는 하나님의 전적인 사랑에 의해서 이루어진 일입니다.

하나님의 사랑이 아니면 일어날 수 없는 일입니다.

① 예수 그리스도의 희생도 우리의 구원도 하나님의 사랑입니다.

(요 3:16; 요일 4:18)전적인 하나님의 사랑으로만 이루어진 구원이요, 승리요, 축복임을 믿는 믿음 가운데 서야 합니다.

② 사랑의 하나님과 나 사이의 관계에서 예수 그리스도의 이름이 중요합니다.

구원도 예수님의 이름이요, 이김도 예수님의 이름입니다. 이 예수 그리스도의 이름으로만 이루어지는 현장들입니다(요 14:13, 15:16, 16:24). 구약의 인물들은 오실 메시아를 바라보고 소망하며 여호와의 이름을 불렀지만, 신약에는 오셔서 완성하신 구속의 예수 그리스도의 이름으로 기도하며 세상을 이기게 됩니다. 이 역사는 세상 끝날까지 계속될 것입니다. 따라서 예수님의 이름을 계속 불러야 합니다.

2. 하나님을 믿고 하나님의 자녀 된 확신 속에 있는 사람이 세상을 이기게 됩니다.

공중에 권세 잡은 마귀를 이기고 승리하기 위해서는 하나님의 자녀 된 확신이요, 믿음이 있어야 합니다. 이것이 세상과 그 속의 세속적인 것들을 이기게 됩니다.

1) 예수를 믿는다는 것은 하나님께로부터 난 하나님의 자녀가 된다는 것입니다. 하나님 자녀의 신분에서 확실히 서 있느냐가 중요한 관건입니다. "예수께서 그리스도이심을 믿는 자마다 하나님께로부터 난 자니"라고 하였습니다.

① 하나님께서 창세 전에 자녀로 예정해 주셨고, 부르셨고, 구원하셨습니다.

(엡 1:3-)하늘에 속한 신령한 복으로 복을 주시되 창세 전에 예정하시고 구원해주신 은혜를 말씀해 주셨습니다. 이와 같이 말씀에 서 있는 신앙이 있을 때 세상을 이기는 힘이 되고 역사가 나타납니다. 따라서 이 믿음이 흔들리지 말아야 합니다.

② 과거에 어떤 위치에 있었다 해도 이 진리의 사실을 믿는 자는 영생이요 이김이 있습니다.

성 어거스틴(St. Augustine)은 탕자였으나 돌아와서 빛 되신 예수 그리스도 앞에(요 1:4-; 롬 13:11-) 굴복하고, 신학자로 살게 된 사실은 유명합니다. (행 9:1)성경에서 빼놓을 수 없는 사도 바울은 핍박자였고, 스데반 집사님이 순교할 때 그 앞에 있었고, 살기와 위협이 등등했던 자였으나 어둠의 옷을 벗고 그리스도와 함께 승리자로서 남게 되었습니다. 이 모두가 하나님의 구원 계획 속에서 이루어진 대승리의 현장입니다.

2) 이렇게 하여 하나님의 자녀로 승리하는 사람에게는 몇 가지 특징이 있음을 보게 됩니다.

이렇게 세상을 이기는 성도의 모습에서 보는 특징입니다.

① 하나님의 사랑을 받아서 이루어진 역사이기 때문에 하나님의 사랑을 받아서 사랑해 나아가야 합니다.

햇빛을 받아 반사하는 달과 같이 사랑을 줄줄 아는 사람이 됩니다.

(요 17:23)"그들도 사랑하신 것을 세상으로 알게 하려 함이로소이다" 하였습니다. 위로 하나님 사랑하고 형제를 사랑하는 것입니다(요일 4:7-8).

② 하나님 말씀에 순종해 나아가는 생활입니다.

하나님 말씀에 순종할 때 승리가 있고 복이 옵니다. 승리의 현장은 언제나 순종의 열매였습니다(요일 5:3; 출 14:-; 수 3:-; 요 2:-; 눅 5:5-; 수 7:1-).

③ 하나님만 끝까지 믿고 신뢰해야 합니다.

변하지 말고 견고하게 서 있어야 합니다(사 26:3-; 엡 6:24). 언제든지 이 신앙으로 이기는 성도들이 되시기를 바랍니다.

3. 이기는 사람은 하나님이 주시는 성령의 보증을 받는 사람입니다.

승리에 참여하기 위해서는 성령님께서 늘 보증해 주시는 사람이 되어야 합니다. 내 능력으로 되는 것이 아닙니다.

1) 성령님이 오셔서 보증해 주십니다.

이김을 보증해 주시고 이기도록 도와주십니다. 성령님을 의지해야 합니다.

① 그래서 보증으로 성령을 주셨고, 은사들까지 부어주시게 됩니다.

신앙생활과 성령님의 관계는 뗄 수 없습니다. 다음 성경 구절을 참고하시면 이해가 될 것입니다(고후 1:22, 5:5; 엡 1:14; 히 6:17). "이와 같이 예수는 더 좋은 언약의 보증이 되셨느니라"(Because of this oath, Jesus has become the guarantee of a better covenant) 하였습니다(히 7:22).

② 믿고 성령님 안에 있으면 확실한 승리가 보장됩니다.

그런데 성령님은 임재하셔서 하시는 일이 있습니다. (행 2:28)회개의 역사입니다. (요 14:26)말씀을 깨닫게 하십니다. (행 13:2)성령님이 시키시는 일이 있는데, 선교, 전도해서 교회를 세우는 일입니다. 바울 일행이 걸어갔던 길이요, 성령이 오신 목적입니다(행 1:8). 따라서 이 일에 충실해야 합니다.

2) 예수님이 하나님의 아들이심을 믿는 성도에게 반드시 승리가 있습니다.

그리고 그 결과는 영원한 세계 하나님의 나라입니다.

① 세상 끝날까지 이기도록 함께 하신다고 약속하셨습니다(마 28:20).

따라서 의심하지 말고(마 14:31), 믿음을 굳게 하면서 날마다 승리해야 합니다. 믿음이 적으면 의심하게 됩니다(You of little faith, he said, why did you doubt?). 의심하지 말고 믿고 나아가야 합니다.

② 성령님께서 내 안에 계심을 의심하지 말아야 합니다.

(고전 3:16; 엡 4:30)성령을 근심하게 하지 말고 성령님께 순종하는 자가 되어야 합니다. 예컨대 '데오피락'(Theophylack)은 "입에서 더러운 말이 나오는 것은 성령님을 근심하게 하는 것이다." 하였는데, 우리는 믿음 없는 자가 아니요 믿는 자로서 끝까지 세상을 이기신 예수님을 본받아서 이기는 성도들이 모두 되시기를 예수님의 이름으로 축원합니다.

결론 : 천국은 이긴 자의 것입니다(계 2:7-).

〈승리〉

예수님 따라 승리하는 사람들

롬 8:31-39

　세상은 무슨 싸움이든지 끊임없이 전쟁 같은 현장입니다. 수많은 분야에 따라 그 분야별로 각양각색의 전쟁을 합니다. 태어날 때부터 죽을 때까지 살아가는 일들이 전쟁이요 싸움입니다. 문제는 그 전쟁에서 이겨야 한다는 것입니다. (대상 18:6, 13; 삼상 17:44-)다윗은 전쟁에서 언제나 이겼는데 여호와 하나님께서 이기게 하셨기 때문입니다. "다윗이 어디로 가든지 여호와께서 이기게 하시니라"(The LORD gave David victory everywhere he went) 하셨습니다. 그래서 다윗 왕국은 번창하였고 번영하였는데, 다윗은 오실 메시아의 표징이 되기도 합니다. 그 원하던 성전건축을 하나님께서 만류하시므로 다음 대에 짓는 것으로 하였고, 그의 부귀영화는 아들 솔로몬이 성전 짓는 데 넉넉하게 준비되는 모습도 보게 됩니다(대상 22:14-). 이는 다윗이 모든 전쟁에서 이기게 되었기 때문입니다. 어려움도 많이 겪었으나 '환란 중에'(with great pains)도 하나님께서 다윗을 도와주신 흔적을 보게 됩니다.

　세상 사람들은 세상에 이름을 남기려고 하지만 예수님 따라서 승리한 사람들은 천국에 그 이름을 남기게 됩니다. (빌 4:3)"그 이름들이 생명책에 있느니라"(whose names are in the book of life) 하였습니다. 예수님 이름으로 승리한 사람들의 이름과 그의 이름으로 일한 성도들의 열매가 기록된 책입니다(계 20:12).

　본문에서 사도 바울은 전하였습니다. 영적 싸움에서 이겨야 하는데 "이 일에 대하여 우리가 무슨 말 하리요"라고 외쳤습니다. 예수님 안에서 날마다 이기게 하신 하나님께 감사하는 신앙으로 다시 한번 견고해지기를 바랍니다.

1. 우리가 승리하는 것은 모두 하나님께서 도와주시기 때문입니다.

죄에 빠져 타락한 이후에 인생의 모습은 전적 무능력(Total Inability)이라는 칼빈주의 5대 교리 중에 첫 번째 제목과 같습니다. 영적인 일에는 전적으로 무능력자입니다.

1) 하나님의 은혜로만 가능합니다.

행위 계약은 아담 안에서 깨어졌으므로, 예수님 안에서 맺어진 은혜 계약이요 새 언약 속에 살게 되는 길밖에 없습니다(히 8:6, 13).

① 우리는 전적인 무능력자입니다.

원죄 때문입니다. '무조건적 선택', '한정적 속죄', '효력 있는 은혜' 궁극적 구원의 은혜 속에서 구원받고 이기게 됩니다. (롬 7:24)바울도 "오호라 나는 곤고한 사람이로다"라고 외쳤습니다.

② 전적으로 무능력자인 죄인을 위하여 독생자 예수님이 이 땅에 오셨습니다.

전적으로 무능한 나를 위해서입니다. (사 53:1-)예수님이 그렇게 당하신 것을 이사야 선지자는 예언하셨고, 그 예언대로 예수님이 죽으셨습니다. 이제 예수 그리스도 안에서는 승리의 외침이요(롬 8:1-), 예수님이 이기셨듯이 이기는 생활이 약속되었습니다(요 16:23).

2) 믿음으로 구원받은 사람은 이제 천국의 시민권자요 상급의 주인공까지 된 것입니다.

불신자와 같이 그저 죄에 있다가 망하는 신분이 아니라 예수님 안에서 이기는 신분자가 된 것입니다.

① 천국의 시민권자들입니다.

"하나님의 자녀요"(children of God, 요 1:12), 하나님을 아버지라 부릅니다(롬 8:15, And by him we cry, Abba, Father). 시민권은 하늘에 있습니다(빌 3:20, But our citizenship is in heaven). 영원히 영적 승리자들이요 축복받은 사람들입니다.

② 이제는 예수님 안에서 긍지와 자부심을 가져야 합니다.

이것이 다윗이 골리앗 앞에서 가졌던 담대한 용기의 모습이요 승리의 현장입니다. 우리가 세상을 살아가면서 영적인 신분이 이렇게 중요한 결과를 낳게 됩니다. 아프리카 선교대회를 마치고 돌아오는 비행기 안에서 북한 동포들을 만났는데, 서로 말을 피하게 되고 비행기 안에서도 기가 죽어 있는 모습이 안타깝게 여겼던 경험이 있습니다. 지금과 같이 복음이 활발하게 전파되는 시대에 아직도 어둠 속에 매여 있는 집단이 있음은 안타까운 현실입니다. 그러나 예수님 안에 있는 사람들은 승리하는 사람들입니다.

2. 예수 그리스도 안에 있는 확실한 울타리 속에 있기 때문입니다.

사도 바울의 유명한 신학적 용어는 "그리스도 안에"(ἐν τῷ Χριστός)입니다.

1) 우리는 예수님 안에서 보호 장치가 확실하고 견고합니다. 보혈의 피로써 죄 문제가 해결되었고 영생이 확실하게 보장되었습니다.

① 정죄함이 없습니다.

(롬 8:1-)예수 그리스도 안에 있는 사람은 결코 정죄하거나 너는 죄인이라고 할 자가 없습니다. 예수님이 모든 것을 갚아 주셨고 해결해주셨기 때문입니다(요 19:30). 인생이 지고 패하는 이유는 죄 때문이요 그 죄에 대한 정죄 때문인데 이제는 예수님 안에서 그 정죄함이 성립되지 않습니다. 예수님의 피가 우리를 자유롭게 해 주셨습니다(요 8:31; 갈 5:1).

② 지금도 예수님이 우리를 위해서 기도하고 계십니다.

우리를 구속하신 예수님은 우리에게 자유를 주셨고 지금도 기도하고 계십니다. 이 사실을 성경은 분명히 전하고 있습니다(롬 8:34). 이 일을 위해서 예수님은 기도하시고 하나님 아버지도 일하시고 계십니다. (요 5:17)여기에서 승리가 보장된 것입니다. 그러므로 누구든지 예수님 안에 있는 사람들은 승리가 보장된 싸움을 하고 있는 것입니다. 예수님이 이기셨듯이 우리도 이기게 되는 싸움입니다.

2) 예수 그리스도 안에서 승리는 단회적이 아니라 영원하고 계속되는 승리입니다.

십자가에서 모든 것을 완성하셨기 때문입니다. 단회적으로 적용되고 마는 것이 아니라 계속적으로 유지되는 승리입니다.

① 구원이 궁극적인 구원이듯 승리하게 되는 일도 궁극적으로 영구적입니다.

(34절)"누가 정죄하리요 죽으실 뿐 아니라 다시 살아나신 이는 그리스도 예수시니 그는 하나님 우편에 계신 자요 우리를 위하여 간구하시는 자시니라" 하였는데, 이 부분을 메이여(Meyer)나 벵겔(Bengel) 같은 주석가는 양심, 율법, 사탄 등이라도 송사할 수 없다고 주석했습니다.

② 예수 그리스도의 구속의 은혜는 그 어떤 것도 이길 수 없습니다.

예수 그리스도의 피의 대가로 세우신 교회요(행 20:28), 백성이기 때문입니다. 양이나 송아지의 피로 한 것이 아니요 예수님이 피 값을 치르셨기 때문입니다(히 9:12-). 그래서 언제나 이기게 하십니다.

3. 우리에게 이 모든 역사를 인도하시는 분은 성령님이십니다.

효력 있는 은혜(Irresistible Grace)가 되도록 삼위 하나님 중에 성령님께서 역사해 주시기 때문입니다.

1) 그래서 성령님의 도우심이 반드시 요구되는 것입니다.

말씀을 듣거나 읽을 때 그 말씀이 나를 깨닫게 하시고 적용되는 역사도 성령님께서 인도하시기 때문입니다.

① 그래서 성령을 받았느냐고 질문합니다. 보혜사(παράκλητος)가 되시는데, 우리 신앙 전체를 도와주십니다.

(행 19:1-)너희가 믿을 때에 성령을 받았느냐고 질문하게 되고, 또 성령님이 임재하실 때에 역사가 달라졌던 사도행전의 역사를 보게 됩니다. 예수님이 성령이 오실 때까지 기다리라고 하신 것도 이 때문입니다(행 1:4).

② 성령께서 역사하실 때에 유익함을 보아야 합니다.

성령께서 오실 때에 영적 싸움에서 유익한 점을 올바르게 숙지할 때 성령의 역사를 갈망하게 됩니다. (요 14:26)말씀이 생각나게 하시고 깨닫게 해 주십니다. (행 4:17)담대하고 거침없이 전하게 하십니다. (고전 12:1-)각양각색의 은사를 주심으로 유익하게 하십니다. (행 20:23)환난을 이기고 사명을 감당하게 하십니다. (행 16:6-)선교의 역사도 이끌어 주시고 복음을 전하게 해 주십니다.

2) 성령께서 이기도록 담대하게 해 주십니다.

성령께서 우리 안에서 역사해 주십니다. 그래서 다윗도 범죄하고 회개할 때 성령이 떠나지 않게 해달라고 기도했습니다(시 51:11).

① 성령으로 담대하게 하며 이기게 하십니다(행 16:25, 4:19-).

십자가로 이기신 예수님을 따라서 이기게 하신 분이 성령님이십니다(골 2:15).

② 하나님의 크신 사랑을 잊지 말고 가슴에 품으며 이기게 하십니다. 지금은 세상이 온통 치열한 전쟁터와 같습니다. 더욱이 신앙적인 싸움에서 이겨야 합니다. 은평교회 성도들은 불신앙이 가득한 시대에 성령 충만한 가운데 예수님이 가신 승리의 길을 따라서 승리하게 되시기를 예수님의 이름으로 축원합니다.

결론 : 예수님 안에서 이김이 있습니다.

〈시험, 기도〉

시험에 드는 것은 죄입니다

약 1:12-18

　육지에는 언제나 바람이 불게 되어 있고, 거기에 따른 바다에는 언제나 크고 작은 물결들이 일어나기 마련입니다. 창조 이후 태곳적부터 지금까지 우리가 살아가는 지구촌에 있는 현상입니다. 바람이 불면 잔잔할 때도 있고 폭풍우가 몰아치는 때도 있지만, 때때로 그것은 요즘과 같이 미세먼지 때문에 시달리는 상황에서는 바람이나 파도 역시 좋을 수 있습니다. 또한 바다가 쓰레기로 오염되어 가는 현장에는 바람과 파도 역시 유익할 때가 있습니다. 이런 현상은 자연뿐 아니라 영적이고 신앙적인 측면에서 같은 원리하에 있음을 깨닫게 됩니다. 왜냐하면 문제가 없는 세상은 세상 어디에도 없으며 그 문제가 꼭 손해만 끼치는 것이 아니기 때문입니다. (행 13:2)성령이 시키시는 일을 위해서 바울과 바나바가 전도의 길로 나아가게 되었고, 성령의 역사에 따라서 가는데 때로는 고난이 와서 옥에까지 갇히게 되지만(행 16:25), 옥중에서 찬송하게 되었고 결과를 볼 때 그 사건 때문에 옥사장이 구원을 받게 되었으며, 유럽의 첫 번째 빌립보 교회가 세워지게 되었습니다.

　본문에서 야고보는 시험에 관하여 전하고 있는데, 시험이 올 때 기뻐하라고 하셨습니다. '시험받는다'는 헬라어로 '페이라모스'(πειραμος)라 하는데, 이는 '연단받는다' '연단한다'는 뜻이 있습니다. (마 4:1-)예수님도 공생애를 시작하시면서 시험을 거치고 출발하셨음을 보면서 이 시간 다시 한번 시험에 관하여 생각하며 은혜를 받게 됩니다.

1. 믿음의 성도에게는 누구에게나 시련과 시험이 있습니다.

물론 불신자들에게도 시련이 오기는 하지만 신앙이나 예수 믿는 이유로 오는 것이 아니기 때문에 이렇게 주장하기에는 어려울 것입니다.

1) 예수 그리스도 안에서는 누구에게나 시험이나 시련이 있다는 사실을 잊지 말아야 합니다.

(13절)"사람이 시험을 받을 때에"라고 하였는데, 믿는 성도이기 때문에 누구에게나 오는 크고 작은 일입니다.

① 시험에는 예외가 없습니다.

세상 어느 곳이든지 바람이 가지 않는 곳이 없는 것과 같습니다. 파도 역시 큰 파도냐 작은 파도냐 하는 것뿐이지 바다에는 언제나 물결이 치는 것과 같습니다. (벧전 5:8)오직 깨어서 마귀를 대적해야 합니다. 비가 온 후에 땅이 더 굳어진다는데 시험이 온 후에 더 좋은 신앙과 축복으로 바뀌게 될 것이기 때문입니다. 모 기업 회장의 "시련은 있어도 실패는 없다"는 명언이 신앙인의 생활 속에 있어야 할 것입니다. 우리의 목표는 천국과 천국의 상급이기 때문입니다.

② 시험과 시련이 왔을 때 하나님이 도와주십니다.

내 힘이나 내 능력 가지고는 평생토록 넘어지다 말 것이기 때문입니다. (눅 22:31)베드로 역시 주님이 붙잡아 주시지 아니했으면 넘어질 수밖에 없었으나 주님이 붙잡아 주셨습니다. 지금도 우리 주님이 기도해 주시고 붙들어 주십니다. (롬 8:26, 34)우리를 위해 간구하고 계시는 분이십니다(and is also interceding for us). 주님을 믿고 승리하세요.

2) 시험과 시련은 이겨야 합니다.

세상의 모든 싸움은 이겨야 하지만 영적 전쟁과 시험은 더욱 이겨야 합니다.

① 시험에 지게 되면 모든 것을 잃게 됩니다.

구약성경을 보면 전쟁에 관한 기록이 많이 나오는데, 다윗은 하나님의 도우심으로 전쟁에서 한 번도 패한 적이 없습니다(대상 18:13). 다윗의 신앙을 본받아 우리 역시 이기는 신앙으로 달려가야 합니다.

② 우리 역시 예수님 이름으로만 이길 수 있습니다.

세상에서 누가 나를 위해서 싸워주시겠습니까? 오직 예수님 이름으로만 이기게 됩니다. (삼상 17:45)다윗이 여호와의 이름으로 골리앗을 이길 수 있었듯이, 우리는 예수님 이름으로만 시련과 시험과 세상 영적 싸움에서 이길 수 있습니다.

2. 하나님은 성도에게 시험을 주시지도, 받으시지도 않습니다.
 넘어지게 하는 시험은 주시지 않습니다. (고전 10:13-)시험당할 즈음에 피할 길도 열어주신다고 했습니다.
 1) 시험의 종류도 여러 가지입니다.
 그 시험의 성격을 잘 파악해야 합니다. 마귀의 시험에 조심해야 할 것이 분명합니다.
 ① 마귀가 주는 시험은 무조건 대적하고 물리쳐야 합니다.
 그 시험의 성격을 잘 파악해야 할 것입니다. 마귀는 아담과 하와를 넘어뜨리듯(창 3:1-) 온갖 거짓과 속임수로 접근해 옵니다.
 ② 마귀가 주는 시험은 무조건 대적하고 물리쳐야 합니다.
 (마 4:1-)마귀는 예수님께까지 와서 시험했으나 예수님은 물리치시고 이기셨습니다. (벧전 5:8)믿음을 굳게 하여 마귀를 대적해야 합니다. (엡 6:17)하나님의 전신갑주를 입고 성령의 검 곧 하나님의 말씀으로 이겨야 합니다. 정신을 차리고 깨어 기도해야 합니다.
 ③ 마귀가 주는 시험을 대적해야 합니다.
 이 시험은 마귀가 주는 시험(temptation)인데, 하나님이 떠보시는(test) 것과는 다릅니다. (창 22:1-)축복의 사람이고 복음과 순종의 사람인 아브라함을 시험하시려고 부르셨습니다(some time later God tested Abraham). 욥은 고백하였습니다. (욥 23:10)"그가 나를 단련하신 후에는 내가 순금 같이 되어 나오리라" 했습니다. (고전 10:13)시험당할 즈음에 피할 길을 주십니다.
 2) 시험이든 시련이든 축복으로 연결되도록 해야 합니다.
 홍수 때도 댐을 만들어서 오히려 물을 좋게 사용하듯이 시험을 이용해야 합니다.
 ① 시험이 왔을 때 잘 활용하면 그 시험은 축복으로 변합니다.
 비가 온 후에 땅이 굳어지듯이 축복으로 이어지게 됩니다. (창 22:12-14)아브라

함이 그렇게 굳게 서게 되었습니다. (욥 42:12)욥은 처음 복보다 시험 후에 갑절의 복을 받게 되었습니다. 신학자 트렌치(Trench)는 "생명의 면류관은 성도들이 누릴 가장 좋은 상급이라"고 하였습니다.
② 시험에서 이기고 성도들이 누리는 축복의 결과가 생명의 면류관이라는 표현입니다.
말씀을 듣는 모든 이가 이 축복에 참여하게 되시기를 기도합니다. (요 13:2)가롯 유다는 마귀가 주는 생각을 버리지 않고 수용하여 따른 결과 비참하게 죽고 말았습니다. 따라서 우리는 (히 12:2)승리하신 예수님만 바라보고 승리해야 하겠습니다.

3. 시험에 들게 되는 결정적 이유는 욕심 때문입니다.
시험은 누구에게나 이렇게 저렇게 오지만 시험에 넘어지는 이유는 그릇된 욕심 때문입니다.
1) 시험 거리를 물리쳐야 합니다.
성결교단을 창시할 때에 중요한 역할을 한 이명직 목사님은 "새가 날아가다가 흘린 오물을 사람이 맞으면 닦아내면 되지만 그 새가 머리 위에 날아와 앉아 둥지를 틀지 못하게 하라."고 말씀했습니다. 참 좋은 표현이라고 생각합니다.
① 시험이 오는 것은 막을 수 없지만 왔을 때는 시험에 들지 말아야 합니다.
예수님이 가르쳐 주신 주기도문에서 "우리를 시험에 들게 하지 마시옵고(And lead us not into temptation, but deliver us from the evil one.) 다만 악에서 구하시옵소서"라고 하셨습니다. 병을 일으키는 바이러스는 누구에게나 오지만 병을 이겨야 하는 건강이 필요합니다.
② 신앙적으로 이긴 사람들은 모두 시험을 이긴 사람들입니다.
(벧전 1:6-7)시험이 왔을 때 불로 연단한 금과 같이 나오게 되고, 결과적으로 영광과 존귀를 얻게 됩니다. 영국 격언에 "너는 욕심을 버려라. 그렇지 않으면 욕심이 너를 넘어지게 할 것이다." 했습니다. (롬 9:24)우리는 깨어지기 쉬운 그릇인데 (딤후 2:20)자신을 깨끗하게 하는 그릇이 되어 귀하게 쓰임 받아야 되겠습니다.
2) 시험을 이기지 못하고 지는 이유를 말씀하고 있습니다.
시험에 지면 죽게 됩니다. 유대인의 격언에 "욕심은 처음에는 거미줄과 같이 오지만 나중에는 빨래줄과 같이 너를 묶는다."고 하였습니다.

① 그릇된 진리 욕심 때문에 망하게 됩니다.

그릇된 욕심은 자기를 망하게 합니다. 굶주린 여우가 작은 구멍에 들어가 배불리 먹은 뒤에 나올 때는 그 구멍이 작아서 나오지 못하고 잡혀 죽게 된다는 이야기도 있습니다. 지나친 욕심은 신앙생활에 큰 해가 됩니다.

② 시험에 끌려가지 말아야 합니다.

(14절)"끌려", "미혹"이라는 용어를 살펴봐야 합니다. 마귀가 주는 것은 언제나 달콤한 욕심인데 거기에 끌려가고 미혹되면 망하게 됩니다. 신학자 로스(Rose)는 "아담과 하와가 하나님 같이 된다는 말에 금단의 열매를 먹게 되었고 죽게 되었다"고 하였습니다. 언제나 시험에서 승리하게 되시기를 예수님의 이름으로 축원합니다.

결론 : 시험에 들어서 죄짓지 말아야 합니다.

〈시험, 기도〉

기도하는 사람에게 보장된 약속

약 5:13-18

　세상을 살아가면서 어떤 일을 하게 될 때, 그 일이 보장되고 확실하게 잘되기로 되어있다면 그것은 은혜요 축복이며 행복입니다. 결과를 모른 채 달려가기보다 보장받고 달려가는 길이 행복한 길이 될 것입니다. 우리의 신앙생활은 이와 같은 원리에서 달려가게 됩니다. 천국이 보장되었고, 일하는 사람들에게 축복과 상급들이 확실하게 보장되어 있는 것입니다. 따라서 신앙생활은 반드시 해야 하고 주의 일에 힘을 써야 하는 이유입니다(고전 15:5). 신앙생활 중에는 여러 요소가 많은데 기도 생활은 반드시 해야 합니다. 호흡이 끊어지면 죽듯이 기도 생활은 영적 호흡과 같이 여기고 쉬지 말아야 합니다. 예수님도 기도를 강조하셨고, 기도로 본을 보여주셨습니다(마 4:1-, 14:23; 막 1:35, 9:29; 눅 22:39, 22:31).

　성경에서 하나님은 기도하라 하셨고, 기도에 대한 확실한 축복을 약속하셨는바, 약속해 주신 응답을 기다리면서 우리는 기도 속에 승리하기 위해서 말씀을 새겨야 합니다.

1. 능력 있는 기도는 힘이 있게 하는 기도인데 응답을 약속해 주셨습니다.
여기에서 말하는 힘 있는 기도는 영적인 믿음이요 믿음의 능력을 말합니다.
1) 성령으로 기도하는 능력이 있어야 합니다.

믿음으로 간구하는 기도입니다. 그냥 하는 기도가 아니라 성령에 이끌려서 성령의 감동으로 역사하는 기도를 말합니다.

① 성령으로 기도하는 능력의 기도를 보겠습니다.

(마 4:1-)예수님은 40일 금식기도를 하셨는데 성령에 이끌리어 광야로 나아가서 기도하시게 되었습니다. (마 3:16-)세례를 받으시고 올라오실 때 역사하셨던 그 성령의 역사입니다. 사탄의 시험을 이기게 된 능력도 성령의 역사하시는 기도였습니다. 마틴 루터는 "기도하는 부모를 둔 자녀는 마귀도 어찌할 수 없다."고 하였습니다. (시 55:15-)다윗도 하루에 세 번씩 기도하는 모습을 보게 됩니다.

② 성령으로 기도해야 합니다.

초대교회 오순절 성령이 강림하심에 따라서 기도하는데 불의 혀처럼 갈라지는 현상으로 성령이 임하였습니다(행 2:3-4). 성도들이 교회 봉사하는 일 역시 성령으로 해야 합니다. (빌 3:3)"하나님의 성령으로 봉사하며"(we who worship by the Spirit of God) 마음으로 뜨겁게 봉사해야 합니다.

2) 효과적이고 능력 있는 기도의 힘입니다.

개인 기도를 할 때도, 대표 기도를 할 때도 성령의 능력을 힘입어서 기도해야 합니다.

① 기도는 권능이요 기도의 강도(强度)입니다.

"의인의 간구는 역사하는 힘이(power)큼이니라" 하였습니다. "역사하는"이란 헬라어로 '에네르구메네'(ἐνεργουμένη)인데 성령의 역사하심입니다. 의인 된 성도가 기도하게 될 때 이와 같이 성령의 역사로 기도해야 합니다(그릭교부 Theophylack)

② 특히 고난 중에 있을 때 능력의 기도가 요구됩니다.

(13절)"너희 중에 고난당하는 자가 있느냐 그는 기도할 것이요" 했습니다. 따라서 세상을 살아가면서 고난이 오면 기도밖에 없는 줄 알고 기도해야 합니다. 성경에 보면(왕상 19:16, 20:5) 히스기야도 기도했습니다. (창 21:14-)하갈도 기도했습니다. 이는 모두 고난 가운데서 하나님께 부르짖게 되었던 기도입니다. (렘 33:1-)고난 중에 부르짖어 기도하라고 하셨습니다. 따라서 이 세대에도 변함없이 고난 중에 있는 성도가 해야 할 일은 성령으로 기도하는 것입니다.

2. 기도의 용장들에게도 어려움이 있고 그 어려움 속에서 부르짖어 기도하였음을 보게 됩니다.

기도하는 사람에게도 어려움이 왔지만 기도는 능히 어려움을 이기게 한다는 사실입니다. 그러나 그 기도는 누구에게나 예외가 없다는 것입니다.

1) 그래서 성경의 역사는 기도의 역사라고 별지를 붙여보게 됩니다.

왜냐하면 성경에 나오는 중요 인물의 역사의 발자취가 기도의 발걸음이었기 때문입니다. 기도로 일관된 발걸음이었습니다.

① 본문에 나오는 엘리야를 예로 들어봅니다.

'여호와는 나의 하나님'이라는 뜻을 가진 엘리야는 열왕기상 17장부터 등장하는데, 그 발자취는 기도로써 비가 오게도 안 오게도 했던 일부터 시작해서 그의 삶 전체가 기도의 발자국이었습니다. "엘리야는 우리와 성정이 같은 사람이로되" 했습니다. "성정이 같은"은 헬라어로 '호모이오파데스'(ὁμοιοπαθής)인데, 신학자 빈센트(Vincent)에 의하면 '같은'(ὁμοίς -호모이스), '정'(παθος -파도스), '고난'(Passion)의 뜻으로 그 본성이나 구조가 같다는 것입니다.

② 엘리야의 예에서 보듯이 기도할 때에 역사가 나타났듯이 주의 보혈로써 씻음 받은 성도요 의인의 기도는 (요 1:12)하나님의 자녀요, (롬 8:15-)하나님을 아버지라 부르며, (롬 8:16)하나님의 성령이 우리 영과 더불어 하나님의 자녀임을 증거하기 때문에 고난도 함께 지고 가는 길이 되어야 합니다. 이것이 기도입니다.

2) 예수님은 기도하라고 하시고 기도할 때에 응답도 확실하게 약속하셨습니다.

따라서 우리의 기도는 예수님께서 하신 약속의 말씀을 믿고 기도하는 것입니다.

① 약속을 보시기 바랍니다.

사복음서 전체가 모두 기도의 역사들입니다(마 7:7; 막 9:29; 눅 18:1-; 막 11:24; 요 14:13-). 성경에서 기도를 제외하고는 이야기가 될 수 없습니다.

② 기도는 주님 안에서 예수님의 이름으로 기도해야 합니다.

그러므로 문제는 내가 주님 안에 확실하게 있느냐 하는 것입니다. (요 15:1-7) 포도나무 비유에서 확실히 말씀해 주셨습니다. (벧전 1:8-)확실히 믿는 믿음 위에서 기도하느냐입니다. 믿음의 결국은 구원입니다.

3. 기도 응답의 결과는 확실합니다.

기도 응답의 결과는 확실하게 나타납니다. (왕상 18:26-)바알 선지자와 아세라 선지자 850명과의 대결에서 보여 주셨습니다. 그들의 신들(gods)은 죽은 것이기 때문에 응답할 수 없었습니다.

1) 열방의 신들(gods)은 죽은 것입니다.

숫자가 문제가 아닙니다.

① 죽은 신은 가짜 신이요, 응답할 수가 절대로 없음을 보여 주었습니다.

성경에서 분명하게 보여 주셨습니다. (시 115:4-)사람이 만든 것입니다. (시 16:4-)다른 신에게 예물을 드리는 자는 괴로움만 더하게 될 뿐입니다.

② 그러나 우리가 믿는 하나님은 응답하시는 하나님이십니다.

살아계시며 역사하시는 분이시기 때문입니다. (시 18:46; 삼하 22:47)여호와 하나님은 살아계시며 역사하시는 하나님이신바 우리는 그분에게 기도하는 것입니다. 성경에 나타난 기적은 모두 그분이 역사하시기 때문에 놀라운 것입니다.

2) 기도의 내용에는 모두 어렵고 힘든 문제들로 가득 차 있습니다.

기도하는 내용들을 종합해 보세요. 모두 힘들고 어려운 일들입니다. (마 11:28) 그래서 예수님은 "수고하고 무거운 짐 진 자들아 다 내게로 오라"고 하셨습니다.

① 인생사에서 생활고를 비롯해서 만나는 모든 문제가 기도 제목입니다.

경제 문제, 건강 문제, 자녀 문제, 앞길 문제, 부부 문제 등 다양하지만, 기도하는 곳에 역사가 나타납니다.

② 몸이 건강하지 못해서 하는 기도 역시 중대한 일입니다.

본문에서와 같이 죗값으로 온 질병이라도 용서하시며 치료가 약속되었습니다. (요 5:14-)38년 된 병자도 질병 때문에 고생하다가 예수님 만나서 깨끗하게 낫게 되었습니다. 죄도 용서를 받았고 병도 낫게 되었던 사건입니다. 그러므로 성도들은 기도하는 가운데 역사하시는 예수님의 이름을 부르며 승리의 축복을 받게 되시기를 예수님의 이름으로 축원합니다.

결론 : 지금은 기도의 본을 보일 때입니다.

〈하나님의 사람들〉

역사의 현장을 만드는 사람들

잠 16:20-23

　세상에는 역사적인 일들이 많이 일어났는데, 그때마다 그 중요한 현장에는 사람들이 있습니다. 이른바 '역사적 현장'입니다. 예컨대 6·25 한국전쟁 때에 빼앗겼던 서울을 다시 탈환하고서 중앙청에 태극기를 게양하는 일을 했다든지 하는 역사적 중요한 일의 현장을 말합니다. 애굽에서 430년 만에 나올 때 온갖 기적의 현장을 목격한 사람들이며, (출 14:16-)홍해가 갈라지고, (수 3:14)요단강이 갈라지는 등의 위대한 역사적 현장의 목격자를 말합니다. (마 28:1-)예수님이 십자가에서 죽으시고 부활하시는 현장에 있었던 무덤 지키는 병사들도 있었지만 그들은 예수님을 믿지 아니했으니 역시 (살후 3:2)믿음은 모든 사람의 것이 아님을 봅니다(for not everyone has faith).

　사도 베드로는 (벧전 1:8-)"예수를 너희가 보지 못하였으나 사랑하는도다 이제도 보지 못하나 믿고 말할 수 없는 영광스러운 즐거움으로 기뻐하니 믿음의 결국 곧 영혼의 구원을 받음이라" 하였습니다. 성도들은 내일의 삶의 현장에서 기적을 체험하는 믿음의 현장이 되게 해야 합니다. (출 39:42-)성막이 완성되어 축복받게 되었고, (출 40:35)구름 기둥과 불기둥으로 역사하셨듯이, (고전 3:16) 우리 마음을 성전 삼으신 성령님께서 오늘도 우리와 함께해 주시는 축복의 현장을 살아야 합니다. 문제는 그 모든 기적의 현장을 "이스라엘 족속"(Israelites) 이 보았지만, 믿음은 없었다는 것입니다(히 4:2). 영국의 철학자 아놀드 토인비

(Arnold Toynbee) 박사는 "창조적 사고를 가진 소수"(creative minority)라는 말을 했습니다. 우리는 오늘 본문에서 하나님의 일에 참여하여 역사를 보고 이끄는 창조적 작은 소수의 무리가 되어 어떤 사람들이 보고 우리 자신들의 일을 통하여 그 복 받은 현장의 기적을 체험해야 합니다.

1. 선하고 의롭게 하나님의 일을 만들어가는 사람들입니다.

감나무 밑에서 홍시가 떨어지기를 바라고 입 벌리고 있는 것이 아니라 선한 일에 뛰어들어 행동해야 합니다.

1) 하나님께서 일하시는 현장에서 주인공으로 일해야 합니다.

(요 5:17)"아버지께서 이제까지 일하시니 나도 일한다"(My Father is always at his work to this very day, and I, too, am working.)고 하셨습니다.

① 예수님이 아버지를 본받아 일하신 것 같이 우리도 선하고 아름다운 영적인 일에 힘써야 합니다.

(요 4:32-35)예수님은 아버지의 뜻을 행하는 것이 일이고 양식이셨습니다. 그리고 지금도 그 일꾼을 부르시고 계십니다.

② 이미 이룬 현장이 아니라 새로운 개척의 현장입니다.

사람들은 대개 안주하려는 추세입니다. 그러나 대업大業을 이룬 사람들은 개척자들이었습니다. 물론 그 계획은 하나님이 이루시지만(잠 16:9), 하나님의 응답을 기다리면서 일하는 것입니다(잠 16:1). 여기에 큰 역사가 일어나게 됩니다.

2) 하나님을 믿고 예수님 안에서 성령의 역사하심 따라서 큰 그림을 그려야 합니다.

하나님은 역사해 주시는데 입을 크게 벌려야 합니다(시 81:10-).

① 성경에서 보면 믿음의 꿈을 꾼 사람들이 큰일을 했습니다.

(창 13:14)아브라함이 이 축복을 받았습니다. (출 3:5-)모세, (수 1:1-)여호수아, (느 2:3)느헤미야, (시 18:1-)다윗, (롬 1:1-)바울 등에서 볼 수 있는 현장입니다.

② 믿음으로 꿈을 꾸며 하나님의 선하신 일에 함께하는 사람들에게 하나님은 축복해 주셨습니다.

본 설교자는 신학교를 졸업하고 군에 입대해서 전역 후 신대원에 입학하여 공부하는 가운데 결혼하였고, 30세 때 교회를 개척해서 쉼 없이 여기까지 달려오게 되었는데, 벌써 은평교회가 40주년 교회 생일을 맞이하게 됩니다. 모두가 하나님이 하신 일이며, 하나님께 영광을 올리게 됩니다(잠 16:33). 하나님은 넉넉히 이루시고 계심을 믿게 되고 보고 느끼게 됩니다. 인생사의 지혜가 10명에 권력자들보다 또 무기보다 낫다고 하였습니다(잠 7:19, 9:18).

2. 선하고 의로운 일을 위해서는 이웃을 잘 만나야 하는데 기도 가운데 잘 만들어가야 합니다.

독불장군이 없기 때문에 이웃을 하나님께서 붙여주시지만, 본인 또한 잘 만들어가도록 힘써야 합니다. 이웃을 잘 만들 때 성공적 현장에 도움이 됩니다.

1) 내 곁에 이웃이 있다고 보고 선한 일꾼을 확보하고 만들어가야 합니다.

① 선한 이웃 역시 내가 선한 일을 할 때 만들어지게 됩니다. 한진그룹을 창업한 조중훈 회장은 한국전쟁 직후 길을 가다 미군 차가 고장 나서 비 맞고 있는 것을 보고 차를 고쳐주었는데, 그분이 미군 사령관이었고 그것이 계기가 되어 창업하는 데 큰 힘이 됐다는 이야기가 있습니다. (눅 10:30)지금은 선한 이웃이 필요한 때입니다.

② 선한 이웃은 내가 먼저 심는 것입니다.

(골 4:9-)바울은 옥중에서 낳은 오네시모를 귀한 이웃으로 만들었습니다. 그리고 그는 평생을 바울 곁에서 동역자가 되었습니다. 이 세대에 우리는 복음의 동역자를 만들어야 합니다. 이것이 이웃입니다. 이것이 또한 참 지혜입니다.

2) 이웃을 만들기 위해서는 먼저 내가 취할 자세가 중요합니다.

자세가 되어있지 않으면 이웃이 왔다가도 그냥 가버리게 됩니다.

① 겸손한 자세입니다.

내가 먼저 겸손한 자세로 나아가는 것이 중요한 배려요 자세입니다. (마 21:5-)예수님은 겸손의 본을 보이셨습니다. (마 11:29)예수님은 겸손하신 분이셨습니다. (잠 16:18-)교만은 멸망의 선봉이라고 하였습니다. 내가 먼저 겸손의 손을 내밀 때 이웃이 찾아들게 됩니다. 지금 시대에 그리스도인에게 꼭 필요한 자세입니다.

② 예수님이 가신 길을 따라가는데 나보다 남을 귀하게 여기고 섬기는 자세로 서 있어야 합니다.

(마 7:12-)내가 먼저 섬기는 것이고 대접하는 것입니다. 이것이 황금률(Golden Rule)입니다. (삼상 12:30)다윗과 요나단의 관계에서도 배우는 교훈입니다. 좋은 이웃을 두게 될 때 성공적인 길이 열리게 됩니다.

3. 축복되고 선하신 역사를 만들기 위해서는 환경을 이기고 좋은 환경을 만들어가야 합니다.

대개 사람들은 환경 탓을 하고 배경 탓을 하면서 불평하는 경우가 많습니다. 그러나 오늘 성경은 우리에게 승리한 사람들은 환경을 이기고 승리한 것을 우리에게 전해주고 있습니다.

1) 성경에서 보겠습니다.

주어진 환경이나 배경은 좋지 않지만 극복하고 승리했습니다. 이것이 성경이 우리에게 주시는 축복의 말씀입니다.

① 최악의 환경에서 최선의 축복으로 바뀌게 했습니다.

본문에도 지혜를 얻은 것이 금을 얻는 것보다 낫다고 했는데, 이것이 여호와를 의지하는 신앙의 위력입니다. (행 16:25)바울의 일대기에서 보게 됩니다. (창 39:32)요셉에게서 보게 됩니다. (단 6:10)다니엘에게서 배우게 됩니다.

② 환경과 배경은 고정적인 것이 아니라 유동적인 것입니다.

상황에 따라서 조금씩 변해가는 것이 환경이요, 배경이요, 상황입니다. (마 17:20)믿음은 산도 옮긴다고 하였는데 우리는 상황에 낙심하거나 실망할 것이 아니라 이기고 역사의 산 증인들로 살아가야 합니다. 초대교회 그리스도인들은 모두가 이 신앙으로 후대에 로마까지 복음으로 정복해 나가게 되었습니다.

2) 상황은 다스려 나아가야 합니다.

이것은 믿는 믿음으로만 가능합니다(요 16:33; 요일 5:4-).

① 현실은 어렵지만 이겨나갈 수 있습니다.

믿음의 승리입니다. 저는 1978년 11월 11일 남대문교회에서 고 배명준 목사님(당시 남대문교회 담임목사)의 주례로 결혼하였는데, 축의금을 담은 보따리를 보따리 채로 잃어버리게 되었지만 그 어려움 속에서도 하나님은 여기까지 인도해 주셨습니다. 그 상황에서도 개척의 복을 주셨고 교회를 개척하여 오늘까지 이르게 되었습니다. 모두가 하나님이 일하시는 현장입니다.

② 상황은 다스려지게 됩니다.

(마 8:26-)예수님께서 타고 계신 배에도 바람과 파도가 닥쳐들어 왔는데, 그 바람과 파도는 주님의 명령 앞에 다스려졌습니다. 주님은 그 바람과 파도 앞에서 두려워하는 제자들에게 말씀하셨습니다. "믿음이 작은 자들아"(You of little faith) 하셨습니다. 이제 우리는 하나님이 역사하시는 기적의 현장을 살아가면서 하나님의 일을 보고 간증 소리들이 더욱 많아지게 되시기를 예수님의 이름으로 축원합니다.

결론 : 우리는 역사적 현장을 만들어가는 사람이 되어야 합니다.

〈하나님의 사람들〉

새로운 역사를 만들어가는 사람들

사 43:18-21

　세상에서 낡고 부패한 것은 때가 되면 썩어서 없어지는 것이 자연계의 순리요 세상의 이치입니다. 현재 아무리 새것이라도 시간이 가면 낡아지고 부패해서 쓸모가 없어집니다. 그래서 전도서에서는 (전 1:1)"헛되고 헛되도다"고 강조하였거니와 사도 베드로도 이사야 선지자가 전한 말씀을 인용하여 풀과 꽃으로 비유하였습니다(사 40:5-6; 벧전 1:24). 그런데 대부분 많은 사람은 영원한 길을 찾지 아니하고 잠시 후에 사라지는 세상의 것만 추구해 나아가는 것을 봅니다. 우리를 진정으로 도와주실 분은 하나님이심을 잊어버리고 살아가게 됩니다. (시 121:1-)다윗은 하나님밖에는 나의 복이 없다고 고백하였습니다. (시 16:1-2)"주는 나의 주님이시오니 주밖에는 나의 복이 없다 하였나이다"(I said to the lord, You are my Lord; apart from you I have no good thing) 하였습니다. 그리고 다윗은 하나님이 나의 힘이 되신다고 찬송하였습니다(시 18:1). 이렇게 신앙을 고백하는 그 힘으로 골리앗과의 싸움에서 아직 어린 소년이지만 이길 수 있었던 것입니다(삼상 17:44).

　예수님 안에서 구원받은 우리는 썩어가는 세상적인 것을 추구하는 것이 아니고 날마다 승리하는 성도가 되어서 새로운 역사 창조에 힘 있게 쓰임을 받는 사람들이 되어야 합니다. 본문에서 유다 백성을 향한 말씀은 지금도 계속 유효하고 힘 있게 우리 믿는 성도들에게 작용하는바 새로운 역사의 현장을 체험하게 됩니다.

1. 새 역사를 만들어가는 사람들은 하나님 앞에서 내가 먼저 변해야 합니다.

묵고 낡아지는 시대가 아니라 새 시대를 살아가기 위해서 변해야 합니다. 우상주의에서 벗어나야 새로운 축복의 장이 열립니다.

1) 내가 먼저 변해야 합니다.

극악한 우상의 죄악에서 벗어나 회개하되 하나님께 돌아오는 회개입니다. 예수 믿으면 이 세대에도 변화가 됩니다.

① 하나님이 능력이 없으신 것이 아닙니다.

하나님이 새로운 일을 하시는 길목을 인간이 죄악으로 가로막고 서 있습니다. (사 19:1-)여호와의 손이 짧아서 구원하지 못하심이 아니라고 했습니다. 이제라도 회개하고 돌아오라고 하였습니다(욜 2:12). 하나님은 부르시면서 대화하자고 하십니다(사 1:18).

② 예수님은 우리의 죄를 위해서 십자가에서 희생하셨습니다.

예수님의 희생이 오늘날 우리를 새롭게 하셨고, 믿음으로 구원받는 사람들이 늘 새 역사를 창조하며 살게 인도하십니다. (엡 2:12-)이제는 그리스도 안에 있게 되었고, 소망이 있게 되었으며, 하나님과 화평을 이루어 살게 하셨습니다. 북쪽 이스라엘은 앗수르에 의해서 망하게 되었지만(왕하 17장) 남쪽 유다에게 새 역사를 희망으로 주시는 말씀이 본문의 시대적 상황이었습니다. 히스기야 시대에 다시 일어나는 유다 나라에 관한 축복의 말씀이라면 (왕하 18-20장, 사 37장) 예수 그리스도 안에서는 얼마든지 역사하시는 능력이 약속되었습니다.

2) 변화되어서 새 역사를 썼던 사람들의 현장을 봅니다.

기독교 역사는 성경적으로 볼 때 구약이든 신약이든 교회사이든 간에 늘 새 역사의 현장을 보여 줍니다.

① 성경에서 보게 됩니다.

(행 9:1-)사울이라는 청년은 위협과 살기가 등등했던 사람이었지만 예수님을 만난 후 새 역사를 가꾸는데 복음을 통해서 쓰임 받게 되었습니다. (고후 5:17)그리스도 안에서 새로운 피조물이 되었기 때문에 가능한 일입니다.

② 교회 시대에서 보겠습니다.

어거스틴은 탕자였으나 돌아와서 새 역사를 써 내려가는데 신약 27권이 확립될 때(AD 397년 카르타고 회의) 주동적인 역할을 했습니다. (롬 13:11-)자다가 깰 때가 벌써 되었다는 말씀 앞에 깨어지고 변화 받은 후의 일입니다. 그 후에는 하나님의 절대 주권의 신학과 신앙을 창출했음을 역사가 말해주고 있습니다.

2. 새 역사를 만들어가는 사람들은 꿇어 엎드려 기도하는 사람입니다.

현실적으로 어둡고 캄캄하여 어찌할 수 없는 시대이지만 하나님께 소망을 두며 기도하는 사람이기에 가능한 일입니다.

1) 기도하는 현장에 나타난 사건들은 역사적 사실입니다. 답답하고 어려운 시대이지만, 기도하는 곳에는 히스기야 왕처럼 희망이 있게 됩니다.

① 구약에서 보겠습니다.

(왕하 18-20장)히스기야는 기도하여 나라를 위기에서 건지게 되었고, 자신도 병들어 죽게 되었을 때 새 역사를 새롭게 장식하게 되었던 장본인이 되었습니다.

② 신약에서 보겠습니다.

기도하는 성도들의 힘이 베드로를 옥에서 이끌어내게 하였고(행 12:12), 기도하고 나갔을 때 걷지 못하던 장애자가 일어나는 현장이 되었습니다(행 3:1). 따라서 성경에는 기도에 관한 응답의 약속들이 많습니다(겔 36:37; 시 34:4, 105:40; 마 7:7-; 요 15:7). 기도의 위력은 구약이든 신약이든 가득하게 약속되어 있기 때문에 기도 가운데서 새 역사를 창출해 나아가야 합니다.

2) 지금의 시대 역시 기도하는 사람들에 의해서 새롭게 개척해 나가게 됩니다.

(사 6:2)이사야는 웃시야 왕이 죽던 때에 성전에 올라가서 기도하다가 응답과 함께 사명의 새로운 길을 가게 되었습니다.

① 맥아더 장군은 기도하는 장군이었다고 알려집니다.

세계 2차 대전을 종식하고 한국전쟁의 위기에 있었던 한국을 건지기 위해서 인천상륙작전을 하게 될 때 전문가들이 하나같이 불가능한 일이라고 반대하였지만, 기도 가운데 (빌 4:13)내게 능력 주시는 자 안에서 할 수 있다는 말씀을 토대로 기도해서 이겼다는 이야기가 있습니다. 기도가 곧 새 역사입니다.

② 미국의 부흥사였던 무디 목사(D. L. Moody)는 기도밖에 모를 정도로 기도를

많이 했던 목사님으로 유명합니다. 기도는 위대하신 하나님의 역사를 보게 하는 통로이기 때문에 기도의 위력이 나타나게 됩니다.

3. 새 역사를 만들어가는 사람들은 하나님이 함께하심을 믿었습니다.

물론 자기 자신의 의지와 믿음이 중요하지만 언제나 하나님이 함께하신다는 믿음의 확증이 중요한 일입니다.

1) 하나님이 함께 계신다는 것은 하나님의 약속입니다.

이스라엘 역사 속에서 특별히 고난 가운데 있는 유다 백성을 향하신 약속입니다(사 43:1-). 그러하듯이 예수님은 약속하신 대로 함께 하신다는 약속입니다(마 28:20).

① 임마누엘의 약속은 중요합니다.

(사 7:14-)북이스라엘과 아람 나라가 연합하여 침략해 온다는 소식에 떨고 있는 유다에게 하나님은 약속해 주신 것이 임마누엘이었고, 그 임마누엘은 예수님을 통해서 지금도 우리에게 그 약속이 계속 진행 중입니다. 하나님이 지금도 우리와 같이 계심을 믿고 나아갈 때 역사는 달라집니다.

② 예수님의 탄생하심으로 임마누엘이 되셨습니다.

(마 2:23)처녀가 잉태하여 아들을 낳을 것에 관한 예언이 (사 7:14)예수님의 탄생으로 이루어지게 되었고, 그 임마누엘은 지금도 계속해서 믿는 성도들에게 유효하게 적용됩니다. 이 사실을 믿을 때 국가가 변하는데 해적 국가였던 영국이 선교하는 나라로 선진국으로 변했습니다.

2) 지금도 새 역사는 계속하여 진행되고 있습니다.

끝난 역사가 아니라 예수 그리스도 안에서 믿는 성도들에게 계속 역사하는 일입니다.

① 우리는 이 역사의 중앙에 있어야 합니다.

예수님 안에서 확실하게 주어지는 일입니다. 암울한 시대에도 역사했습니다. 마틴 루터나 요한 칼빈을 통해서 새 역사가 써지게 되었습니다. 조지 워싱턴을 통해서 기도하는 중에 미국이라는 나라가 탄생했습니다. 이승만이라는 사람을 통해서 지금 민주국가 대한민국이 시작되었고, 최초의 국회에서 조윤영 의원(감리교 목사)의 기도로 이 나라 국회가 시작되었습니다.

② 대한민국 안에 있는 우리는 하나님의 역사로 계속 일을 해 나아가야 합니다. 경제 10위권 국력을 비롯해서 세계 선교에 으뜸으로 사용되는 나라가 계속 진행 중입니다. 최복규 목사님의 강의에 의하면 "우리 민족의 '아리랑' 민요는 '알'-하나님, '이랑'-같이 라는 뜻으로서 (창 10:28)욕단과 그 후손이 우랄 알타이 산맥을 넘으면서 부른 노래"라는 것입니다. 우리는 하나님이 함께하시는 자리에 늘 서 있어야 합니다. 그곳에는 늘 생산적인 새로운 역사가 펼쳐지게 될 줄 믿습니다. 이 역사가 늘 있게 되시기를 예수님의 이름으로 축원합니다.

결론 : 하나님은 지금도 일하십니다.

〈하나님의 사람들〉

천국에 입성할 사람들

눅 14:15-24

하나님께서 준비하신 천국이 반드시 있는데 그 나라에 가기 전에 세상에서 필수로 거쳐야 하는 곳이 있습니다. 군 입소자들이 입대해서 자대배치 받기 전에 거쳐야 할 곳이 훈련소인데, 이들은 6주간 훈련소에서 기본적인 훈련을 받는 것과 비교됩니다. 훈련소 생활에서 낙오되면 자대배치를 못 받아 부대로 갈 수 없습니다. 천국에 가기 전에 세상에서 온갖 훈련과 시험(test)을 거쳐야 합니다(약 1:2-). 그 결과는 생명의 면류관까지 약속해 주셨습니다(약 1:12-). 믿음의 조상 아브라함 역시 이 시험을 통과했습니다(창 22:1-). 그 시험을 겪은 후에 그의 믿음이 인정받게 되었습니다(창 22:12). 예수님의 계보에 첫 번째 이름이 등장하는 아브라함의 이름을 보게 됩니다(마 1:1-).

교회에 나오기까지 마음의 갈등과 문제가 많은 가운데 나오게 되지만 교회에 나와서 신앙생활을 하는 과정도 많은 시험과 문제들을 만나게 됩니다. 천국에 가기 전에 따라오는 '예비적 시험' 정도로 보고 이겨내야 합니다.

본문에서 예수님은 혼인 잔치의 비유로 천국을 말씀해 주셨습니다. 잔칫집에 초청받았지만, 이런저런 핑계와 이유를 대면서 오지 아니한 사람들을 봅니다. 나중에는 길거리에 가서 아무나 데려다가 잔치에 참여시켰지만, 예복을 입지 않고 들어온 자격 미달의 사람들의 모습에서 우리는 천국에 들어갈 때까지의 신앙생활을 보게 됩니다. 여기에서 우리 자신을 살펴보고 천국 주인공의 모습을 준비해야 합니다.

1. 데려다가 내 집을 채우라 하였습니다.

왕이 아들의 혼인 잔치에 초청장을 보냈지만 하나같이 자기들의 생활이 바빠서 못 오는 사람들입니다.

1) 사람을 강권하여 데려다가 내 집을 채우라는 것입니다.

모두 자기의 생활과 시험에 빠져서 꼼짝하지 않습니다. 왕의 잔치에는 아무나 가는 것이 아니듯이 천국은 아무나 가는 것이 아닙니다.

① 자기 생활권에 매여 있는 사람들이 이기고 나와야 합니다.

오늘 여기 예배에 참석하신 분들은 축복받았습니다. 일단은 하나님께 나오는 데 성공했기 때문입니다. 유대인들은 이 초청장을 거절(요 1:11)하였고, 그 복음이 이방인 된 우리에게 오게 되었습니다. (18절)"다 일치하게 사양하여" 하였는데 자기들의 사정 때문에 거절하는 단호함을 나타내는 동사입니다. 천국 가는 일을 벵겔(Bengel)은 "'밭'(마 13:44)이나 (눅 9:62)'밭가는 일이나' (고후 11:2)결혼까지도 참된 장애가 될 수 없다."고 하였습니다. 천국은 이긴 사람들의 것입니다.

② 이제는 누구나 강권하여 데려오라고 하였습니다.

1, 2차 초청했지만 오지 않았습니다. 강권하여 데려오는 것은 폭력적 용어가 아니라 끝까지 설득하라는 뜻입니다. 이것은 제자들이 구원받은 사람들이 적으니이까(눅 13:23)에 대한 예수님의 말씀이었습니다. 신학자 브루스(Bruce)는 "이것은 바리새인들을 향하신 말씀일 것이라"고 하였습니다. (요 10:26)그들은 예수님의 양이 아니었습니다. (마 25:10)혼인집 문이 닫히는 때가 있습니다. 복음을 듣고 나와서 구원받는 것이 가장 큰 축복입니다.

2) 하나님의 교회는 비유컨대 치료하는 병원과도 같습니다.

잔칫집인 동시에 병원에 비유됩니다. 병원은 환자들이 모이는 곳입니다.

① 예수님은 치료하시는 분이십니다.

영적으로 죄의 병에 시달리는 질병까지 치료하십니다(출 15:26; 말 4:2; 약 5:15-). 초청에 응하면 낫게 됩니다.

② 교회 병원은 영적 전문 병원입니다.

영적 병원에 와서 병을 치유합니다. 말씀과 성령으로 치유됩니다. (사 53:4)약한 것을 친히 담당하셨습니다. (마 9:12)병든 환자인 인생이기에 예수님이 필요합니다. 병든 인생을 데려다가 채우라 하십니다.

2. 하나님의 잔치에 데려오라 하셨습니다.

하나님의 교회를 잔칫집으로 비유했습니다. 세상 잔치가 아닙니다.
1) 세상 잔치는 결국 멸망으로 가는 과정의 잔치입니다.
태어날 때부터 죽을 때까지의 모든 과정은 죽음을 향해서 가는 과정입니다.
① 세상 잔치하다가 황제들도 망하였습니다.
(단 5:1-)바벨론의 벨사살 왕은 예루살렘 성전에서 하나님께 제사드릴 때 쓰던 그릇들을 가지고 술 잔치하다가 망했습니다. (고전 3:16)우리 마음은 하나님의 성전인바 우리 속에 세상 잔치가 가득할 때 망합니다. 우리 마음이 언제나 예수님 모신 영적 잔치가 되게 해야 합니다.
② 세상 잔치는 결국 잔치하다가 세월을 모두 흘려보내게 됩니다.
이것이 영적인 일에 더욱 힘써야 할 이유입니다. 임금이 혼인 잔치에 청하는 초청장은 무시하면서 자기의 일에 바빠서 참석하지 못하는 그들은 절대 천국에 들어갈 수 없다는 것입니다. 마치 자기 몸에 병들어 죽어가는 데도 의사를 찾지 않는 것과 비교됩니다. 예수님의 부르심에 응하여 오면 죄의 흉한 병까지 치료되고 영원히 구원을 받으며 천국 잔치에 참여하는 영광을 누리게 됩니다. (살후 3:2)문제는 예수님께 대한 믿음이 아무나의 것이 아니라는 것입니다. 우리에게 믿음 주셨음을 감사 감격하며 신앙적으로 살아야 합니다.
2) 교회는 영생으로 가는 잔칫집이요 치유 받는 병원에 비유됩니다.
세상 잔치는 썩는 것으로 가득하고 세상 병원은 못 고치는 병도 많습니다. 그러나 교회의 병원은 죄의 병이 낫는 곳입니다.
① 교회 잔치, 교회 병원에 와야 합니다.
예배 속에서 찬송과 기도와 말씀으로 성령의 역사를 체험하게 되고 영적 질병이 낫습니다. 하나님의 영광을 체험하는 믿음을 보게 됩니다. (요 11:40)"믿으면 하나님의 영광을 보리라" 하였습니다. 그런데 유대인들은 영적으로 배격하였고 발로 차게 되었으며, 비참한 역사를 남겼습니다.
② 오늘 본문에서 주시는 말씀이 무엇인지 알아야 합니다.

'밭을 샀다', '소를 샀다', '결혼을 하였다'는 것은 세상에서 누구나 다 할 수 있는 일입니다. 문제는 하나님의 잔치를 거부하는 불신앙의 죄입니다. (요 6:58)예수님은 하늘에서 내려온 산 떡으로 비유했습니다. 예수님께 오면 굶주리지 않습니다. 지상 교회는 부족하지만 그 내용의 중심은 하나님의 잔치에 참여하고 병든 죄에서 나음을 입어야 한다는 것입니다.

3. 교회는 천국 가는 성도들의 대합실과 같습니다.

여행하다 보면 기다리는 공간(hall)이 있는데 이곳을 대합실이라 합니다. 비행기를 타기 위한 공항에도 있고 버스 정류장이나 기차역에도 있는 공간입니다.

1) 교회는 천국 가는 백성들이 모여 있는 대합실에 비유됩니다.

각자의 시간표가 있듯이 하나님이 부르시는 시간표가 있습니다. 부르실 때 교회 대합실에서 천국으로 가는 것입니다.

① 교회는 '엑클레시아'(ἐκκλησία)라고 하는데 '불러 모았다'는 뜻입니다. 잔칫집에 모으고, 병원에 모으고, 대합실에 모으게 됩니다. 영원한 잔치인 천국에 입성하기 위해서입니다. 따라서 잔칫집이든, 병원이든, 대합실 된 교회 생활에 충실해야 합니다. 준비하고 기다렸다가 이름을 부르면 차례대로 가게 됩니다.

② 대합실이 불편하다고 해서 박차고 나가면 천국이 아니라 지옥입니다.

불 속이요 영원한 지옥입니다. 영원히 통곡하는 곳입니다. (눅 16:19-)부자와 나사로의 비유에서 예수님은 지옥의 형편을 보여 주셨습니다. (마 7:13)지옥 가는 길은 편하기 때문에 가는 사람이 많지만 결과는 멸망의 길입니다. 따라서 넓은 문(wide is the gate)이 아니라 좁은 문(narrow gate)으로 가는 길이어야 합니다.

2) 지금은 무차별적으로 전도해야 하는 때입니다.

유대인이나 헬라인이나 야만인이나 차별이 없습니다(롬 1:13). 본인의 자유의지도 중요한 때입니다. 이미 교회에 나오신 분들은 대합실 생활에 충실해야 합니다. 곧 이름을 부를 때가 되어가기 때문입니다.

① 이제 무차별적으로 대합실을 채워야 합니다.

구원의 문이 닫힐 때가 있기 때문입니다(창 7:16). 그물을 끌어 올려서 좋은 고기와 버려야 할 고기를 구분하는 때가 옵니다(마 13:47-). 그래서 지금은 교회 안에도 각양각색의 사람들이 다 모이지만 결국은 주님이 오시면 판가름할 것입니다.

② 대합실과 같은 교회에서 영적 단장에 힘써야 합니다.

물과 성령으로 거듭났는지 확인해야 합니다(요 3:3-). 영적 세마포 옷은 입었는지 확인해야 합니다(계 19:8). 예복을 입지 아니하면 쫓겨나게 됩니다. 천국에 입성할 수 없게 됩니다. 우리의 신앙생활은 천국 입성이 최종적인 목적인바, 우리 모두는 천국에 입성하는 축복의 대열에 서 있게 되시기를 예수님의 이름으로 축원합니다.

결론 : 천국을 보아야 합니다.

〈하나님의 사람들〉

선을 행하다 낙심하지 않는 사람들

갈 6:9

　사람들은 어떤 일을 하다가 조금만 견디기 어려운 문제가 생기면 쉽게 실망하고 낙심해서 곧 포기하는 경우가 많습니다. 학생이 목표를 두고 공부하다가 실망한다든지, 사업하다가 쉽게 포기한다든지, 마라톤 선수가 경기 중에 그만두는 것과 같은 것입니다. 그런데 문제는 세상에서 쉽게 할 수 있는 일이 하나도 없다는 것입니다.

　1980년 3월 13일에 은평교회를 개척해서 여기까지 오는 동안 주변에서 많은 교회가 세워졌다가 없어지는 현장들을 보았습니다. 처음에는 "부름 받아 나선 이 몸 어디든지 가오리다" 하고 출발했다가 여러 가지 형편에 의해서 중도하차 하는 것입니다. 지금까지 살펴보건대 주님의 은혜가 아니면 올 수 없었다는 것입니다. (고전 15:8-)바울도 "내가 나 된 것은 하나님의 은혜로 된 것이니" 했던 말씀과 꼭 맞는 간증을 하게 됩니다. 키엘케고르(S. Kierkegaard)는 종교사상가요 실존주의 철학자로 알려져 있는데, 그가 말하기를 "절망은 죽음에 이르는 병이다." 했습니다. 그러므로 우리는 어떤 일을 만나든지 실망하거나 절망할 것이 아니라, 더욱 힘을 내고 일어나야 합니다. (눅 18:1-)기도할 때도 낙심하지 말고 기도해야 합니다.

　본문에서 사도 바울은 갈라디아교회 성도들이 그릇된 율법주의와 할례주의자들에게 유혹되어서 쉽게 믿음을 포기하고 그릇된 곳으로 빠져가는 모습을 보며 강하게 책망하고 있음을 봅니다. 결론적인 부분 앞에서 "선을 행하되"는 6절에 "좋은 것"과 같은 뜻의 낱말입니다. 바울이 전하는 복음의 길이 좋은 길이요, 바울이 전하는 복음을 위하여 돕는 길도 좋은 길인바(Bengel, Luther) 이 길을 가면서 낙심하지 말고 계속 가라는 것입니다. 결국은 기쁨으로 뜻을 가지고 돌아오기 때문에(시 126:5-6) 여기에서 은혜를 받습니다.

1. 성공의 배후에는 실패의 쓴잔도 있음을 잊지 말아야 합니다.
어떤 분야에서든지 성공의 배후에는 실패의 경험도 있다는 것입니다.
1) 실패했다고 주저앉지 말아야 합니다.
실패의 배후에는 성공의 가능성도 있기 때문입니다. 결코 낙심해도 주저앉아서도 안 됩니다.
① 실패가 곧 성공으로 가게 하기 때문입니다.
그래서 속담에도 "실패는 성공의 어머니"라는 말도 생겨났다고 봅니다. 아이들이 성장하면서 걸음을 배울 때에 처음부터 달리는 것이 아니라 몇 번이고 실패했다가 일어나고, 걷기도 하고, 뛰기도 합니다. 여의도 침례교회 한기만 목사님은 노량진 쪽에서 개척해서 쓴잔을 보고 여의도로 가서 큰 교회를 이루었다고 간증을 했습니다. 발명왕 에디슨(Thomas Alva Edison)은 전등, 음향, 전지, 전화 등 1,300여 건의 많은 것을 발명했지만 이 모두 수 없이 실패의 쓴잔 뒤에 온 결과라는 것입니다.
② 실패를 두려워하지 말아야 할 것은 실패에서 성공을 배우기 때문입니다.
새들이 자유롭게 날기 위해서는 수없이 연습하고 실패하고 또 연습한다는 말도 있습니다. (전 12:13-14)솔로몬은 일의 결국을 전하면서 하나님의 심판이 있음을 전하는데, 솔로몬도 영적으로 실패를 많이 경험한 후에 하나님을 다시 발견하는 모습을 보게 됩니다.
2) 실패의 쓴 잔에서 크게 성공한 사람들의 이야기를 들어야 합니다.
이들은 중간에 포기를 모르는 사람들입니다.
① 성경 인물 중에서 요셉을 예로 본다면 좋을 것 같습니다.
야곱의 열두 아들 중에 11번째요 형들은 모두 어머니가 다른 형들이었습니다. 이들에 의해서 애굽에 팔리고 애굽에서도 누명을 쓰고 감옥에까지 들어가

게 되지만 그곳에서도 요셉은 실망하거나 포기하는 모습을 찾아볼 수 없었습니다. 때가 되자 하나님께서 요셉을 크게 축복해 주셔서 성경 역사에 중대한 인물이 되었습니다.

② 실패했어도 낙심하지 말아야 합니다.

우리는 하나님을 믿기 때문입니다. (고후 4:8-)사도 바울은 가는 복음 전선에서 수없이 어렵고 사방으로 우겨 쌈을 당해도 낙심치 않고 복음 전하는 일에 성공적인 개척자로 남게 되었습니다. 하나님께서 그의 곁에 계셨고 역사해 주셨기 때문입니다. (행 18:9)모진 핍박 중에도 결과적으로 전도해서 고린도 교회가 세워지게 되었습니다.

2. 최선을 다하는 사람은 낙심하지 말아야 합니다.

최선을 다해 나가는 중에 하나님께서 함께하십니다.

1) 최선을 다해도 실패의 쓴잔이 올 수 있습니다.

최선을 다하지만 그 밖의 영역은 나의 영역이 아니고 하나님이 도우시는 영역입니다.

① 내 능력밖에 일은 내가 할 수 없기 때문입니다.

그래서 사도 바울은 "내게 능력 주시는 자 안에서 내가 모든 것을 할 수 있느니라"(I can do everything through him who gives me strength) 하였습니다(빌 4:13). 나폴레옹은 '내 사전에 불가능'이라는 말을 빼라고 했지만 결국 실패자가 되었습니다. 스토익학파 철학자들은 자기의 수양이나 힘으로 되는 줄 알았습니다. 영국의 청교도 정치인 크롬웰(Cromwell)은 빌립보서 4장 13절을 외우면서 다녔다고 합니다. 그러나 우리에게는 예수 그리스도 안에서 모든 것을 할 수 있다고 믿는 믿음이 중요합니다.

② 할 수 있도록 능력 주시는 분은 하나님이십니다.

그래서 선을 지키고 믿음을 사모하다가 낙심하지 말아야 되는 이유가 됩니다. 구약에서 다윗은 한 번도 전쟁에서 패한 적이 없는데 하나님을 믿고 신뢰하였기 때문입니다. (삼상 17:44-)유명한 골리앗과의 싸움에서도 그의 전모가 드러나지만, 다윗은 철저하게 하나님을 바라보게 되었고 결국 골리앗을 때려눕히게 되는바 이는 다윗의 힘이나 능력이 아니라 하나님의 역사하심이었습니다. 그러므로 낙심하지 말아야 합니다.

2) 승리하고 성공하는 사람은 실패의 쓴잔도 두려워하지 않고 앞으로 나아갑니다.

한두 번 어려움이 있었다고 해서 주저앉는 사람은 큰일을 할 수 없습니다.

① 낙심하지 말고 기도 가운데 더욱 전진해야 합니다.

신앙적 영적인 문제는 더욱 우리가 이 분야에서 살펴야 합니다. 세상 살아가는 문제도 같은 원리原理를 가지게 됩니다. 중기기관차를 발명한 스티븐슨(Gorge Stephenson, 1781~1848)은 기차를 발명하기 위해서 수많은 어려움을 겪었고 또 부인마저 잃고 가난 속에 빠지게 되었지만, '주전자가 끓는 물에 뚜껑이 열리는 모습'에서 중기기차를 발명하게 됩니다. 영국에 방적기계를 발명한 리처드 아크라이트(Sir Richard Arkwright, 1732~1792) 역시 수많은 실패와 어려움 끝에 방직기계를 발명해서 영국의 산업혁명을 이끌었습니다.

② 세상에 쉬운 일은 없으며 그냥 쉽게 되는 일도 없습니다.

(창 3:17-)타락 이후에 인간은 땀을 흘려야 하고 농사짓는데 어려움이 오게 되었습니다. 그러나 성도는 하나님이 함께 계심을 확실하게 믿고 확신 속에 나가야 합니다(마 28:20).

3. 실패와 쓴잔에는 분명한 하나님의 뜻이 있습니다.

하나님의 뜻이 있기 때문에 실패의 쓴잔에도 은혜가 내려옵니다. 이는 하나님의 뜻이요 하나님의 섭리입니다.

1) "선을 행하되 낙심하지 말지니" 하였습니다.

주석가는 이렇게 말하고 있습니다. "선을 행하는 길에는 낙심하게 하는 시험거리도 있는 법이다."라고 했습니다.

① 쓴잔과 실패의 배후에는 하나님의 뜻이 있습니다.

신학적으로 볼 때 이것은 하나님의 섭리론攝理論에 속하지만 우리는 견고하게 주를 보는 영적인 눈이 필요합니다. 요셉이 애굽에 내려간 것은 아브라함에게 말씀하신 하나님의 뜻이 이루어지는 현장과 같은 것이었습니다(창 15:16). 그래서 4대 만에 다시 가나안땅을 주시는 하나님의 뜻하심에 일환이었습니다.

② 욥이 당하는 곤경 역시 우리에게 배우는 영적 학습의 현장입니다.

동방의 의인이요 큰 사람이었던 욥이 왜 그렇게 되었는지는 곤경을 당하는 욥도 모르는 일이었으나 배후에는 하나님의 역사가 분명하다는 것입니다. 그래서 욥은 (욥 23:10)"그가 나를 단련하신 후에는 내가 순금같이 되어 나오리라"고 하였습니다. (약 5:12)신약에 와서도 욥의 곤경과 그 결과에서 신약 교회 성도들에게 큰 교훈이 되게 하셨습니다. 세상에 살 동안에 성도는 늘 힘주시는 하나님을 바라보아야 합니다.

2) "피곤하지 아니하면 때가 이르매 거두리라"고 하였습니다.

농부가 온갖 시련을 다 겪고 농사하듯이 신앙생활 역시 같은 길을 가게 됩니다.

① 기회가 있을 때마다 씨를 뿌리듯이 주의 일에 힘써 행하여야 합니다.

어렵다는 이유 등을 말하면서 하지 아니하면 아무것도 할 수 없게 됩니다. 아이들의 이야기책에 개미와 베짱이의 생활에서도 배우는 점이기도 합니다. 일할 때 일하지 아니하면 큰 문제가 됩니다. 천국과 지옥은 성경대로 반드시 있기 때문입니다. 천국의 상급도 반드시 존재합니다.

② 현재 고난은 장차 우리에게 나타날 영광과 비교할 수 없습니다.

(롬 8:15)아버지의 자녀입니다. (16절)성령이 증거하십니다. (17절)고난도 있습니다. (18절)천국의 상급과는 비교가 안 되는 고난입니다. 그러므로 우리는 영적인 모든 선한 일에서 낙심하거나 실망하지 않고 끝까지 천국의 성공자로 승리하시기를 예수님의 이름으로 축원합니다.

결론 : 천국과 상급은 끝까지 이긴 사람의 것입니다.